東京道路奇景

川辺謙一

草思社

JN185594

はじめに

東京に残された「伸びしろ」

東京は、不思議な都市だ。交通渋滞や満員電車、住環境の悪さなど、弱点ばかりが目立つ都市だが、日本の最大都市であり、事実上の首都として機能している。今ではアジアを代表する国際都市であるだけでなく、人口が突出して多い世界屈指のメガシティだ。

しかも東京には、人を吸い寄せる磁力のようなものがあり、国内のみならず海外から人々を惹きつけている。それゆえ戦後には、地方から多くの人が集まり、人口増加と都市化が急激に進んだし、近年は、外国人観光客が多く訪れるようになった。東京を訪れる外国人観光客が増えたおもな要因には、為替レートなどの関係で訪日旅行に割安感が出てきたことや、ビザの取得要件が緩和されたことなどがよく挙げられる。ただ、海外の人が関心を持つ何かが東京にあることも、少なからず関係しているだろう。

では、東京の何が人々を惹きつけているのだろうか。それは複数の要因が考えられるし、一概に語るのは難しい。

そこで本書では、1つの仮説を立てた。東京に残る「伸びしろ」が人々を惹きつける要因になったと考えたのだ。

一般的に都市は、基礎がほぼできあがると、街並みが大きく変わることはあまりない。たとえば、国内の大阪や名古屋、海外のパリやニューヨークなどは、街並みの変化が一段落しており、今後大きく変わるとは思えない。

いっぽう東京は、街並みがいつも未完成で、時代に応じて刻々と変わり続けている。しかも、新陳代謝が激しい新しい部分と、歴史ある風景を残す古い部分が絶えず混在しており、都市全体の変化がいつ一段落するのかわからない。

それは、東京に、街並みの変化を受け入れる「伸びしろ」があるからだろう。しかも、その「伸びしろ」は、他の都市にない希少価値なので、多くの人が関心を持ち、人々を惹きつける要因になったと考えられる。

本書で紹介する道路は、東京に残る代表的な「伸びしろ」だ。

なぜ道路が都市の「伸びしろ」になるのか。それは、道路がたんなる自動車や歩行者の通り道ではなく、それ以上の役割を担うきわめて重要な存在だからだ。

都市にとって道路は、交通需要に対応するインフラであるだけでなく、社会・経済活動を支える根幹的施設であり、上下水道などのライフラインの経路や、災害時の避難輸送や救援物資輸送の通路、火災時の延焼を防ぐ遮断帯としても機能している。東京都建設局のウェブサイトには、「道路は、都民生活を支える最も基礎的な社会基盤として、重要な役割を担っています」と記されている。

それゆえ多くの都市では、まず道路を計画通りに完成させることが大きな目標となっている。たとえば先ほど紹介した大阪や名古屋、パリやニューヨークなどの都市では、市街地の道路は計画に基づいてほぼ完成している。

ところが東京では、まだ道路が完成していない。都市計画法に基づいて計画された一般道路（都市計画道路）は、今も全体の約6割しか完成していない。

つまり東京は、道路の整備が遅れたまま人口が増え続け、市街地が肥大化し、巨大都市に成長してしまった珍しい都市なのだ。それゆえ道路が都市規模や交通需要に十分に対応しきれず、長らく交通渋滞などの問題を起こしてきた。

ただ、都市計画道路の残り約4割が未完成であることは、その分だけ街を変える「伸びしろ」が残されているとも考えられる。道路が増えれば、その沿線の街並みも変わるからだ。

筆者は、交通技術ライターとしての活動を通して、東京という都市の特殊さを感じてきた。これまでは、おもに陸上交通を対象にして、それを支える当事者の話を直接聞いたり、現地を歩くなどの取材を重ね、地上の鉄道や地下鉄、首都高速道路（首都高）の書籍を記してきた。その結果、国内のみならず、海外から見ても珍しいことが東京の交通で起きていることに気づいたのだ。

また、その要因を探り続けた結果、東京の都市計画道路が今も未完成であることが、交通全体のみならず、都市全体に大きく影響を与えていることがわかった。

その調査を筆者なりに進め、まとめたものが、本書である。筆者は都市計画や道路整備の当事者ではないので、それらの当事者が残した資料などをベースにして、事実を極力正確に記すよう努めた。ただ、もし誤りなどがあれば、ご指摘いただけると幸いである。

ＳＦ世界のような道路

東京の道路には、もう１つ大きな特徴がある。それは、道路の珍しい立体構造が市街地に多数存在することだ。

その大きな要因になったのが、先ほど述べた道路の整備の遅れだ。それがなければ、首都高と呼ばれる立体的な自動車専用道路を整備する必要がなかったからだ。

首都高は、市街地を通るのに、高架橋やトンネル、半地下などの区間が連続する珍しい道路だ。その整備の目的は、道路整備の遅れを短期間で取り戻し、戦後に急激に高まった交通需要に応えることだった。構造が立体的になったのは、街路と立体交差することで交差点をなくし、車両が停止せずにスムーズに通行できるようにして、交通処理能力を高めるためだった。

首都高ができたことで、道路の珍しい立体構造が生まれた。道路が中空や地下を通り、地平の道路と立体交差したり、中空や地下で道路が複雑に絡み合う構造は、東京の市街地に点在している。

海外の人の中には、このような立体構造が生む風景を「ＳＦ世界のようだ」と表現する人がいる。たしかに、道路は地平を通り、陸上での人の移動は２次元であるのが一般的なので、首都高のように中空や地下を通る道路や、そこを通る自動車が3次元で移動する様子を、非現実的ととらえる人がいても不思議ではない。

そのためか、海外のＳＦ映画では、東京の街並みがたびたび登場する。たとえば、１９７２年に旧ソ連で制作された『惑星ソラリス』では、主人公が未来都市を移動するという設定のシーンが5分弱あり、首都高を走る自動車の映像が流れる。この映像は、今から40年以上前の首都高の実写そのもので、今ある背が高いビルがほとんど映っていないので、多くの日本人には「昔の東京の風景」に思えるだろう。ただ、海外の人にとっては、乗用車が街の建物よりも高い中空を通ったり、トンネルで照明の光を浴びながら走る光景は非現実的に映り、未来都市のイメージとして受け入れられたのだろう。

このように、東京には、道路がつくる非現実的な風景が、現実の世界に存在する。もしその面白さに気づかない人がいるとすれば、それは、東京でその風景があまりにも当たり前のものとして存在し、日常風景に溶け込んでいるからだろう。

「東京道路奇景」から見える「伸びしろ」

本書では、こうした東京の道路が織りなす珍しい風景を「東京道路奇景」と呼び、それができた背景をたどりながら、東京の「伸びしろ」を探っていく。「東京道路奇景」の多くは、道路整備の遅れが目に見える形で露呈したり、それを取り戻すためにやむを得ずできてしまったものなので、東京という都市の特徴を色濃く反映しており、今後の街並みの変化を可能にする「伸びしろ」とも深い関係がある。

ただし、東京では、これから紹介する「東京道路奇景」は、先ほど述べたようにごく当たり前のように存在するので、その珍しさや面白さに気づくには、「当たり前」と思わない客観的視点が必要だ。

そのためのシンプルな方法がある。もしあなたが東京や日本に住む人であるならば、東京を初めて訪れた外国人観光客になりきり、東京の街を見回せばいいのだ。海外旅行の経験がある人なら、訪れた国に住む人になりきり、東京に初めてきたときの状況を想像してほしい。

それができれば、きっと東京がかなり特殊な都市であることに気づくだろう。この街には、構造が特殊で奇妙な道路があちこち通っており、その周りにありとあらゆるものが満ち溢れ、不規則に混じり合い、ゴチャゴチャしているのに、なぜかまとまっている。そのような多くのものを受け入れる懐の深さや「伸びしろ」が、「東京道路奇景」を通して見えてくるだろう。

本書では、「東京道路奇景」ができた背景をお伝えするため、都市や道路の細かい話もするが、このあたりは読み飛ばしていただいても構わない。身近な道路を通して、東京という都市をいつもとちがう視点で見る楽しさを感じていただければ幸いだ。

2016年9月　川辺謙一

QRコードの位置情報の使い方

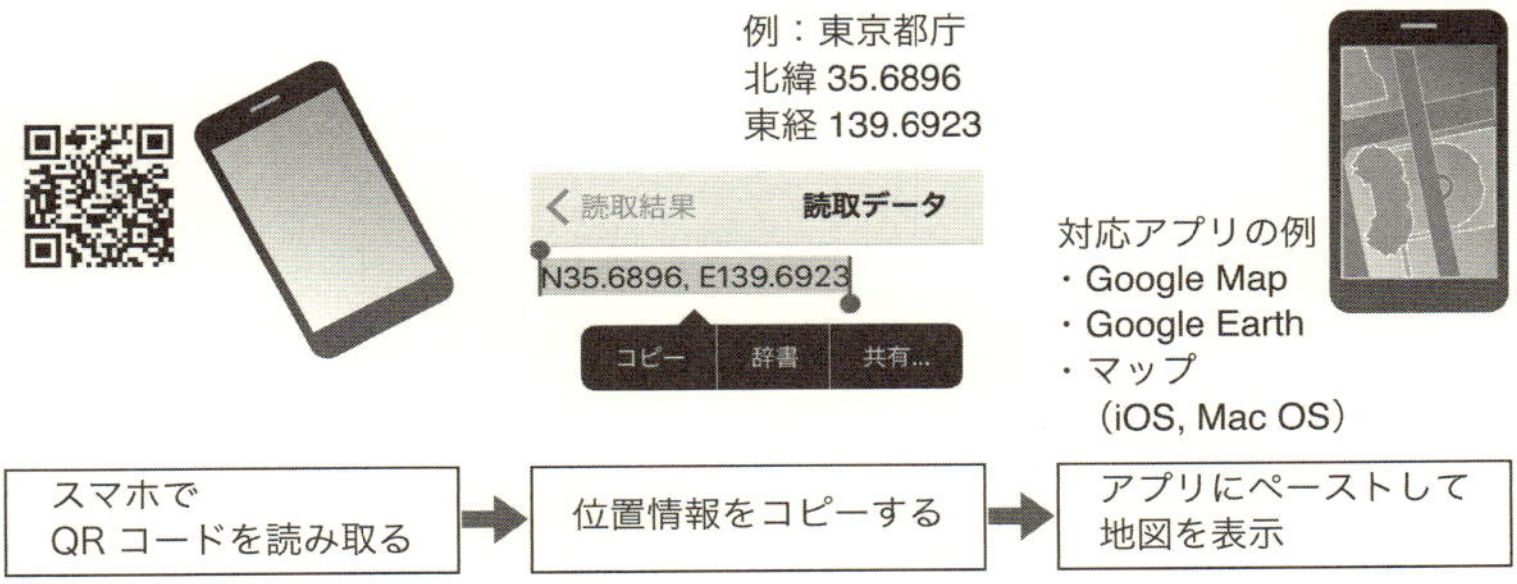

QRコードの楽しみ方

本書で紹介した「東京道路奇景」は、スマートフォンでもお楽しみいただけます。ページ下部にあるQRコードを読み取り、位置データ（緯度・経度）を地図アプリにコピー&ペーストすると、その場所の地図や画像が表示されます。

たとえばグーグル・アースを使えば、その場にいるかのように地表から周囲を見回したり、高い場所から見下ろすこともできます。ぜひいろんな角度から「東京道路奇景」を観察して楽しんでください。

そして、もし興味が湧く場所があれば、ぜひ現地を訪れ、直接「鑑賞」してみてください。本書で紹介した「東京道路奇景」の多くは、電車やバスでも行けます。最寄りの駅やバス停は、QRコードの横をご参照ください。

『東京道路奇景』

目次

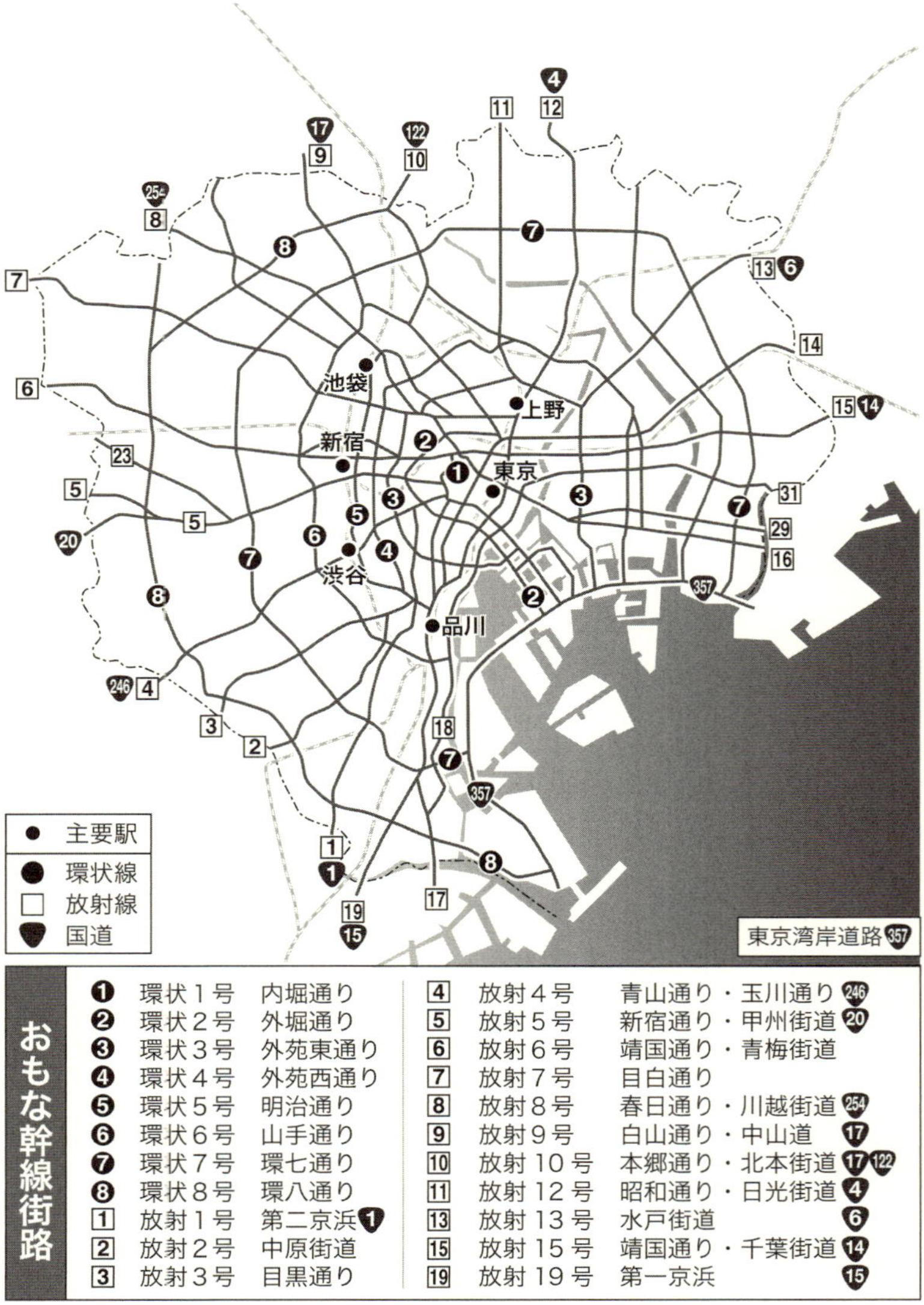

おもな幹線街路

❶	環状１号	内堀通り	
❷	環状２号	外堀通り	
❸	環状３号	外苑東通り	
❹	環状４号	外苑西通り	
❺	環状５号	明治通り	
❻	環状６号	山手通り	
❼	環状７号	環七通り	
❽	環状８号	環八通り	
1	放射１号	第二京浜	1
2	放射２号	中原街道	
3	放射３号	目黒通り	
4	放射４号	青山通り・玉川通り	246
5	放射５号	新宿通り・甲州街道	20
6	放射６号	靖国通り・青梅街道	
7	放射７号	目白通り	
8	放射８号	春日通り・川越街道	254
9	放射９号	白山通り・中山道	17
10	放射 10 号	本郷通り・北本街道	17 122
11	放射 12 号	昭和通り・日光街道	4
13	放射 13 号	水戸街道	6
15	放射 15 号	靖国通り・千葉街道	14
19	放射 19 号	第一京浜	15

図版出典：「東京の道路ネットワーク（平成27年3月末現在）」，東京都建設局ウェブサイト

23区内の環状線と放射線の構成をわかりやすくするため、
おもな街路（未完成区間含む）を抜粋し、補助線等を省略した

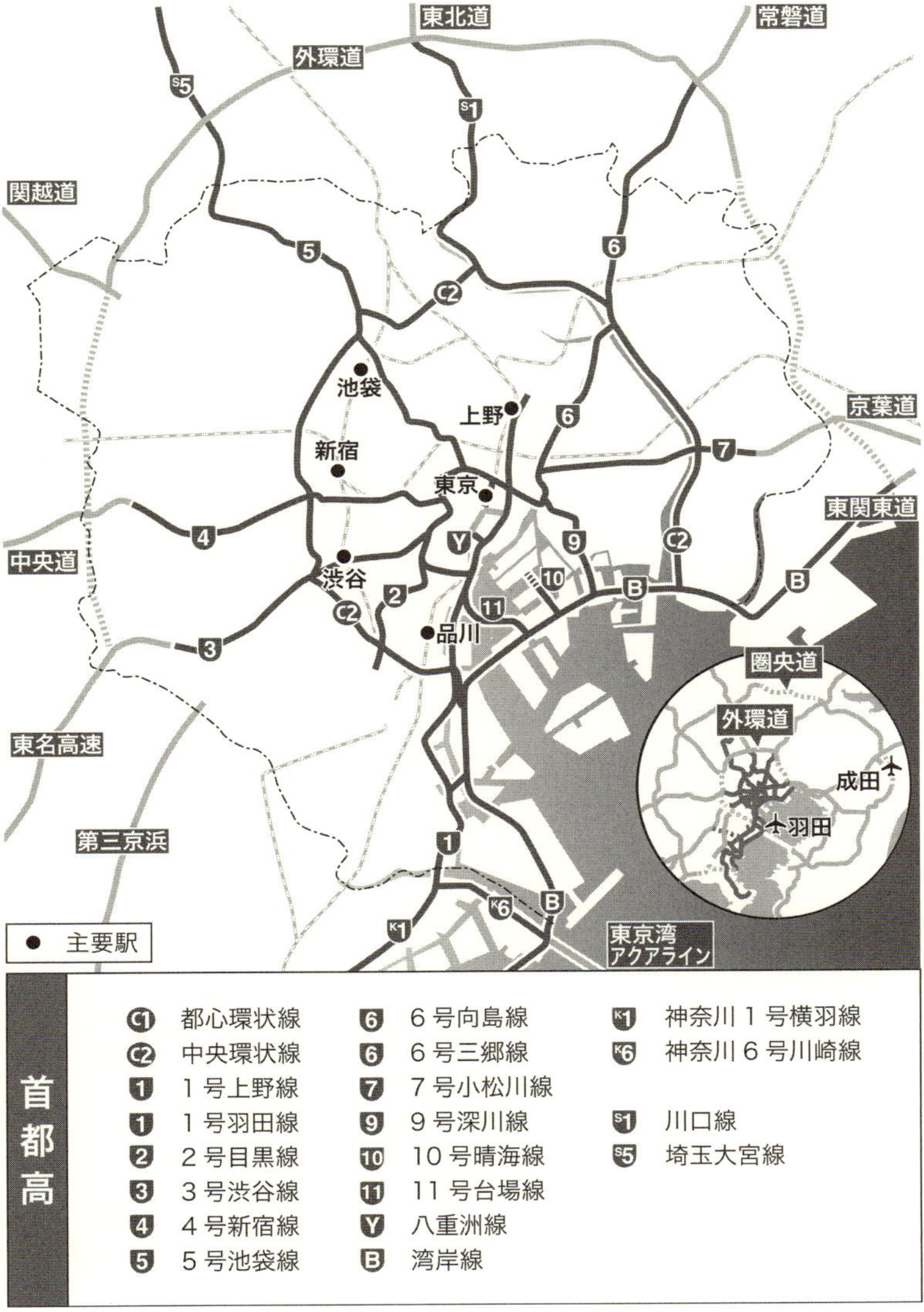

首都高

- C1 都心環状線
- C2 中央環状線
- 1 1号上野線
- 1 1号羽田線
- 2 2号目黒線
- 3 3号渋谷線
- 4 4号新宿線
- 5 5号池袋線
- 6 6号向島線
- 6 6号三郷線
- 7 7号小松川線
- 9 9号深川線
- 10 10号晴海線
- 11 11号台場線
- Y 八重洲線
- B 湾岸線
- K1 神奈川1号横羽線
- K6 神奈川6号川崎線
- S1 川口線
- S5 埼玉大宮線

「道路」と「街路」

本文では、首都高をふくむ道路全体を「道路」、市街地の一般道路を「街路」と呼んだ。なお、「街路」には、市街地を通る首都高もふくまれるとする考え方もあるが、本書ではわかりやすくするため一般道路に限定し、首都高は除外した。

道　路　の　略　称

首都圏の自動車専用道路については、以下の略称を使った。

略称		正式名称
首都高	◀	首都高速道路
東名高速	◀	東名高速道路
中央道	◀	中央自動車道
関越道	◀	関越自動車道
東北道	◀	東北自動車道
常磐道	◀	常磐自動車道
東関東道	◀	東関東自動車道
京葉道	◀	京葉道路
館山道	◀	館山自動車道
第三京浜	◀	第三京浜道路
外環道	◀	東京外環自動車道（東京外かく環状道路）
圏央道	◀	首都圏中央連絡自動車道

東京区部（23区）の幹線街路については、国道の表記と合わせて、以下の例のように略称を使った。

略称		正式名称
環状2号	◀	東京都市計画道路幹線街路環状第二号線
放射2号	◀	東京都市計画道路幹線街路放射第二号線

第１章
バスで巡る
「東京道路奇景」

五反田入口（中央環状線）

1・1 道路を楽しむ70分ツアー

「東京道路奇景」を楽しめるツアー

さあ、いきなりだが、ここから「東京道路奇景」を楽しむツアーにご案内しよう。東京の道路の面白さは、理屈ではなく、実物を見てこそ楽しめるので、まずはそれを擬似体験していただこう。

ツアーの行程はシンプルだ。羽田空港から東京都庁がある新宿副都心まで、バスに乗るだけだ（図1―1）。バスが定刻通りに走れば、約70分で終わる。東京都庁に隣接する京王プラザホテルまでは、日中でもおおむね1時間おきにバスが走るので、羽田空港に行けば、誰でも気軽に体験できる。

このツアーの主旨は、バスの車窓に映る「東京道路奇景」を鑑賞することだ。道中には、世界的に珍しい「東京道路奇景」がいくつかある。

おもな見所は、次の4カ所だ。いずれも東京という都市の特殊性が生んだ建造物で、立体構造がきわめてユニークだ。

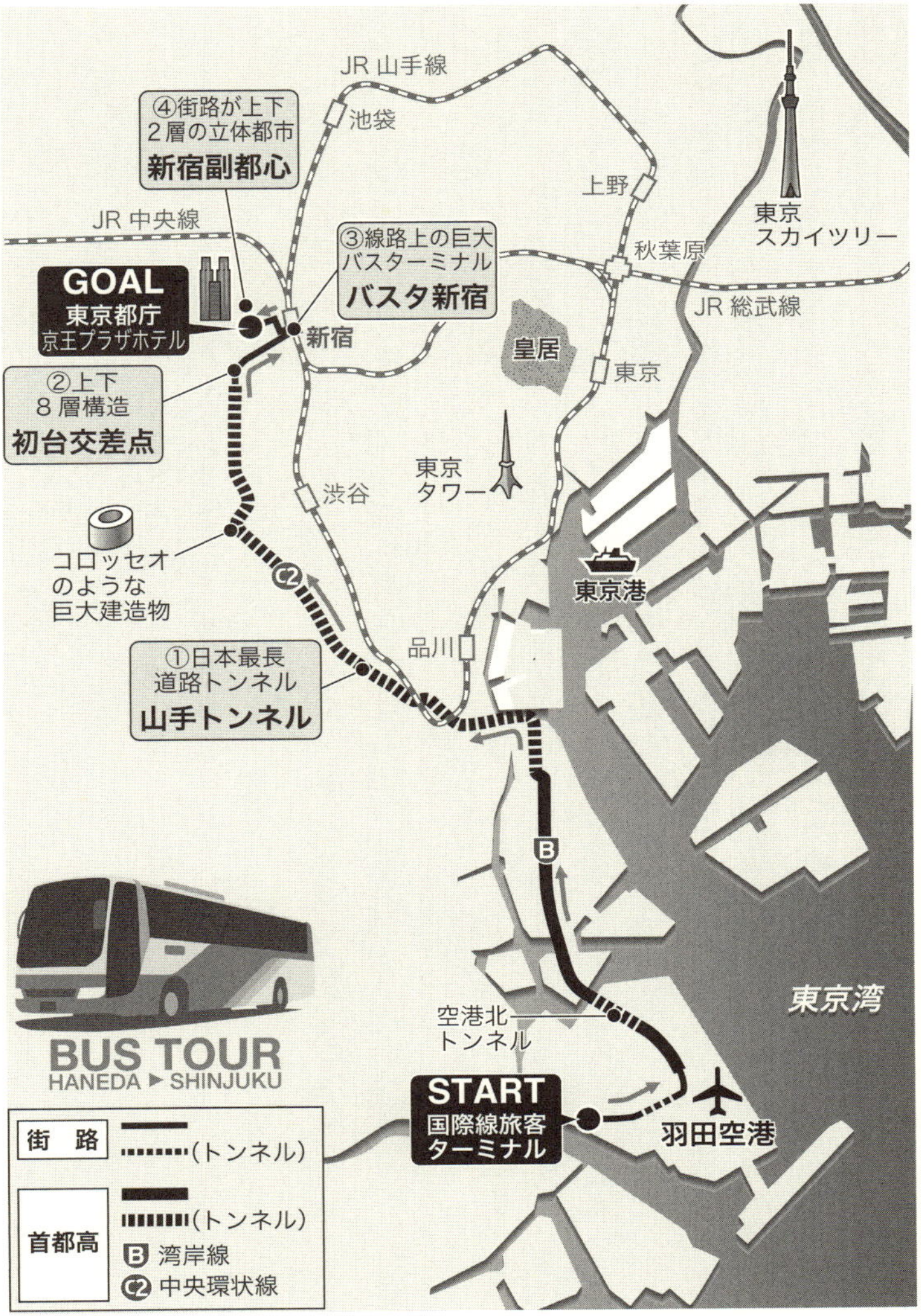

図1-1 「東京道路奇景」バスツアーのルート

① 市街地を貫く長大トンネル（山手トンネル）
② 上下8層構造の交差点（初台交差点）
③ 線路上の巨大バスターミナル（バスタ新宿）
④ どこが地平かわからない立体都市（新宿副都心）

①の山手トンネルは、日本最長の道路トンネルだ。一般的に長大な道路トンネルは、山岳地帯にあるが、日本では国内最長の道路トンネルが首都東京の市街地の地下を通っているのだ。

このトンネルは、全長約18・2㎞の都市道路トンネルで、２０１５年3月に全線開通したばかりだ。地上の高架道路とも接続する、世界的に珍しい道路トンネルでもある。

今回乗車するバスは、このトンネルの6割程度しか走らないが、それが全走行ルート（羽田空港〜新宿副都心間・約30㎞）の半分近くを占めている。どれだけ長いかは、ルートの地図を見てもおわかりいただけるだろう。

②の初台交差点は、東京都内でもとくに多くの交通路が輻輳する場所で、地上と地下で道路と鉄道が上下8層重なり、立体交差している。東京では、複数の道路と鉄道が上下に積み重なった場所が多数存在するが、この交差点ほど立体構造が複雑な場所は珍しい。バスは初台交差点を通過するので、車窓からこの地上部分を眺めることができる。

③の「バスタ新宿」は、線路上で宙に浮かぶ不思議な建造物だ。ここには日本最大のバスターミナルがあり、そのビルはＪＲ新宿駅の真上にある。このツアーのバスも、ここを発着する。

④の新宿副都心は、上下2層構造になった街路の周りに、超高層ビルが林立する街で、上層と下層の両方の街路がそれぞれ超高層ビルにつながっている。歩いているとどこが地平かわからなくなる、トリックアートのような街だ。

羽田空港に初めて降り立つ

さあここで、東京を初めて訪れる外国人観光客になりきり、まずは羽田空港に降り立ってみよう。「はじめに」でもふれたように、東京の日常風景を「当たり前」ととらえず、目に入るものの珍しさを楽しむようにしよう。

今あなたは、海外を出発した羽田空港行きの航空機に搭乗している。座っている座席は窓際だ。

ここで、窓から見える景色をよく観察してみよう。航空機が着陸態勢に入ると、窓からひときわ大きな街が見えてくる（写真1―1）。その街は海に面しており、市街地が平地いっぱいに広がっている。ところどころ緑もあるが、それ以外は建物が遠くまでびっしりと詰まっている。

羽田空港国際線
旅客ターミナル

▶鉄道
東京モノレール
羽田空港国際線ビル駅
京急空港線
羽田空港国際線ターミナル駅
▶バス
羽田空港国際線ターミナル

これが、アジアを代表する国際都市であり、人口が世界最大級の巨大都市（メガシティ）、東京だ。

その市街地は広く、日本はもちろん、世界の都市の中でもとくに広い。中心地をふくむ23の区で構成される東京特別区（以下、23区）と呼ばれる地域だけでなく、それ以外の地域もふくむ東京都と呼ばれる地方自治体の外側にも広がり、首都圏または東京圏と呼ばれる都市圏を形成している。同じ縮尺の地図で世界の都市の市街地を見比べると、東京の市街地が際立って広いのがよくわかる。

世界最大級の人口を誇る巨大都市

この広い市街地には、多くの人が住んでいる。羽田空港に着陸する前に、その多さをデータで見てみよう。

アメリカの調査会社デモグラフィアが２０１６年４月に発表した都市圏人口ランキングによれば、「東京・横浜」圏の人口が３７７５万人と世界トップで、２位のジャカルタ（３１３２万人）より６００万人以上多い。

いっぽう、総務省統計局が２０１６年３月に公開した首都圏（報告では「東京圏」）の人口は３６１２万６０００人だ（「平成27年度国勢調査―人口速報集計結果―」より）。先ほどの「３７７５万人」よりは少ないが、これは都市圏の定義のちがいによるものだろう。総

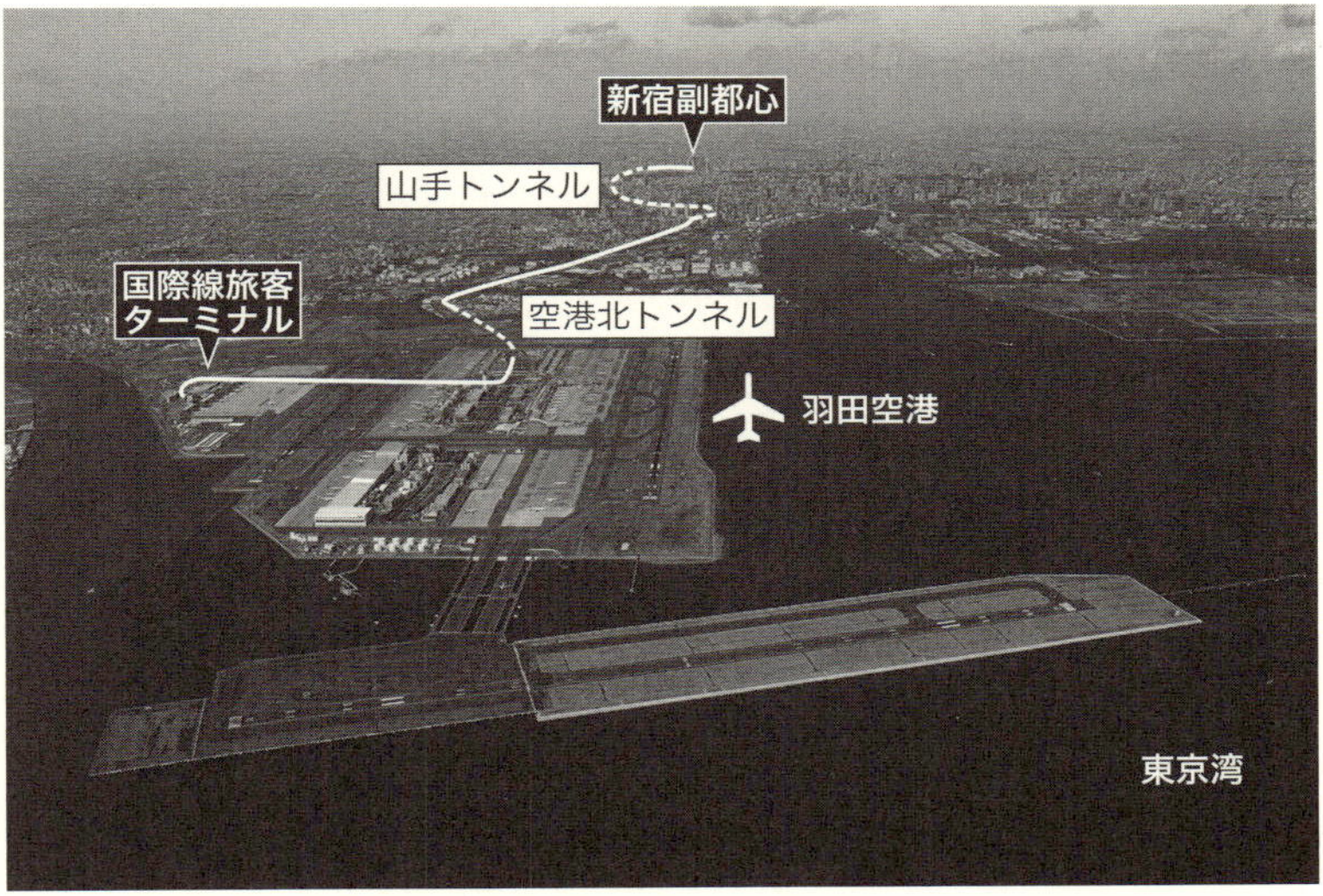

写真1-1　上空から見た羽田空港と新宿副都心（写真提供・首都高速道路株式会社）

務省統計局のデータは、1都3県（東京都・神奈川県・埼玉県・千葉県）の人口の合算値なので、デモグラフィアのデータはそれより範囲を広げてカウントしたのだろう。

　また、総務省統計局の同報告によれば、首都圏の人口が日本全国の人口（約1億2700万人）の4分の1以上（28・4％）を占めている。つまり、日本に住む人の4人に1人以上が首都圏に住んでいるのだ。

　東京都は、面積は首都圏よりも小さいが、その分人口密度が高い。東京都が発表した人口の推計値（2016年6月時点）を見てみよう。

　東京都の人口は約1361万人

で、日本の人口の約1割を占めている。また、23区の人口は約936万人で、第3章で紹介するニューヨークやパリ、ベルリン、ロンドンよりも多い。

つまり東京は、市街地が広いだけでなく、人口がとくに多く、人口密度が高いという点で世界的に珍しい都市なのだ。なぜそれほどの人口がここに集まるのか。そう考えると、この街はとても不思議だ。

さあ、このことを頭に入れた上で、もう一度航空機の窓から東京を見下ろしてみよう。きっと景色の印象が変わるだろう。羽田空港に南側からアプローチする状況を再現してみよう。

航空機が高度を下げると、手前に羽田空港の滑走路が見えてくる。その先にある市街地には、背が高い2つの塔がある。白い塔が東京スカイツリー、赤い塔が東京タワーだ。どちらも電波塔として建設されたもので、東京の中心地にある。

赤い東京タワーを目印にして山（西）側に目を向けると、広い緑地の近くに、超高層ビルが林立している場所が見える。広い緑地は新宿御苑で、超高層ビルが林立する場所は本ツアーの終点である新宿副都心だ。ひときわ背が高いツインタワーが、東京都の中枢機関である東京都庁の第一本庁舎だ。

もちろん、客室乗務員は、着陸直前にこのような景色の案内はしない。ただもし、景色の案内が終わったあと、次のようなアナウンスがあったら、搭乗客はどう感じるだろうか。

「今窓から見える羽田空港と新宿副都心の間には、バスが走っており、半分近くの区間で地下を通ります」

そんなバカな、と思う人はいるだろう。高い場所から見れば、羽田空港と新宿副都心が離れているのは一目瞭然であり、その間の半分近くを道路トンネルが占め、市街地を貫いているとは考えがたい。しかし、そのような「ありえない」と思いたくなる状況が、この街には実在するのだ。

1・2　市街地を貫く長大トンネル（山手トンネル）

SFのような道路

航空機は、羽田空港の滑走路に着陸したあと、国際線旅客ターミナルに到着する。税関の先にある到着口を出れば、そこは東京。バスの乗り場は、到着口の先にある。

これから乗るバスは、始点が羽田空港の国際線旅客ターミナルで、終点が新宿副都心の京王プラザホテルだ。先ほど機内から見えた東京都庁は、京王プラザホテルのすぐ隣にある。

バスは、国際線旅客ターミナルを出発したあと、２つの国内線旅客ターミナルに停車し、

写真1-2　空港北トンネル（湾岸線）

首都高の湾岸線に入る。湾岸線は、その名の通り東京湾に面した湾岸地区を通る路線だ。

お待ちかねの非日常的な風景は、首都高に入った直後に始まる。バスが湾岸線の本線に合流すると、すぐにトンネルに入り、オレンジ色に染まった地下空間を疾走する（写真1―2）。そこは地下なのに明るい。ヘッドライトの光がなくても、路面や壁がよく見えそうな長い回廊だ。一般的なトンネルの薄暗さはそこにはない。まさに異次元の地下空間だ。

トンネルに入ると、座席から見える景色もオレンジ色に染まる。トンネルの高い位置には、照明装置が並んでいるので、車窓からはそのオレンジ色の光が前方から後方へと勢いよく流れるように見える。トンネルの低い位置には、乗用車やバス、トラックなどのヘッドライトが見え、白い光がバスを追ってくる。これだけでＳＦ映画のワンシーンになりそうだ。

これは、先ほど「東京道路奇景」の１つとして紹介した山手トンネルではなく、空港北トンネルだ。全長は１３５３ｍ（開口部除く）で、日本の道路トンネルとしてはとくに長くはない。その名の通り、空港の北側にあるトンネルで、途中に天井がない開口部があり、昼間はそこだけ日の光が差し込む。

空港北トンネルでは、ドライバーが坂の存在を把握しやすいように、照明を意図的に明るくして、渋滞や事故を防いでいる。このトンネルは、海の下を潜るために坂が連続する区間があり、下り坂では車両の速度が超過しやすく、事故が発生しやすい。上り坂では車両の速度が低下しやすく、混雑や渋滞だけでなく、それにともなう追突事故も起こりやすい。だからトンネル内部を明るくして、坂をわかりやすくしてあるのだ。

突然明るくなる山手トンネル

バスは、空港北トンネルから出ると、しばらく地上区間を走り、またトンネルに入る。高架橋の下り坂を通って徐々に高度を下げ、地面に沈み込むようにトンネルに突入する。

これが山手トンネルだ。冒頭で紹介した１つ目の「東京道路奇景」だ。

空港北トンネル

山手トンネル入口（大井）

写真1-3　地下の合流点（中央環状線外回り・五反田入口）

山手トンネルは、ほとんどの区間が空港北トンネルより暗い。等間隔で設置された照明装置が白い光を放っていても薄暗く、トンネルの壁もあまり見えない。途中、路面高さが地表面から約55ｍの深さにある最深部を通過するが、それを知る手がかりもない。

新宿方面行きのバスは、渋滞がなければ、山手トンネルの約6割の区間を10分ほどで通過する。長いフライトで疲れ、座席で眠ってしまうと、あっと言う間に通りすぎてしまう。

ただし暗い車窓を眺めていると、奇妙な瞬間に遭遇する。

バスが暗いトンネルを疾走していると、前方から煌々とした光が見え、徐々に接近してくる（写真1―3）。

五反田入口

バスがその光に向けて走り続けると、突然周囲が明るくなり、白とオレンジの強い光が車内に差し込む。

そこは、チューブのような円形断面の壁に囲まれた地下空間。先ほど通った空港北トンネルよりも明るく、トンネルの上部からアスファルト舗装の路面までよく見える。

これは、道路が分流・合流する区間だ。本線とは別に分流・合流車線を設けるため、トンネルの幅が広げてある。山手トンネルでは、地上の一般道路と接続する出入口や、首都高のほかの路線と接続するジャンクション（ＪＣＴ）にある。ここでは、ドライバーが安全確認をしやすいように、トンネル内部が明るく照らされている。

山手トンネルでは、このような分流・合流する区間が、２方向合わせて19箇所ある。この区間の多くでは、本線と分流・合流車線のトンネルを別々につくったあと、双方の間の壁を解体して合体させている。ただし、工事に求められる条件は場所によって異なり、それに応じて使う工法が変えてあるので、トンネルの構造も場所によって微妙に異なる。バスの車窓からトンネルの壁をじっくり観察すると、そのちがいがわかるだろう。

なぜ日本最長の道路トンネルが東京に？

山手トンネルは、冒頭で紹介したように、日本最長の道路トンネルで、全長が約18・2㎞だ。２０１５年３月に全区間が開通し、それまで日本最長の道路トンネルだった関越自動車道の関越トンネル（全長約11・1km・上り）を抜いた。

山手トンネルは、世界で2番目に長い道路トンネルでもある。世界最長の道路トンネルは、ノルウェーの山岳地帯を通るレアダール（ラルダール）トンネルで、全長は約24・5kmある。

トンネルの本数は、レアダールトンネルでは1本であるのに対して、山手トンネルでは方向別に2本あり、双方が並行している。もし双方の全長を足した総延長でくらべれば、山手トンネルは30km以上となってラルダールトンネルを超え、世界最長の道路トンネルと言えるのかもしれない。

世界の長大道路トンネルの多くは、山岳地帯を貫く山岳道路トンネルだ。先ほど紹介した関越トンネルやレアダールトンネルも、山岳道路トンネルで、山で隔てられた地域を結ぶために建設された。

しかし山手トンネルは、山岳道路トンネルではなく、都市の地下を貫く都市道路トンネルだ。しかも東京の3副都心（池袋・新宿・渋谷）から1kmほど西側にある人口密集地を10km以上にわたって南北方向に貫通している。これほど長い道路トンネルが、市街地に埋まっている都市は、世界全体で見ても東京以外に存在しない。

なぜこのようなトンネルがつくられたのだろうか。その理由は、山手トンネルをふくむ首都高の路線（中央環状線）の歴史にある。

中央環状線は、都心から約8km離れた場所を通る環状線で、都心を回避する迂回路として半世紀以上前に計画された（図1―2）。

ところが中央環状線の建設は遅々として進まなかった。地域住民に反対されたからだ。とくに3副都心の近くを通る区間では、人口密集地だったこともあり、とくに強く反対された。

それは、自動車による公害が深刻な社会問題になっていたからだ。中央環状線が計画された1960年代は、高度経済成長期の真っ只中で、自動車が急増し、交通量が多い幹線道路の沿線で自動車による騒音や、排気ガスによる大気汚染などが、沿線の環境を悪化させた。それゆえ、新しい道路の建設に対して地域住民の理解が得られず、建設がストップしてしまうことがよくあったのだ。

そこで中央環状線では、とくに強く反対された3副都心の近くの区間で計画が変更され、地下を通ることになった（図1―3）。この区間では、山手通りと呼ばれる幹線街路（市街地を通る主要な一般道路）と並行する計画があり、当初は高架橋で山手通りの真上を通る予定だったが、結果的に高架橋はトンネルに変更され、山手通りの真下を通ることになり、山手トンネルが建設された。

中央環状線を地下化したのは、騒音や排気ガスが周囲に及ぼす影響を最小限にするためだ。山手トンネルの沿線には、複数の換気所があり、地上から新鮮な空気を取り込み、トンネル内部の空気を入れ替えている。また、地上に排出する空気とともに音や、排気ガスにふくまれる有害物質を広がりにくくするため、換気所に消音器や浄化装置を設けている。

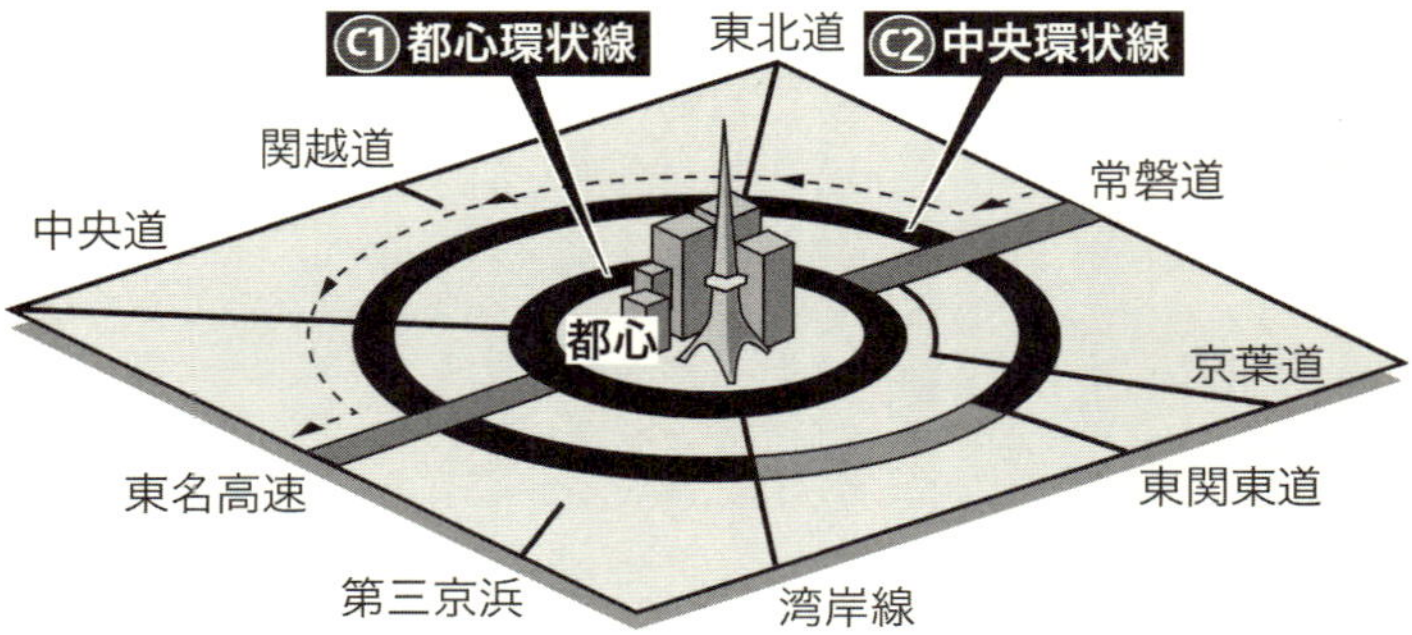

図1-2　都心環状線と中央環状線

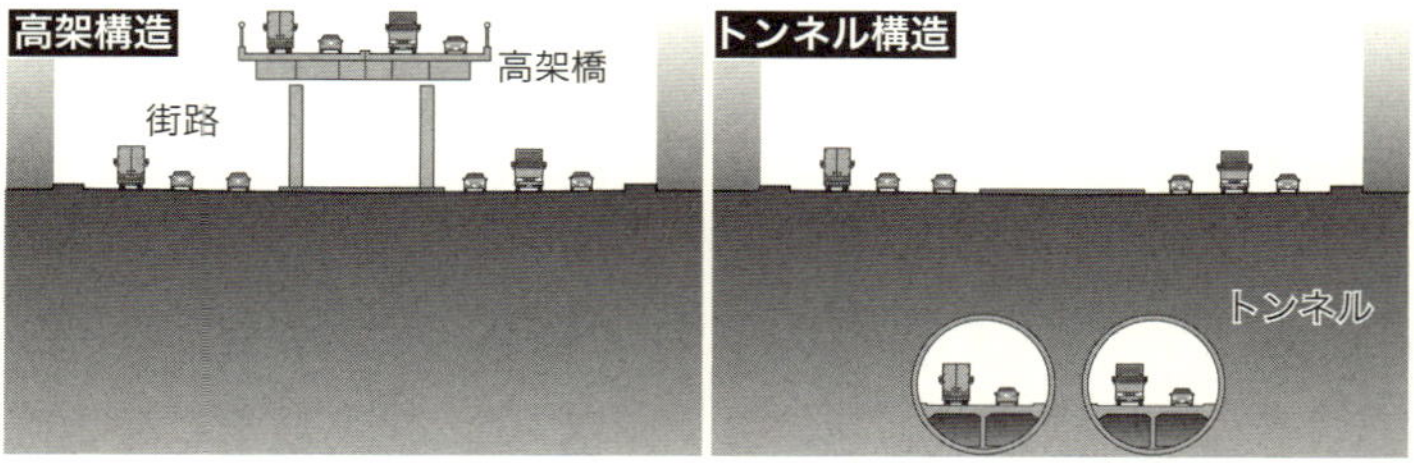

図1-3　高架構造とトンネル構造（街路幅員40mの場合のイメージ）

つまり、山手トンネルは、計画変更の末にやむを得ずできてしまったトンネルなのだ。もし地域住民の反対がなかったら、日本最長の道路トンネルが首都東京を通ることもなかっただろう。

山手トンネルは、大部分で山手通りの真下を通っているが、南端付近では河川（目黒川）の真下を通っている。これは、地権者との交渉に時間と費用がかかる民地を避けた結果だ。それゆえに山手通りや目黒川と同じルートを通ることになり、あちこちで左右にカーブするトンネルができあがった。

地下で鉄道トンネルと立体交差

山手トンネルには、バスの車窓から見えない「東京道路奇景」もある。それは、トンネルの上下に存在する立体構造だ。それは、トンネルの外にあるものなので、通常は見ることができない。

ならば想像してほしい。それは、トンネルの外にあるものが透けて見える世界だ。トンネルの壁や、その外側の土は透明で、トンネルの上下左右にあるものが見える。そんな世界だ。

東京の市街地の地下には、さまざまなものが埋まっている。道路や鉄道のトンネルや、ライフラインのパイプやケーブル、それらをまとめた共同溝などは、3次元的に絡み合っ

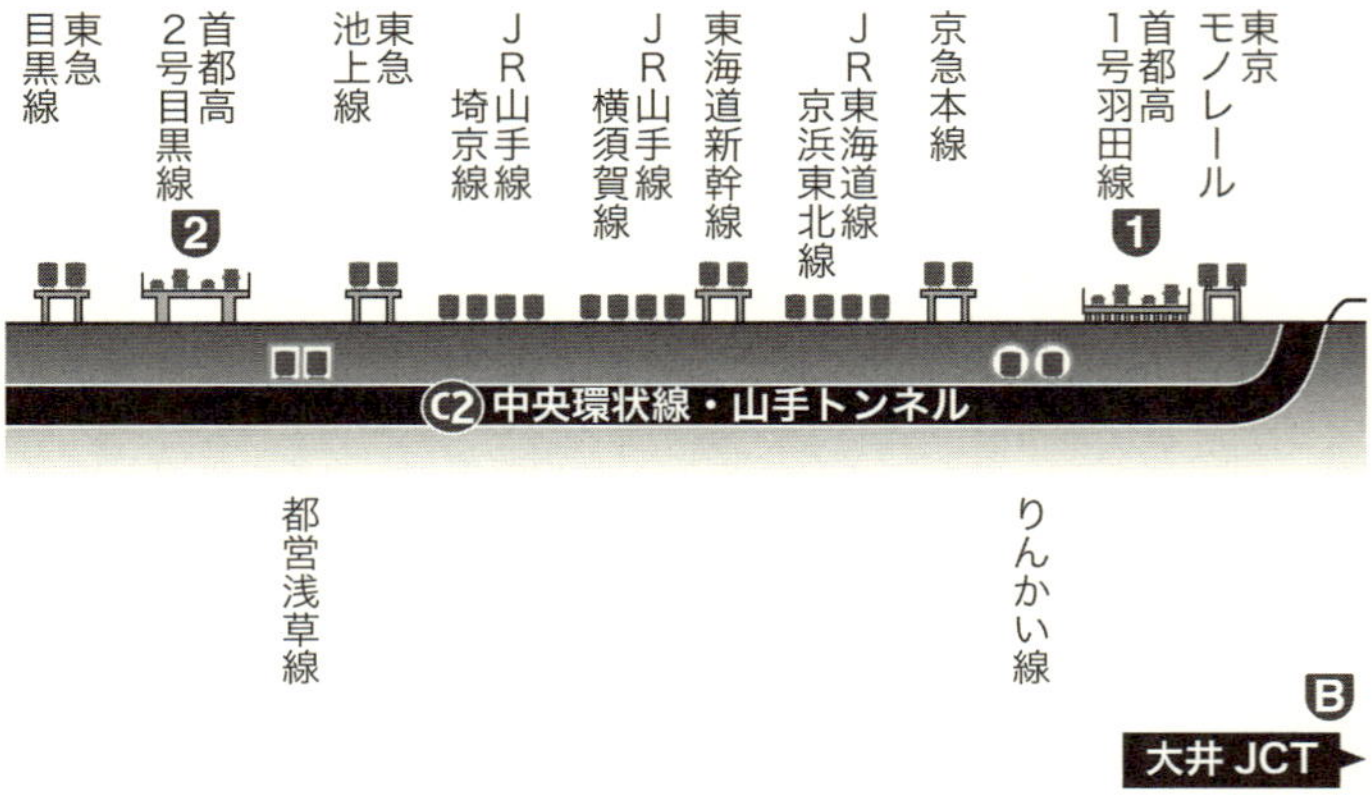

ている。

山手トンネルは、先ほど紹介したように2本のトンネルがセットになっており、それぞれが上下左右に進路を変えながら、他のトンネルと立体交差し、埋設物をすり抜ける。地図では平然と通っているように見えても、針に糸を通すようにスレスレの位置を通ることもある。そんな山手トンネルの内部を、バスや乗用車などが頻繁に流れているのだ。

その中でも想像しやすいのが、地下鉄などの鉄道トンネルとの立体交差だ。山手トンネルは南北方向に通るため、副都心の西側で東西方向に延びる多くの鉄道路線と重なり、地下だけでも11路線の鉄道トンネルと立体交差する（図1―4）。

鉄道トンネルと接近する場所もある。もっとも接近するのは、東京メトロ丸ノ内線のトンネルで、山手トンネルは中野坂上駅付近で

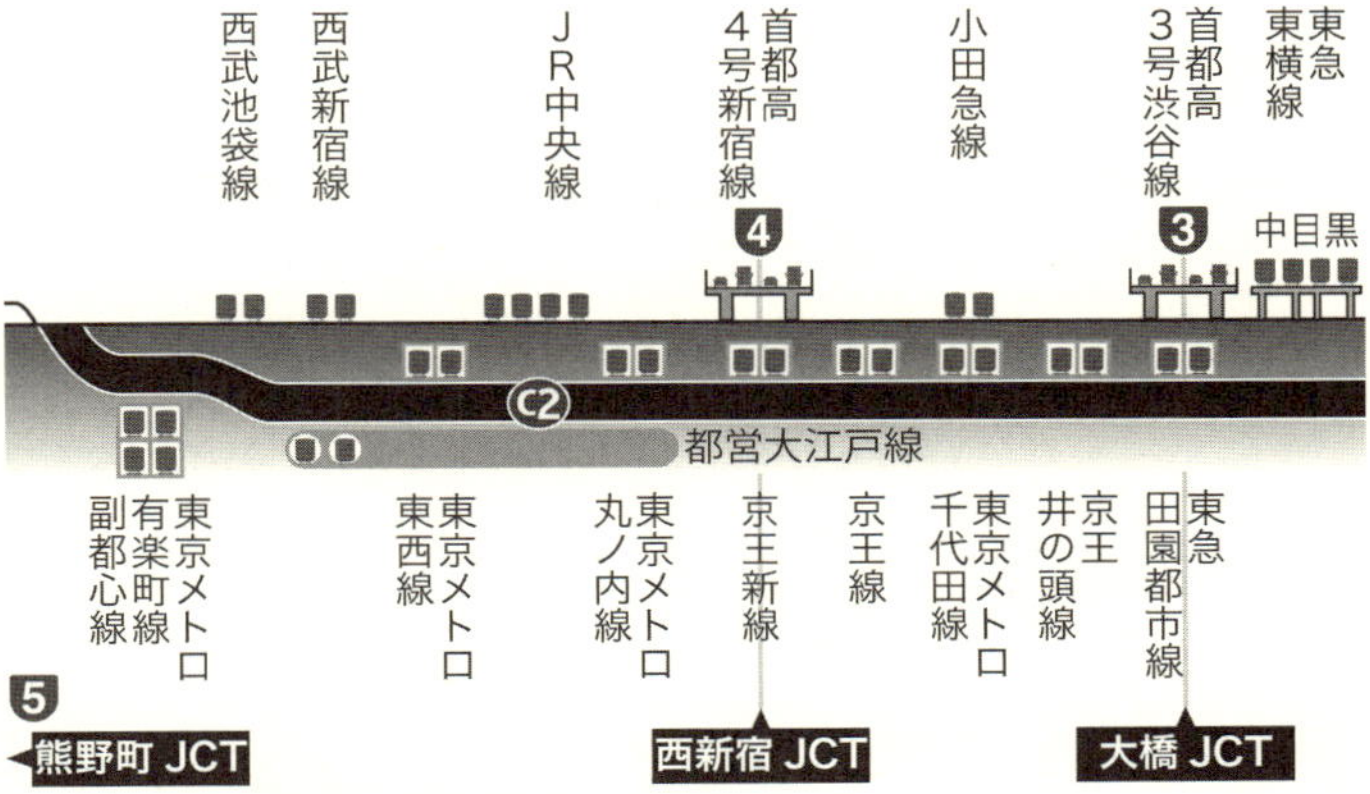

図1-4　中央環状線と鉄道の立体交差

その2m下をすり抜ける（図1―5）。都営地下鉄大江戸線は、3駅間（西新宿五丁目〜中井間）で山手通りの下を通り、山手トンネルの真下を通る。

山手トンネルの内部には、鉄道との立体交差を知る手がかりがある。ドライバーが確認しやすい位置に案内看板があり、「東急田園都市線」などのように、立体交差する鉄道路線名が記されているのだ。

トンネル内部を観察する上では、バスの最前列の座席は特等席だ。最前列なら、前方がよく見え、先ほどの案内看板も確認しやすい。ただし、羽田空港から新宿方面に向かうバス（東京空港交通の「リムジンバス」）では、最前列の座席が優先席になっているので、注意が必要だ。もちろん、そのすぐ後ろの2列目の座席からも、前方の窓を観察することができる。

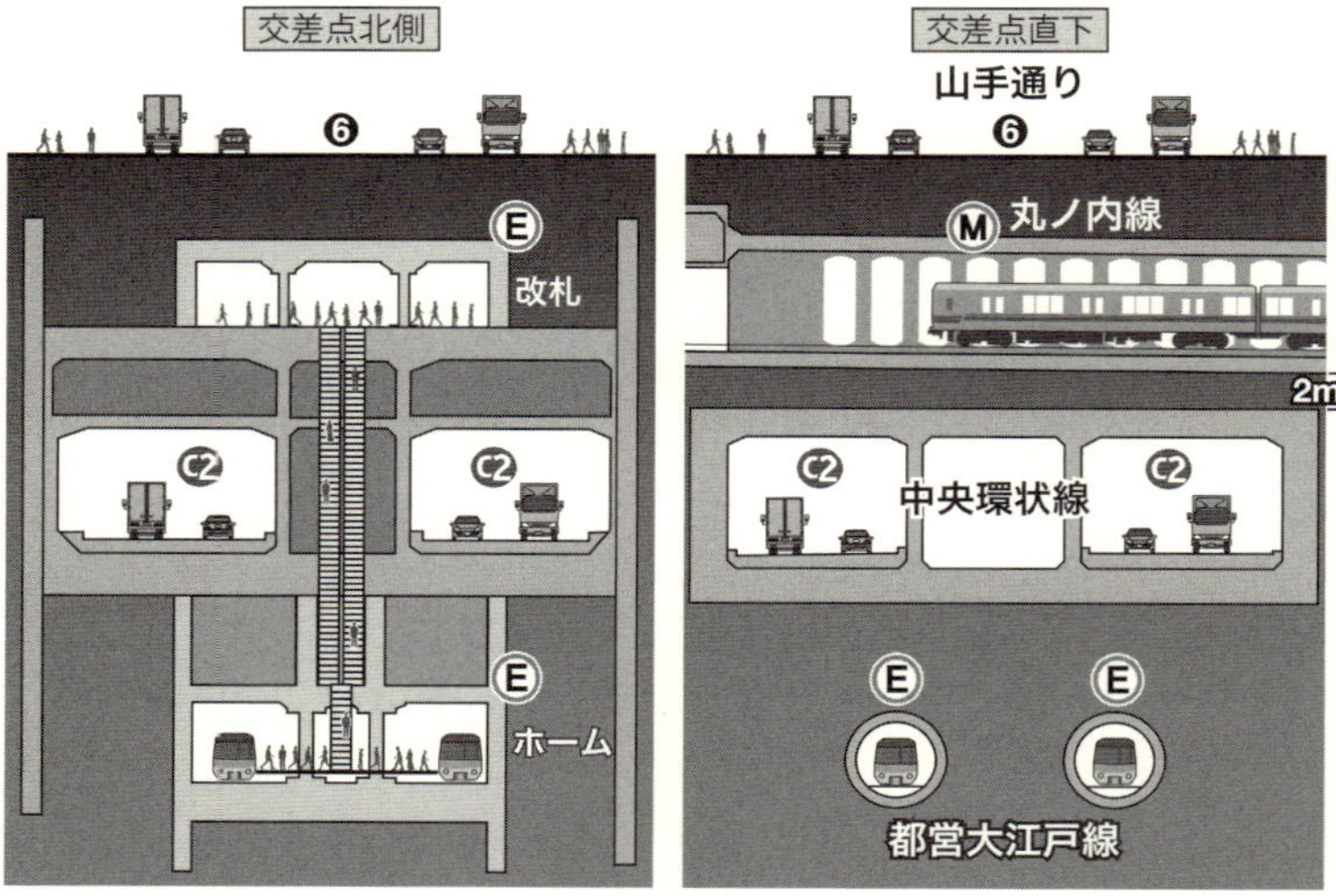

図1-5　中野坂上駅付近の構造。中央環状線と丸ノ内線のトンネルが最短2mまで接近する

住宅街のコロッセオ

山手トンネルに関係する「東京道路奇景」は、地上にもあり、その1つにコロッセオのような巨大建造物がある（写真1—4）。コロッセオとは、イタリアのローマにある競技場であり、それとほぼ同じ大きさの巨大建造物が、渋谷駅から西側に1㎞ほど、電車で1駅離れた閑静な住宅街にあるのだ。

この巨大建造物は、約175m×約130mの楕円柱で、大きさはコロッセオとほぼ同じだ。また、1964年の東京五輪のメイン会場になった国立競技場（改築前）のグラウンドとくらべても、ほぼ

▶鉄道
東急田園都市線
池尻大橋駅

コロッセオのような
建造物（大橋JCT）

写真1-4　上空から見た大橋JCT（写真提供・首都高速道路株式会社）

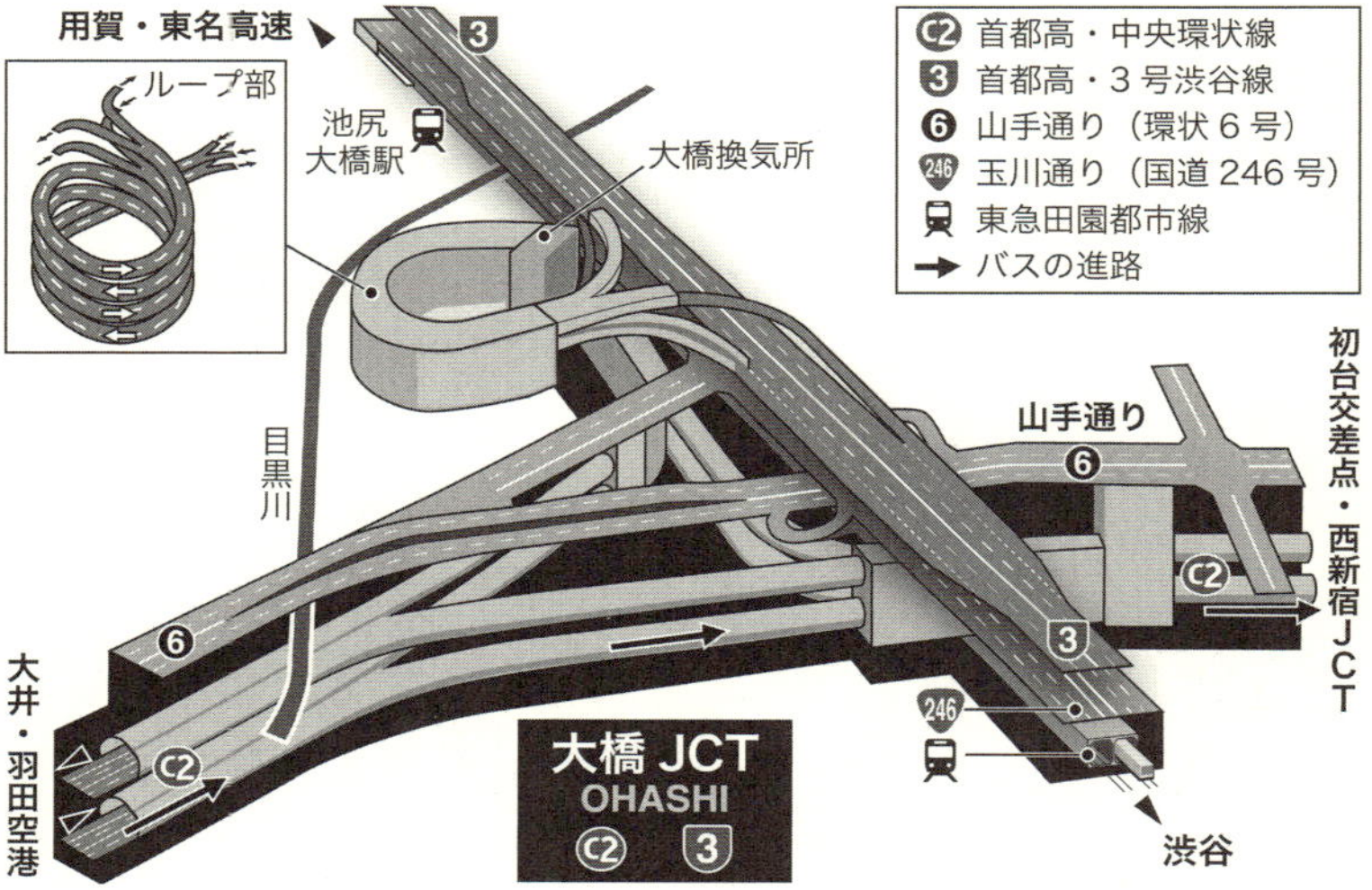

図1-6　大橋JCTの構造

同じ大きさだ。

この楕円柱の建造物の内部には、らせん状になった道路が入っており、高架橋の上の道路と、トンネルの道路をつないでいる（図1―6）。つまり、中空と地下の高低差をカバーしながら、双方を結ぶため、道路をらせん状にして、坂（勾配）を緩くしてあるのだ。ただし、建造物は、自動車が出す音や排気ガスが外に広がらないように密閉した構造になっているので、外からはらせん状の道路が見えない。

この建造物は、首都高の大橋JCTの一部だ。大橋JCTは、高架橋を通る3号渋谷線と、地下の山手トンネルを通る中央環状線の接続点になっている。

らせん状の道路は連結路と呼ばれ、２路線の本線を結ぶ役目をしている。「トンネル→高架橋」と「高架橋→トンネル」の連結路を分離するため、上下２層になっている。ここに入った車両は、１周４００ｍの楕円を２周して別の本線に合流する。

この建造物の屋上は、公園になっている。目黒区が管理する目黒天空庭園だ。らせん状の連結路の真上にあるため、公園の通路は楕円を描きながら坂を上る構造になっている。

楕円柱の建造物の内側には、四角柱の建物がある。山手トンネルと連結路の空気を入れ替える換気所だ。この屋上には水田があり、地元の小学生が稲作体験をしている。この水田は、通常は入ることができないが、筆者は首都高速道路株式会社（以下、首都高会社）の協力を得て入ったことがある。

この水田は、近くに換気所の排気口があるが、静かな場所だ。筆者は排気口の近くに行ったことがあるが、耳に手を当てても目立った音が聞こえなかった。このすぐ近くにある公園の真下を、自動車が絶え間なく流れているとはとても思えない場所だった。

水田や公園からは、周囲の住宅地を見下ろすことができる。建物が密集した場所に、楕円柱と四角柱の建造物があり、その屋上に緑がある。それはここでしか見ることができない不思議な光景だ。

筆者は、この風景の不思議さを、ＴＶ番組の出演を機にあらためて気づいた。そのＴＶ番組とは、ＮＨＫ国際放送の「ジャパノロジー・プラス」で、日本の文化や技術、風景などを海外に向けて紹介するものだった。筆者は「首都高速」の回で出演し、撮影ロケでこの場所を訪れ、この建造物を紹介した。

この番組のロケで、イギリス出身のナビゲーターや海外留学経験があるスタッフと話しているうちに、ふとこう思った。

「海外の人はこの景色をどう見るだろうか？」

もし、パリのように街の景観を重視した都市にこのような建造物をつくることになったら、おそらく多くの人に「都市景観を破壊する」と反対されるだろう。ところが東京では、この巨大建造物がすっかり受け入れられている。また、外壁がオオイタビと呼ばれるつる性植物によって緑化されたためか、住宅街の風景に溶け込んでいる。

これは、よく考えると不思議だ。東京では、中央環状線のような新しい道路をつくるときは反対されることがあるいっぽうで、道路をつくった結果「奇景」ができてしまうことに対しては、案外寛容なところがあるようだ。

地下なのに霧が発生？

ここでもう一度、山手トンネルの内部に目を向けてみよう。

山手トンネルでは、夏になると珍しい現象が起こる。地下なのに、霧がかかり、照明の白い明かりが拡散してぼんやりとすることがあるのだ。

この霧は人工的なものだ。トンネル内に設置された装置（ミスト噴霧装置）から水の細かい粒を噴射して、意図的に霧をつくっている。

この霧には、気化熱を利用してトンネル内部の温度を下げる目的がある。気化熱は、水が蒸発するときに周囲から奪う熱だ。日本で古くから伝わる「打ち水」では、玄関先などに水をまき、気化熱を利用して熱を奪い、周囲を涼しくしている。それと同じ原理を利用して、山手トンネルの内部の空気を冷やしているのだ。

霧を発生させることになったのは、山手トンネルでの温度上昇が問題になったからだ。このトンネルは長いため熱がこもりやすく、熱を排出する自動車が昼夜問わず頻繁に行き交うため、温度が上がりやすい。内部を換気してそれを防いでいるが、それでも夏には40℃を超えることがある。このことは、とくに二輪車に乗る人の負担になる。四輪車では車内でエアコンが使えても、二輪車ではエアコンは使えず、温度の影響を大きく受けるからだ。そこで、トンネル内の温度を下げる方法が検討された結果、霧を出すことになった。首都高会社は２０１２年にミスト噴霧装置の実証実験を行い、内部の温度が２℃下がることを確認している。

いっぽう山手トンネルでは、ミスト噴霧装置とは別に霧をつくる装置がある。火災発生時に作動するスプリンクラー（水噴射装置）だ。自動車は基本的に燃料タンクを搭載しているので、交通事故で燃料に引火すると燃焼や爆発が発生し、内部温度が急に上がり、そこにいる人に悪影響が及ぶ。それを防ぐため、火災を検知するとスプリンクラーが作動し、火災地点の２区間（約50ｍ）を霧で包み、内部の温度を下げる。また、まく水の量は、１

時間あたり360㎜の雨量に相当し、日本で観測された最大雨量（153㎜）の2倍以上なので、トンネル内で「雨を降らせる」というよりは「大量の水で洗い流す」感覚に近い。

山手トンネルでは、火災などの非常時に備えて、他の長大道路トンネルと同様に非常口や避難通路が設けてあり、一部区間には「独立避難通路」と呼ばれる珍しい避難通路もある。これは、天井と壁に囲まれた四角いトンネルのようなもので、車線の横にある。トンネル内部にトンネルのようなものをつくることで、車線で火災が起きたときに避難者が身を守れるようにしているのだ。この「独立避難通路」も、バスの前方の窓から観察することができる。

1・3 上下8層構造の交差点（初台交差点）

交差点上空にある3層の高架橋

バスはこの先、山手トンネルに次ぐ2つ目の「東京道路奇景」を通る。それが初台交差点だ（写真1―5）。

初台交差点は、幅が広い道路が十字に交わる交差点で、その上空と地下の立体構造が複

▶鉄道
京王新線
初台駅

初台交差点
（西新宿 JCT）

写真1-5　初台交差点。真上で高架橋が上下3層に重なる

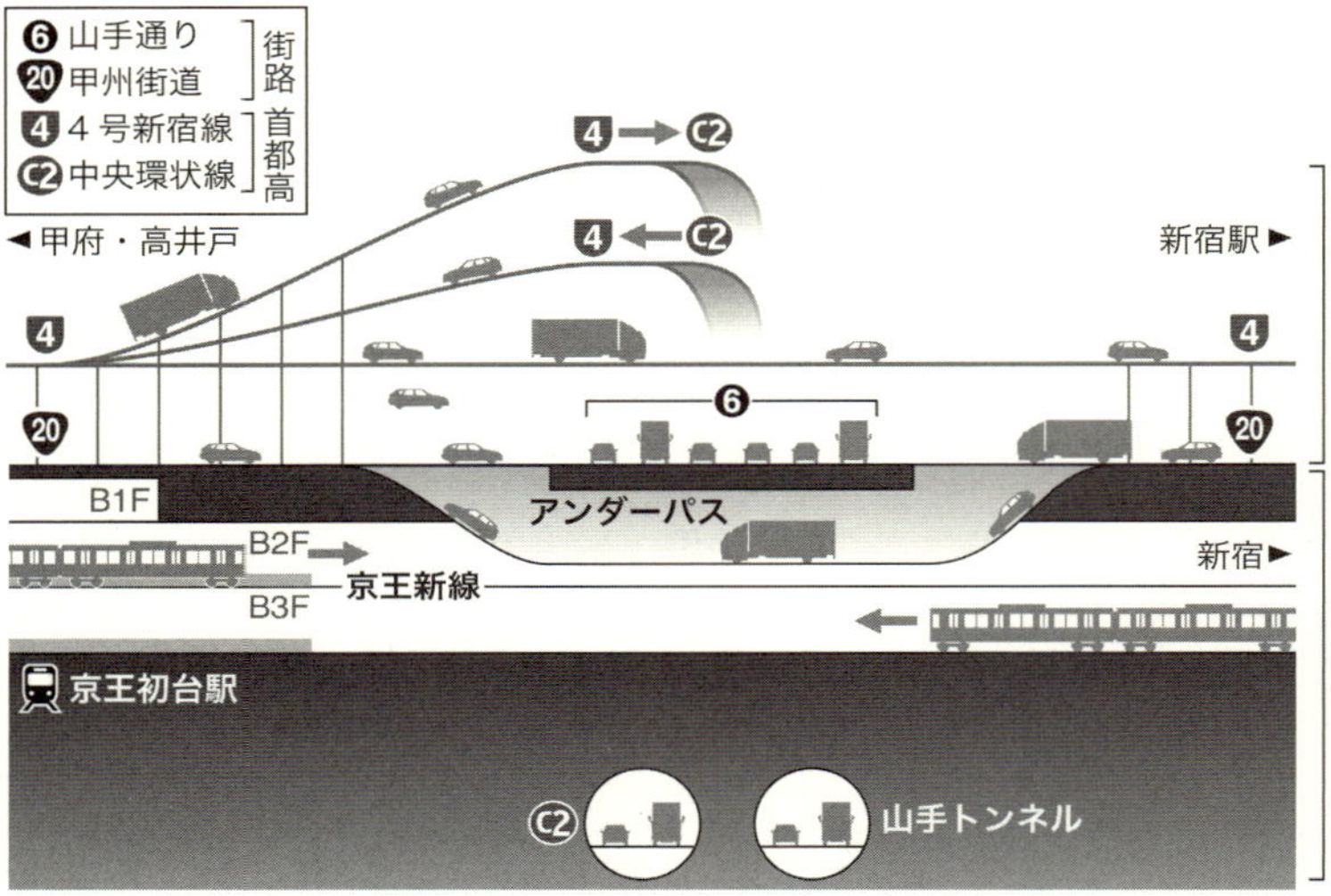

図1-7　初台交差点の8層構造（イメージ）

雑だ。上空では首都高の高架橋が3層、地下では道路と鉄道が4層に重なっている（図1—7）。地平の交差点を合わせれば、上下8層の交通路があり、立体交差しているのだ。

東京では、道路と鉄道の多重構造はとくに珍しくないが、8層構造はかなり珍しい。

にわかに信じがたい構造だと思う方もいるだろう。ただこの立体交差は、新宿駅から西に1㎞ほど、電車で1駅の場所に実在する。

まずはバスに乗りながら、その地上部分から見ていこう。

バスは、山手トンネルの途中で本線からはずれ、坂道を駆け上がって地上に出る。このとき車窓を眺めていると、昼間なら窓の外が突然明るくなり、マンションが建ち並ぶ市街地が見えてくる。

ここが首都高の出口の1つ、初台南出口だ。坂道は地平の道路の中央分離帯にある。

この地平の道路は、山手通りだ。先ほども述べたように、東京の幹線街路の1つで、山手トンネルの大部分がこの真下を通っている。

バスは、山手通りを北上して、初台交差点に接近する。そこは、2本の幹線街路が十字に交わる場所で、南北方向の山手通りと東西方向の甲州街道（国道20号）が平面交差している（図1—8）。

バスは、初台交差点で右折して、新宿駅方面に向かう。このとき、バスの車窓からは、複雑に絡み合う高架橋が見える。

高架橋は上下3層に分かれ、重なり合っている。一番下の高架橋は、甲州街道の真上を並行して通っており、その上には急カーブを描くY字型の高架橋が2層重なっている。

この高架橋の構造は、初めて見る人にはかなり不思議なものに思えるだろう。無機質な高架橋が3層も重なり、交差点の真上をすっぽり覆っている様子は、東京に住んでいる人でさえも異様に思えるかもしれない。

なぜこれほどまでに複雑な構造の高架橋が、初台交差点の真上にあるのか。それは、ここが首都高の接続点でもあるからだ。

ここは、首都高の2路線（4号新宿線と中央環状線）の接続点であり、西新宿ＪＣＴと呼ばれている。4号新宿線の本線は、一番下の高架橋にあり、中央環状線の本線は地下の山

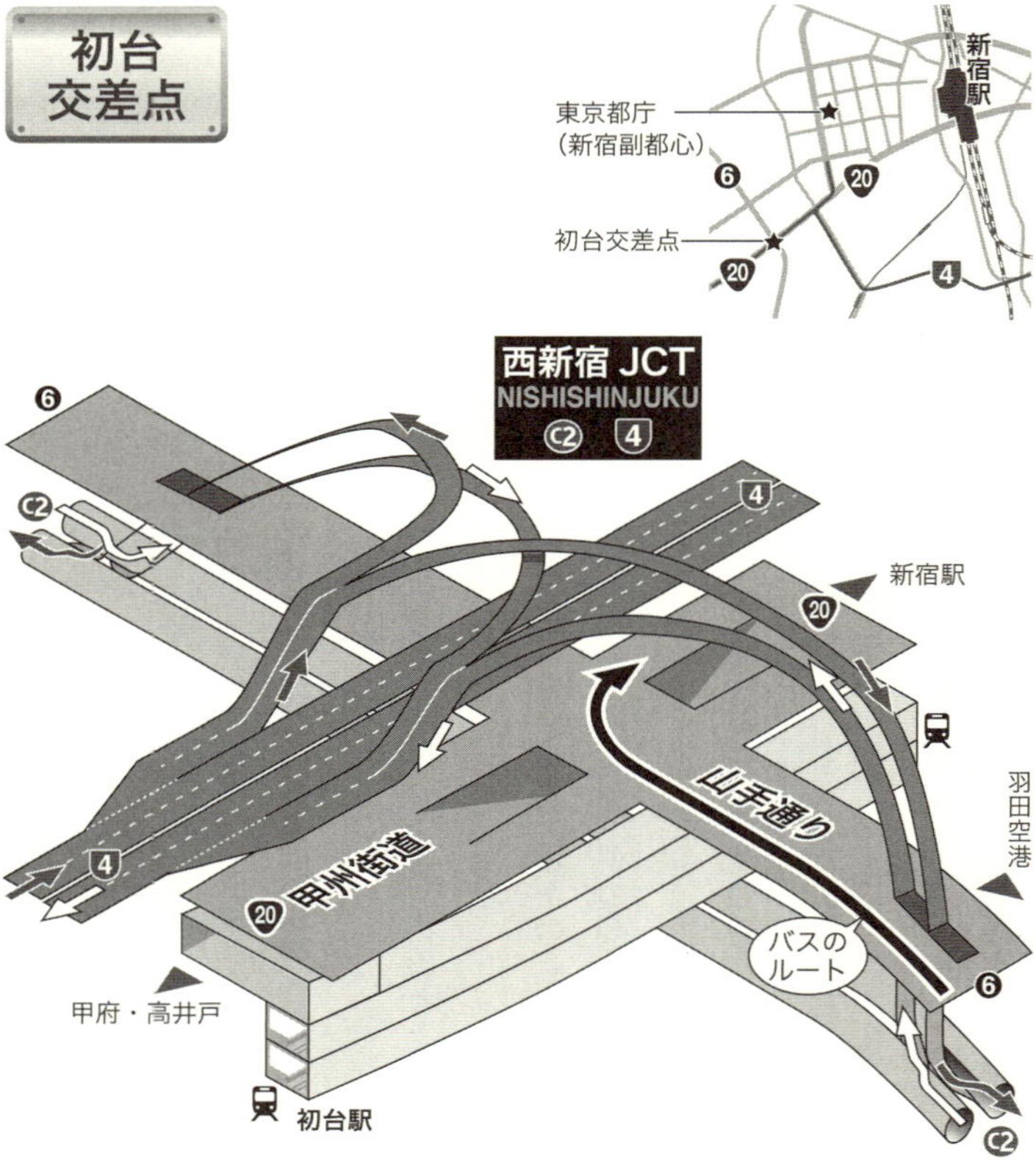

首都高	街路		鉄道
4 新宿線 C2 中央環状線（山手トンネル）	6 山手通り（環状６号）	20 甲州街道（放射５号・国道 20 号）	京王新線

図1-8　初台交差点と西新宿 JCT の構造（イメージ）

写真1-6　上空から見た初台交差点（写真提供・首都高速道路株式会社）

手トンネルにある。2層になったY字型の高架橋は、双方の本線を結ぶ連結路だ。

西新宿ＪＣＴは、先ほど紹介した大橋ＪＣＴと共通する部分がある。それは、連結路が高架橋とトンネルをつないでおり、双方に大きな高低差があることだ。

しかし、西新宿ＪＣＴには、大橋ＪＣＴにあったコロッセオのような巨大建造物はない。ここではそれを設置する場所がなかったからだ。

大橋ＪＣＴでは、ラッキーなことに周辺に広いバスの車庫があり、その土地を買収することで、らせん状の連結路を収めた楕円柱の建造物をつくることができた。ところが西新宿ＪＣＴでは、周囲に東京オペラシティなどのビルが建ち並んでおり、そのような土地を確保するのが困難だった。

そこで西新宿JCTでは、連結路の構造を工夫した。まず、山手トンネルに接続する長い坂を初台交差点の北側と南側に山手通りに沿ってつくり、高低差をカバーした。また、この長い坂と、4号新宿線に接続する坂の間に急カーブを設け、それを初台交差点の真上の空間に収めた。この急カーブが、2層になったY字形の高架橋だ（写真1―6）。

ただし西新宿JCTは、不完全なJCTなので、4号新宿線の都心側（新宿駅側）から、中央環状線にはアクセスできない。中央環状線は、郊外から集まる車両を分散させる目的で建設された経緯があるので、郊外側のアクセスを優先したのだろう。

西新宿JCTの連結路を今よりも増やせば、全方向にアクセスできる完全なJCTになるが、それは現実的でないだろう。今でも十分複雑な構造なので、その上にY字形の高架橋をさらに2層追加するのはかなり難しそうだ。

鉄道も絡む地下の4層構造

次に、初台交差点の地下の立体構造に目を向けてみよう。

こちらはバスの車窓から見えないが、道路と鉄道が4層に重なり、立体交差している。上から順に、街路（甲州街道のアンダーパス）、鉄道（2層になった京王新線のトンネル）、道路（山手トンネル）だ。ここでは重なる層を別々にカウントした。

甲州街道のアンダーパスは、初台交差点の真下を通っている。信号機に影響されずに直進できる車線を設けて、交通処理能力を高めている。

京王新線は、新宿駅を拠点とする京王電鉄の路線で、その駅（初台駅）が初台交差点の西側の地下にある。トンネルは、初台交差点や初台駅付近で方面別に上下2層に分かれており、先ほどのアンダーパスを避けるように甲州街道の南側を通っている。

山手トンネルは、先ほどバスが通った中央環状線のトンネルだ。初台交差点の真下では、アンダーパスや京王新線の下を通っている。

つまり初台交差点では、地上から地下までの空間に8層の交通路が立体交差しているのだ。1つの交差点の中空と地下の空間を利用して、これほどまでに交通路を立体交差させた例は、世界的にも珍しいだろう。

1・4　線路上の巨大バスターミナル（バスタ新宿）

開業したばかりの宙に浮いたビル

本章で紹介する3つ目の「東京道路奇景」は、「バスタ新宿」だ（写真1―7）。

▶鉄道
JR 新宿駅
新南口直結
▶バス
バスタ新宿

バスタ新宿

「バスタ新宿」は、新宿に新しくできた交通結節点であり、２０１６年4月4日に開業したばかりだ。そのビルは地上3階建て（案内では2F～4F）で、バスとタクシーの乗降場があり、地上1階（2F）でＪＲ新宿駅の改札口と直結している（図1―9）。つまりここは、自動車交通と鉄道の乗り換えを容易にした交通拠点なのだ。

　このビルは、ＪＲ新宿駅の真上にあり、宙に浮いた構造になっている。もちろん、本当に宙に浮いているのではない。16本の線路の上には、多くの基礎杭によって支えられた人工地盤があり、その上に「バスタ新宿」があるのだ。

「バスタ新宿」は、日本最大のバスターミナルでもある。ここを発着する高速バスは、１日に１６００本以上あり、全国39都府県３００都市を結んでいる。また、羽田空港や成田空港に向かうバスもここを発着する。深夜帯（2時半～4時）に発着する便はないものの、それ以外は平均1分弱の間隔で高速バスが出入りする。

「バスタ新宿」は、隣接する甲州街道とスロープでつながっており、バスがビルの内部に出入りできる構造になっている。このスロープは、「ＪＲ新宿ミライナタワー」と呼ばれる隣のビルの横を通っている。また、「バスタ新宿」の内部では、高速バスが走る場所が上下2層（3Fと4F）に分かれており、スロープでつながっている。

　じつは、このスロープや、高速バスが走る上下2層は、「国道」に指定されている。ビルの内部もふくめて「国道」になるのは、かなり珍しい。その理由はあとで説明することにしよう。

バスタ新宿
公式サイト

写真1-7　バスタ新宿。JR新宿駅の真上にある

さあここで、ツアーに戻ろう。

羽田空港から来たバスは、初台交差点を経由して甲州街道を通り、「バスタ新宿」にやってくる。バスがその入口に入ると、スロープを上って、3Fのバス降車場に到着する。

ツアーでは、新宿副都心にある終点まで行くので、ここでは降りない。ただ、もし降りて、外のテラスに出ると、16本の線路を見下ろすことができ、巨大駅の真上にいることがわかる。

なぜこのような不思議な建造物が新宿につくられたのだろうか。なぜJR新宿駅の真上につくる必要があったのか。新宿駅の歴史から探ってみよう。

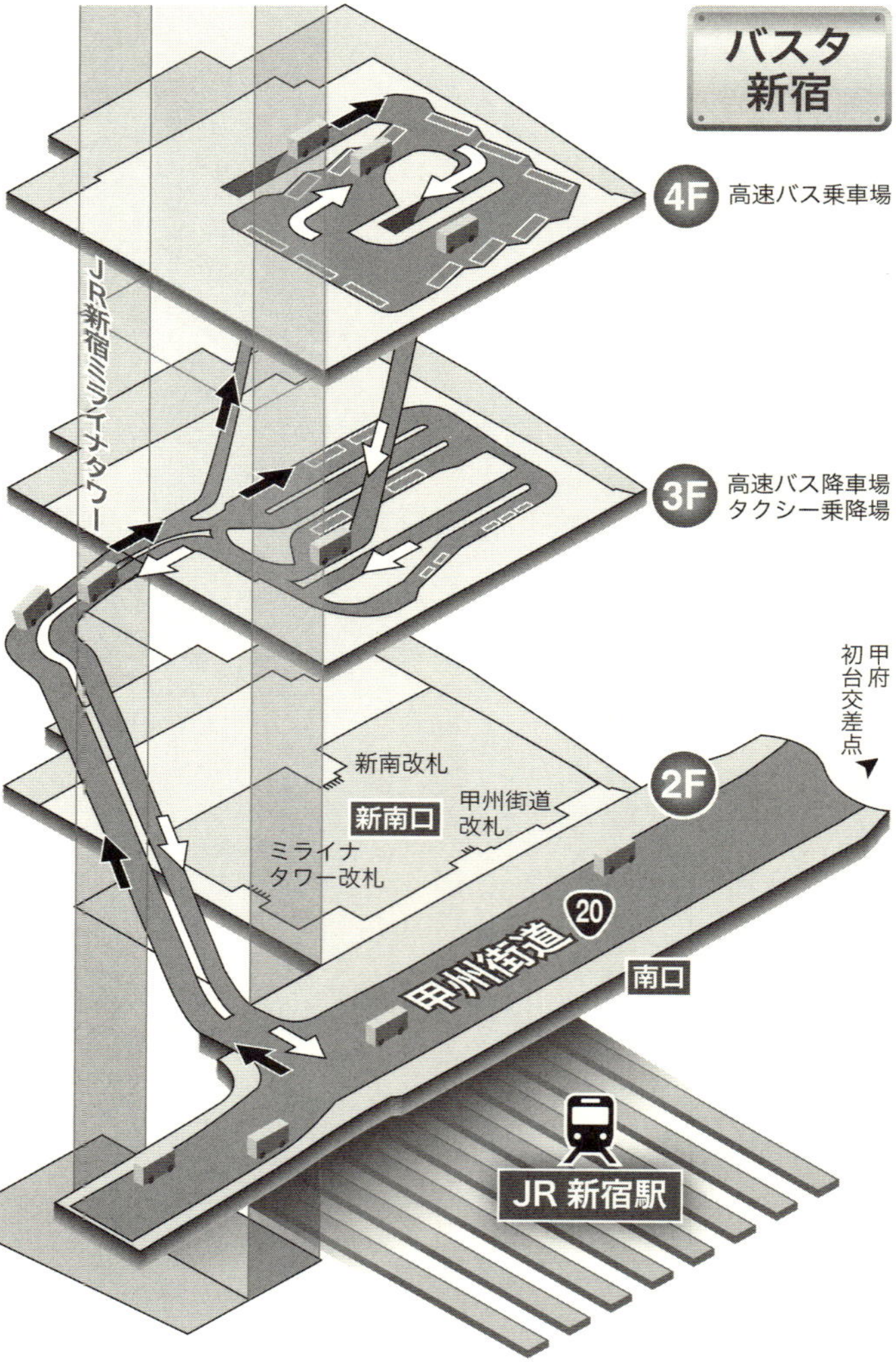

図1-9　バスタ新宿の構造

駅前広場がなかった南口

東京では、昭和初期から駅前広場が整備されてきた。鉄道の発達とともに駅付近の混雑が激しくなったので、利用者数が多い駅の前に広場を設けたのだ。

新宿駅にも、駅前広場が東口と西口に設けられたが、南口には設けられなかった。理由は単純で、場所がなかったからだ。

ご存知のように、新宿駅は、ＪＲや民鉄、地下鉄の複数の路線が乗り入れる巨大ターミナル駅だ。２０１２年には、１日の平均乗降客数が３６５万人（西武もふくむ）で世界最多であることから、ギネス世界記録で「世界でもっとも忙しい駅（The world's busiest station）」に認定された。１日の平均乗車人員は、ＪＲ新宿駅だけでも約76万人（２０１５年度）で、ＪＲ東日本の駅でもっとも多い。

新宿駅は、これほど利用者数が多いのに、南口に駅前広場がなかった。これが、巨大ターミナル駅の大きな弱点だった。

南口は、甲州街道の跨線橋と直結する構造になっており、タクシーや一般車の乗降場が跨線橋《こせんきょう》の上に設けられた。つまり、跨線橋が駅前広場の代わりをしていたのだ。

ただし、この跨線橋は駅前広場の代替にはなりきれず、歩道と車道でさまざまな問題が起きた。歩道では、歩行者が通行しにくかった。新宿駅の東側と西側をつなぎ、多くの歩行者が行き交う通路でありながら、幅が狭かったからだ。車道では、渋滞がたびたび起きた。路肩に乗降場があり、そこを車両が出入りしていたので、車道の流れが悪くなりやすく、車両同士の接触事故が起こることもあった。

この跨線橋は耐震性においても問題があった。今から約90年前の１９２５年に架設されたもので、経年劣化していたからだ。

そこで、跨線橋の架け替えと拡幅が行われた。架け替え工事は、２０００年２月から始まった。拡幅は、跨線橋の幅員を30ｍから50ｍに、歩道の幅員を５ｍから最大15ｍに広げるもので、同年12月に決まった。

いっぽう、これとは別に、ＪＲ新宿駅の真上に新しい交通結節点を設けることが決まり、２００６年から工事が始まった。通常は、鉄道駅の構内に鉄道事業以外を目的とした大規模建築物をつくることはできないが、そのための基準が定められ、建設計画が了承されたことで可能となった。

この交通結節点が、現在の「バスタ新宿」だ。新宿近辺に分散していた高速バスとタクシーの乗降場を集約して、鉄道駅と直結させる目的で計画された。とくに高速バスの乗降場は、待合室や乗車券売り場がないものもふくめて、新宿駅西口付近に19カ所に分散していたので、１カ所に集約して利便性を高めることが求められていた。

「バスタ新宿」は、着工から10年の歳月をかけて完成し、開業日にその一部が「国道」になった。つまり、バスが通行するスロープや上下２層の乗降場が、第２章で紹介する立体道路制度に基づく立体道路区域に指定され、国道20号（甲州街道）の一部になったのだ。同日の官報には、この「立体的区域の区間」を「国道20号」とする告示が記されている。新宿駅南口に「バスタ新宿」のような交通結節点をつくることは、１９７０年代から検討されていた。つまり構想そのものは、40年ほど前にあったのだ。

そのことを示す資料の１つに、交通の業界誌『交通技術』に掲載された論文がある。それは、運輸省と国鉄の職員がまとめた「新宿副都心総合整備計画の概要」で、同誌の１９７５年の４月号と５月号に掲載された。

この論文には、「バスタ新宿」の原点となる構想が記されている。南口付近を「中央ターミナル」と称し、鉄道輸送と道路輸送の接点にすることや、大規模な人工地盤をつくり駅前広場を設けることが述べられている。

この論文には、新宿駅付近の将来像を示す立体図も載っている（図１―10）。この立体図には、線路上を横断する甲州街道の跨線橋や、その横にあるビルが描かれている。ビルの位置は、現在の「バスタ新宿」や「ＪＲ新宿ミライナタワー」に似ている。

「バスタ新宿」の開業で、新宿駅南口に特殊な風景が生まれた。少し高い位置から「バスタ新宿」を見下ろすと、線路上で宙に浮かぶビルの上部で、高速バスが走る様子が見える（写真１―８）。かなり風変わりな光景だ。

しかし、その特殊な風景は、新宿では不思議と違和感がない。背景に新宿副都心の超高層ビル群があると、風変わりなはずの「バスタ新宿」が周囲にさりげなく溶け込んでいる

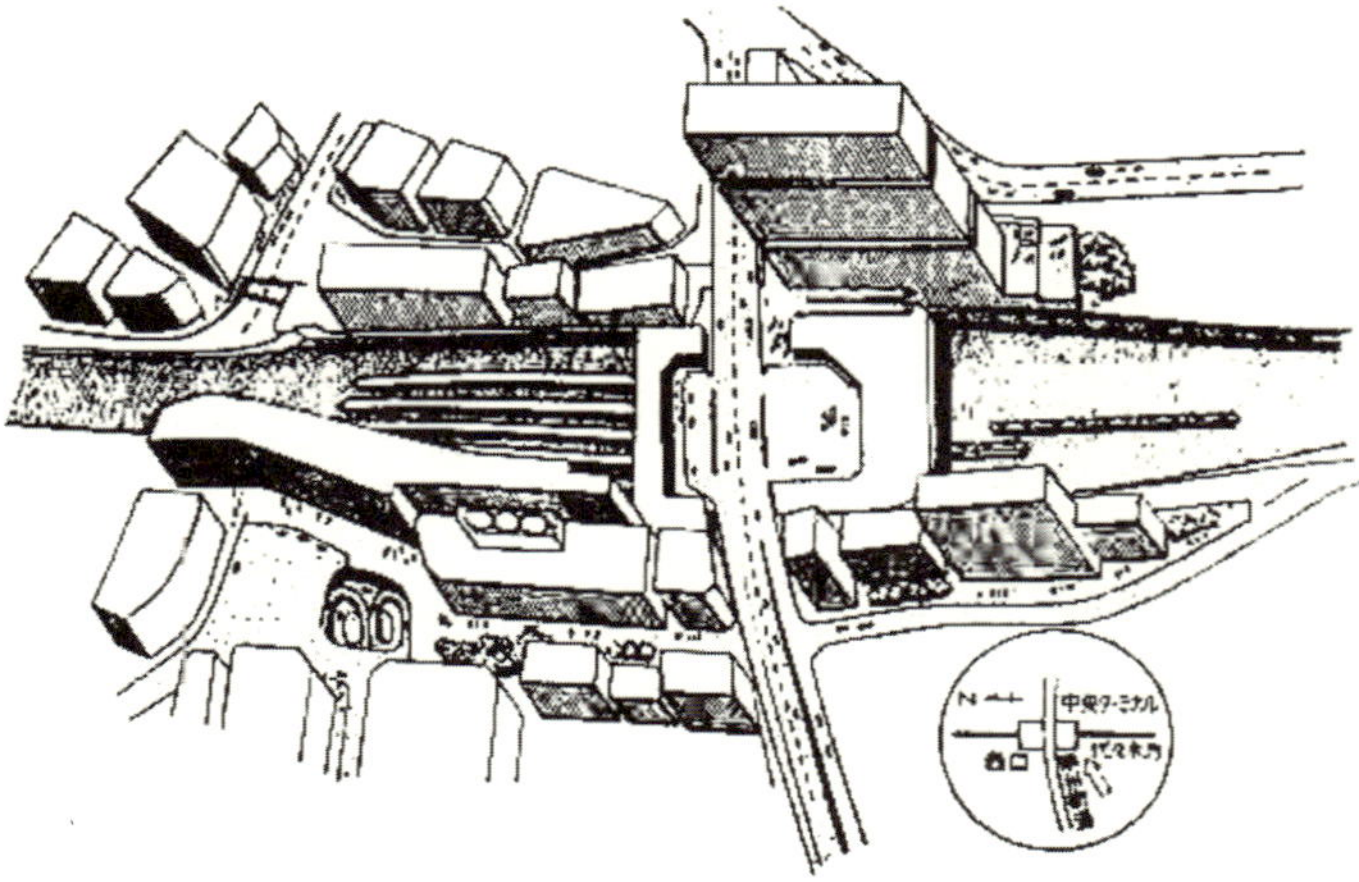

第1図　中央ターミナル計画図

図1-10　中央ターミナル計画図（増本治夫・藤井隆文「新宿副都心総合整備計画の概要―その１」、『交通技術』1975年４月号より引用）。上下に貫く道路が甲州街道。

写真1-8　「JR新宿ミライナタワー」から見た「バスタ新宿」

ように見える。

1・5　どこが地平かわからない立体都市（新宿副都心）

歩道が上下3層になった新宿駅西口広場

バスは、「バスタ新宿」を発車すると、いよいよ終点の京王プラザホテルがある新宿副都心に向かう。新宿駅の西側にある、超高層ビルが林立する場所だ。冒頭で紹介した④の「どこが地平かわからない立体都市」がここにある。

バスは、そこに入る前に新宿駅西口広場を通過する（図1―11）。百貨店が壁のように立つ場所の西側にあり、バスやタクシーなどが頻繁に行き交う広い場所だ。

ここは、先ほどの「立体都市」の序章だ。バスの車窓から新宿駅西口広場を見渡すと、ここがただの駅前広場でないことに気づくだろう。

この駅前広場の中央には、大きな穴がぽっかりと空いている（写真1―9）。そこにはらせん状の車道があり、自動車が円を描きながら時計回りに走り、地平よりも深い場所に出入りしている。

▶鉄道・地下鉄
新宿駅

新宿駅西口広場

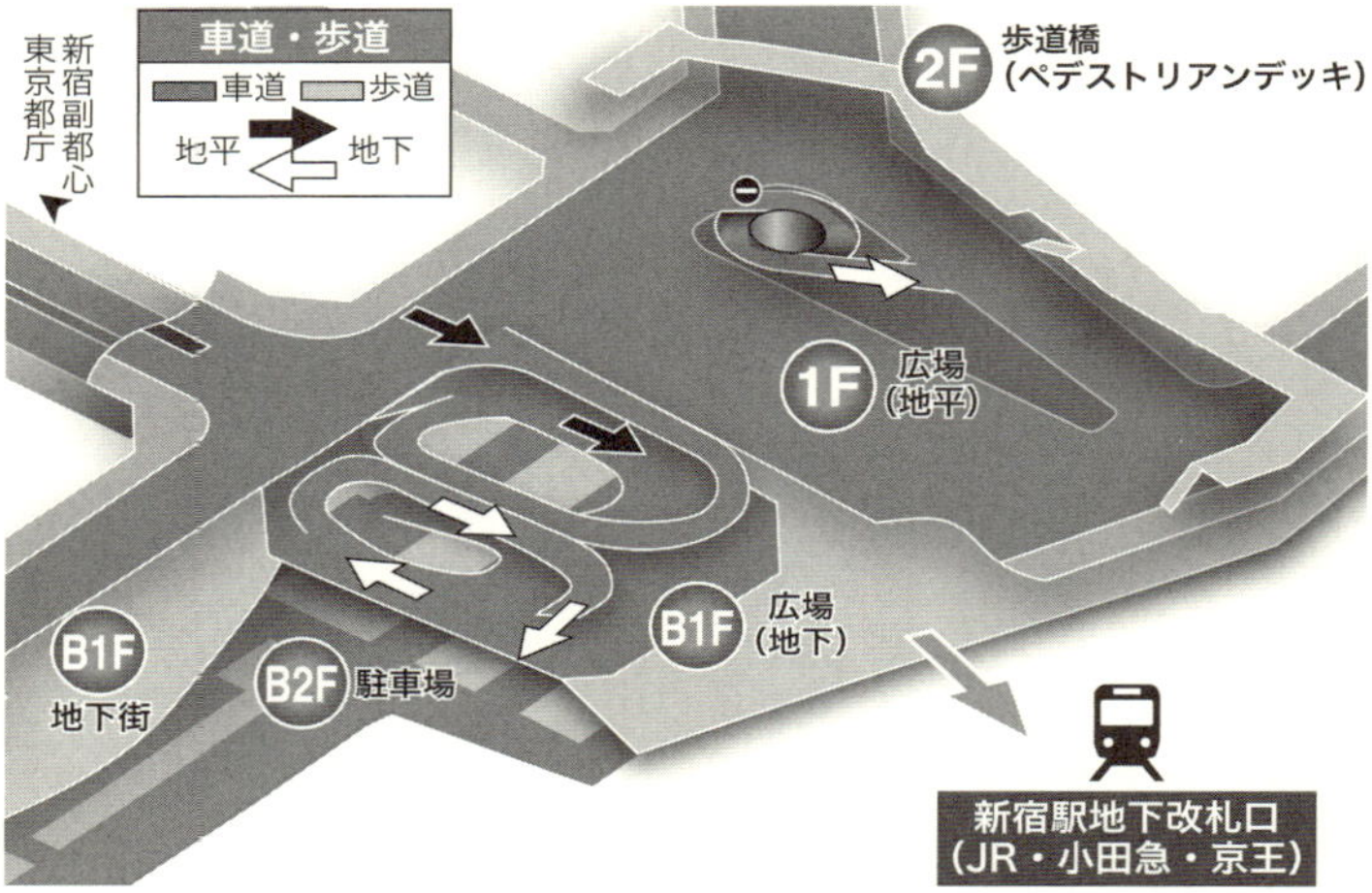

図1-11　新宿駅西口広場の構造

写真1-9　新宿駅西口広場の地下部分。左に見えるスロープは地平につながっている

そう、この駅前広場は、地平と地下の上下2層構造になっているのだ。先ほど見えた大きな穴は、地平と地下を結ぶだけでなく、地下に日光をとり入れたり、地下の空気を入れ替える役目がある。らせん状の車道は、2層に分かれたロータリーをつなぐもので、上りと下りで1本ずつある。

新宿駅西口では、車道と歩道がそれぞれ上下3層構造になっている。2層の駅前広場とは別に、車道と歩道が1層ずつ別々に存在するのだ。

車道は、地下2階にもある。駅前広場の真下には、自動車を380台駐車できる地下駐車場もあり、地下の駅前広場とらせん状の車道でつながっている。

歩道は地上2階にもある。これは、ペデストリアンデッキと呼ばれる連続した歩道橋で、駅と周囲のビルの間を結んでいる。地下の歩道と同様に、地平の車道と分離された歩道なので、歩行者は自動車を気にせずに通行できる。

上下3層構造になった歩道は、それぞれ周辺のビルに接続している。ビルには、上下3層（中空・地平・地下）に分かれた出入口があり、それぞれペデストリアンデッキ、地平の歩道、地下の歩道とつながっている。地下の歩道は、鉄道3社（JR・小田急・京王）の地下改札口と直結しており、地下鉄の駅にもつながっている。このような構造は、大阪駅前や仙台駅前などにも存在するが、行き交う人の数は、新宿駅西口のほうが多い。

全体が上下2層構造になった立体都市

バスは、新宿駅西口広場をあとにすると、いよいよ新宿副都心に入る（写真1―10）。ユニークな形状の超高層ビルが密集する、未来を先取りしたような街だ。

バスは、そこにある複数のホテルを巡回したあと、終点の京王プラザホテルに到着する。その本館は、高さが約178mで、1971年に開業したときは日本一高い超高層ビルであり、日本初の超高層ホテルとして話題になった。

この隣には、白いツインタワーがある。東京都庁の中で一番背が高い第一本庁舎だ。高さが243mの超高層ビルで、1990年に竣工したときは日本で一番背が高いビルだった。

これらの高さは、現在はとくに目立たない。もっと高い超高層ビルが東京や日本に存在するし、新宿副都心に同じぐらい高い超高層ビルがほかにも複数あるからだ。

バスを降りて周囲を見渡すと、そこは非現実的な風景が広がる都市空間。建物は超高層ビルばかりで、街路はすべて直線状で整然としている。新宿駅西口広場で見られたカラフルな看板や、建物が入り組んでゴチャゴチャした風景はそこにはない。大勢の人が歩いているのに、誰かがここで生活しているような気配がない。

周囲を歩くと、街全体が上下2層構造になっているのがわかる（写真1―11）。南北方向

▶地下鉄
都営大江戸線
都庁前駅

新宿副都心
（東京都庁）

写真1-10　新宿副都心。新宿駅（手前）の西側にあり、超高層ビルが林立する

写真1-11　上下２層の街路の立体交差。東京都庁付近

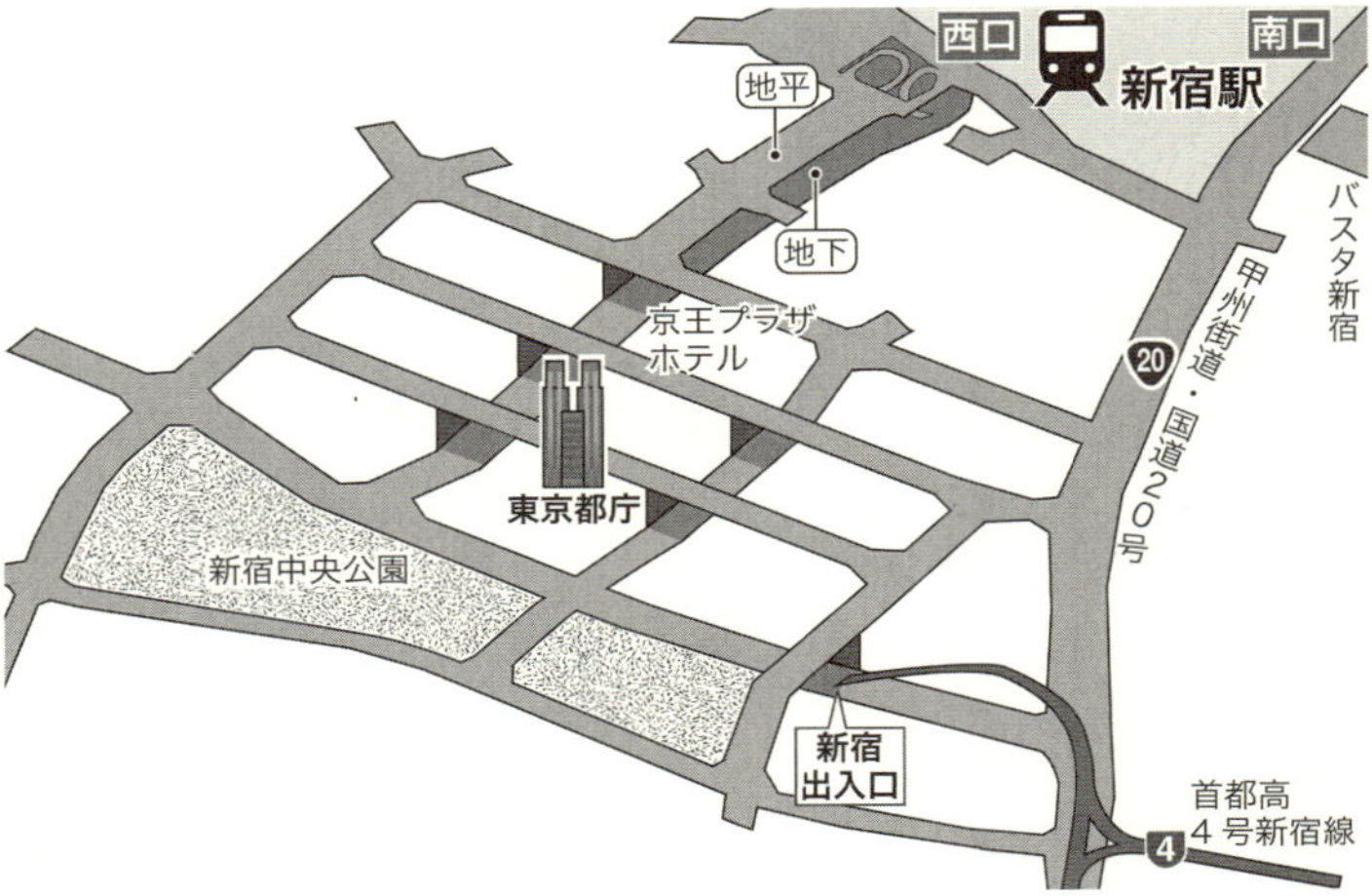

図1-12　新宿副都心付近の街路構造。
新宿駅西口広場もふくめて上下2層になっている

の街路が上層を、東西方向の街路が下層を通り、立体交差している場所もある（図1―12）。超高層ビルにも上層と下層の出入口があり、それぞれ街路に面している。

このため、階段を上り下りしているうちに、どこが地平かわからなくなる。まるで街全体が、人々を惑わせるトリックアートのようであり、非現実的な都市空間を具現化したSF映画のセットのようだ。

新宿副都心は、先ほどバスが通った新宿駅西口広場とも街路でつながっている。しかもその街路は、上層と下層が並行に重なる構造で、新宿駅西口の地平と地下のロータリーにそれぞれ直結しているのだ。

このため、新宿駅から東京都庁ま

では、雨の日でも濡れずに歩くことができる。新宿駅西口の地下改札口と東京都庁の地上1階は、地下歩道でつながっているからだ。しかもこの地下歩道は、一度も車道と平面交差しないので、歩行者は自動車を気にする必要がなく、安全に歩くことができる。

浄水場の凹凸を生かした立体構造

なぜ新宿副都心は、このように立体的な街になったのだろうか。新宿副都心の歴史から探ってみよう。

新宿副都心がある場所には、もともと上水道の浄水場（淀橋浄水場）や、小西六写真工業（現コニカミノルタ）の写真フィルム工場があった。浄水場は、新宿副都心がある場所の大部分を占め、新宿駅に近い位置にあった。

戦後になると、新宿で浄水場の移転を東京都に陳情する動きがあった。新宿駅近辺では東側が栄えていたのに、西側では浄水場があり、街があまり発展しなかったからだ。また、写真フィルム工場は、明治時代から存在し、老朽化が進んでいた。

そこで東京都は１９５９年に新宿副都心の整備計画を決定した。浄水場を東村山に、写真フィルム工場を日野にそれぞれ移転させ、それら跡地を利用して新しい街をつくったのだ。

新宿副都心は、東京で最初に計画された副都心だった。副都心は、東京で1点に集中していた中心地を分化させるために整備が検討されていた。

街路を立体的にしたのは、空間を合理的かつ効率的に使うためだった。当時世界の都市計画が平面的なものから立体的なものへと変わる転換点を迎えていたので、新宿副都心でも街路や広場を立体構造にすることが検討された。また、立体的な街路は、車道と歩道を分離し、交通処理能力を高める上でも都合がよかった。

上下2層に分かれた構造は、浄水場の凹凸を利用したものだった。浄水場には、長方形の貯水槽が複数並行に並んでおり、その底が周囲よりも約7m低かった。つまり、最初から立体的な街路や広場をつくりやすい環境が整っていたのだ。

いっぽう新宿駅西口広場は、戦前の区画整理で生まれた。ここには専売公社（現JT）の工場があり、その移転によって広場ができあがった。戦後になると上下2層のロータリーが整備され、地平と地下につくられた街路で新宿副都心と直結した。

新宿副都心は、こうして計画から半世紀以上の時を経て、現在の姿になった。その間に、東京都庁が有楽町から移転してくるなど、計画時に予定されていなかったことも起きた。にもかかわらず、あたかも最初からそう計画されていたかのような街になっているから不思議だ。

周囲に馴染む「東京道路奇景」

以上紹介した「東京道路奇景」は、いずれも道路の立体構造が複雑で、非日常的な風景を生み出しているが、不思議なことに周囲の景色に溶け込んでいる。もちろん、初めて見るとその異様さに気づくのだが、なぜか東京では、何度も見るうちに気にならなくなり、それがあるのが当たり前であるかのように感じてしまう。

その不思議さが、「東京道路奇景」の面白さであり、奥深さではないだろうか。

コラム　地下鉄工事現場で見た道路の役割

都市計画の専門書には、「道路は都市にとって重要な社会基盤である」とよく記されているが、そう言われてもピンとこない人もいるだろう。多くの人にとって道路は人や自転車、自動車などが通行する交通路にすぎないから、社会基盤と聞くと大げさに思えるかもしれない。

ただし、地下鉄工事現場に行くと、道路が交通路以外の役割を持っていることがわかる。筆者は、東京メトロの協力を得て、地下鉄工事現場を何度か見学したことがある。その現場の様子をかんたんに紹介しよう。

地平の道路から工事用の階段で下りると、そこには鉄骨に囲まれた広い地下空間があ

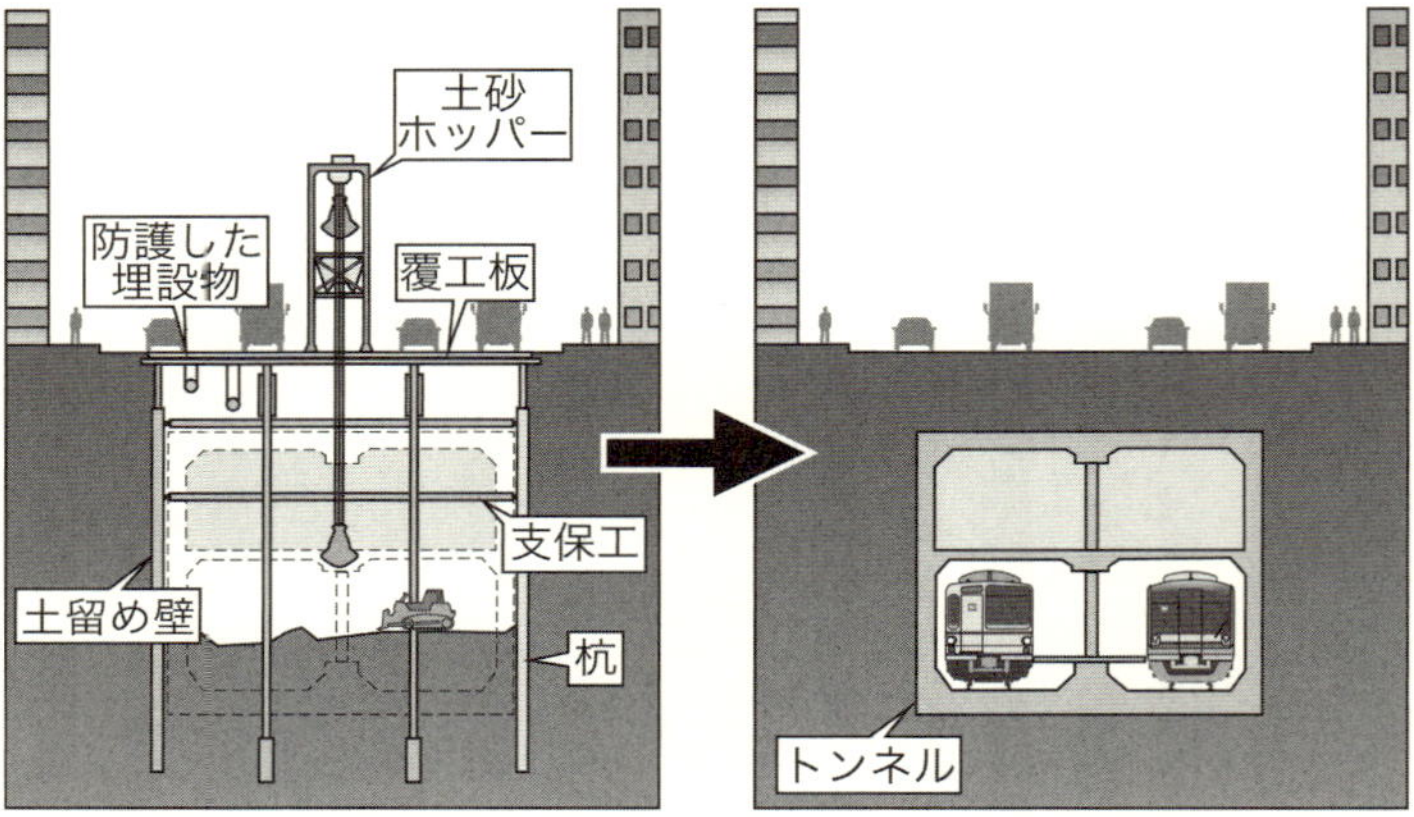

図1-13　道路の下で行う地下鉄工事（開削工法）

った（図1―13）。道路の真下を掘り、土を除去してできた場所であり、穴の底では地下鉄のトンネルを新設する工事が行われていた。

この地下空間の一部には、道路の下に埋まっていた埋設物（パイプやケーブル）がまとめて置いてあった。穴を埋め戻して工事が終わるまで防護するため、整理して仮置きしてあるのだ。それぞれには、「東京電力」「NTT」などのプレートをつけてあり、電力や通信、上下水道、ガスなどのものだとわかった。

そう、道路の下はライフラインの通り道でもあるのだ。

道路では、おもに地下にわれわれの生活に欠かせないインフラが埋まっている。近年街中で電柱を見かける機会が減ったのは、電力や通信などのケーブルが地下に埋設されたからだ。われわれの多くはそれに気づかず、道路の地平を通っている。

非常時には、道路はさらに別の役割を果たす。「はじめに」でもふれたように災害時の輸送や、延焼を防ぐ遮断帯としても機能する。

こう見ると、道路が都市にとって欠かせない存在であることがおわかりいただけるだろう。交通路以外の機能はわかりにくいので、多くの人がそのことに気づかないだけなのだ。

第 2 章
立体構造と平面構造を分類する

一ノ橋JCT

2・1 「東京道路奇景」を分類してみる

「なぜ東京にこんな奇景ができたのか？」

第1章を読んだ方の中には、そう疑問に思った方が多いだろう。

その理由は一概に説明するのが難しい。その奇景の多くは、東京ならではの歴史的要因や空間的要因が複雑に絡み合って生まれたものだからだ。

ただし、もし「東京道路奇景」をカテゴリー別に整理できれば、要因も自ずと整理され、その理由が少しずつ見えてくる。

そこで本章では、「東京道路奇景」を図2—1のように分類し、それぞれのカテゴリーの実例を見ていこう。この分類は、構造と道路の種類というカテゴリーでざっくりと分けたものだ。

まず「東京道路奇景」は、大きく2つに分けられる。「構造的な奇景」と、「構造以外の奇景」だ。

「構造的な奇景」は、道路の構造が織りなす奇景だ。「はじめに」や第1章で紹介したのは、すべてこれにふくまれる。

「構造以外の奇景」は、道路の使い方によって生じた奇景だ。これについては、第8章で

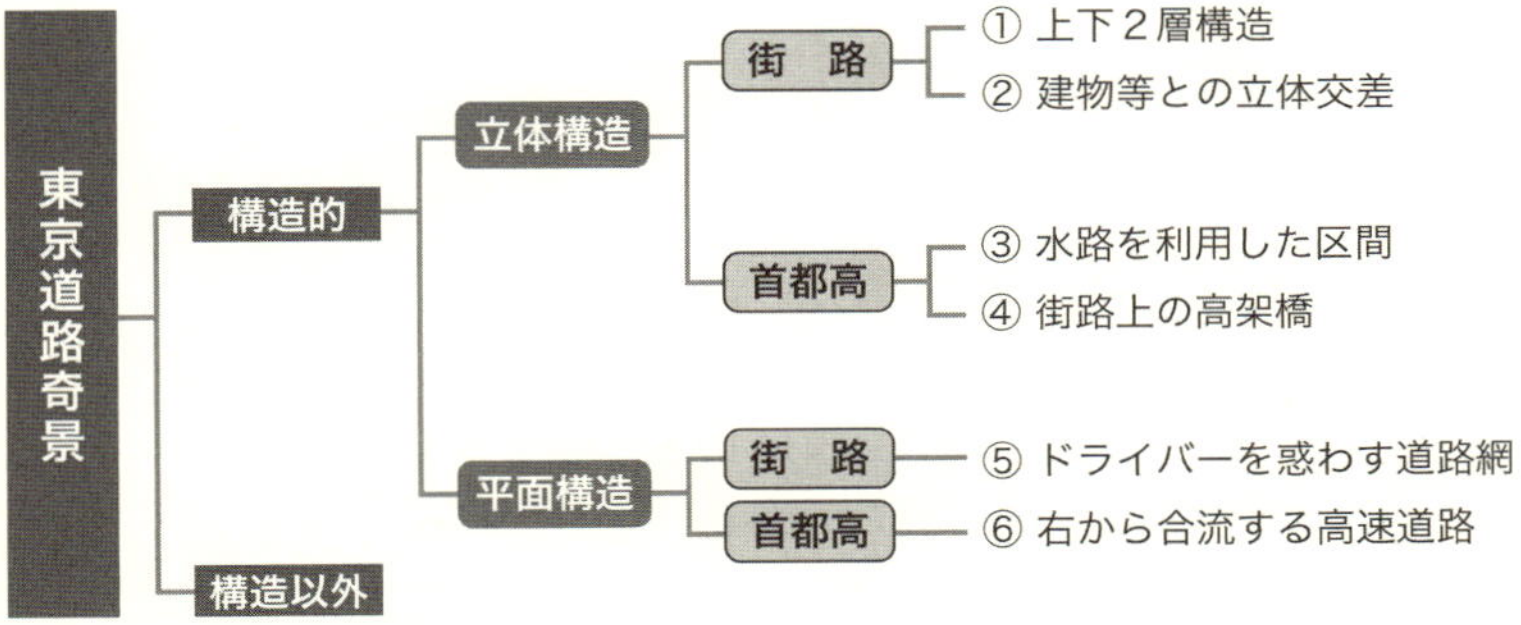

図2-1　「東京道路奇景」の分類

くわしくふれる。

本書で紹介する「東京道路奇景」の大部分は、「構造的な奇景」なので、本章では「構造的な奇景」をさらに細かく分類してみよう。

「構造的な奇景」には、「立体構造が特殊な奇景」と、「平面構造が特殊な奇景」がある。「立体構造が特殊な奇景」には、第1章で紹介した山手トンネルや初台交差点、「バスタ新宿」、新宿副都心などがふくまれる。「平面構造が特殊な奇景」には、覚えにくい道路網や、自動車交通を拒むような狭い路地や袋小路などがあり、ドライバーを惑わせる要因になっている。

東京の市街地を通る道路には、大きく分けると首都高と街路があり、首都高はおもに「立体構造が特殊な奇景」、街路はおもに「平面構造が特殊な奇景」をそれぞれ多く生んでいる。ただし、街路が「立体構造が特殊な奇景」を生んだ例もあるように、逆のパターンもある。

以上のことをふまえて、「構造的な奇景」をざっと整理すると、次の6つの種類に分類できる。

①―立体構造―　街路・上下2層構造
②―立体構造―　街路・建物等との立体交差
③―立体構造―　首都高・水路を利用した区間
④―立体構造―　首都高・街路・街路上の高架橋
⑤―平面構造―　街路・ドライバーを惑わす道路網
⑥―平面構造―　首都高・右から合流する高速道路

それぞれの事例を見ていこう。

2・2　立体構造　街路・上下2層構造

まずは「立体構造が特殊な奇景」から見ていこう。「東京道路奇景」の中でもとくに見た目でわかりやすいタイプだ。

最初に紹介するのは、①の「上下2層構造」になった街路だ。

東京では、街路が上下2層構造になった場所が多数存在する。一般的に街路は、市街地の地平を通っているが、東京では中空、または地下を通り、地平もふくめて2層重なる場所が少なくない。

交差点のアンダーパスとオーバークロス

その代表例には、第1章で紹介した初台交差点にあったアンダーパスのほかに、オーバークロスがある（図2―2）。それぞれ交差点の下と上を通り、地平の街路と立体交差している。初台交差点を通る甲州街道（国道20号）には、アンダーパスとオーバークロスの両方があり、新宿よりも郊外側に連続する区間がある。

街路同士が立体交差するアンダーパスとオーバークロスは、交差点の交通処理能力を高めることを目的とした設備だ。街路同士が平面交差する交差点では、おもに信号機によって通行が制限されるので、各方向の車両は交互に通行せざるを得ない。しかし、交差点にアンダーパスやオーバークロスを設けると、直行する車両がそこをノンストップで通行できるので、押し寄せる大量の車両をさばくことができる。なお、環状路がある交差点（ラウンドアバウト）も、ノンストップで通行できるので、ヨーロッパで多く導入されているが、日本では導入例が少ない。

東京の街路は、全般的に交通量が多いので、アンダーパスやオーバークロスを設けた交差点が多数存在する。

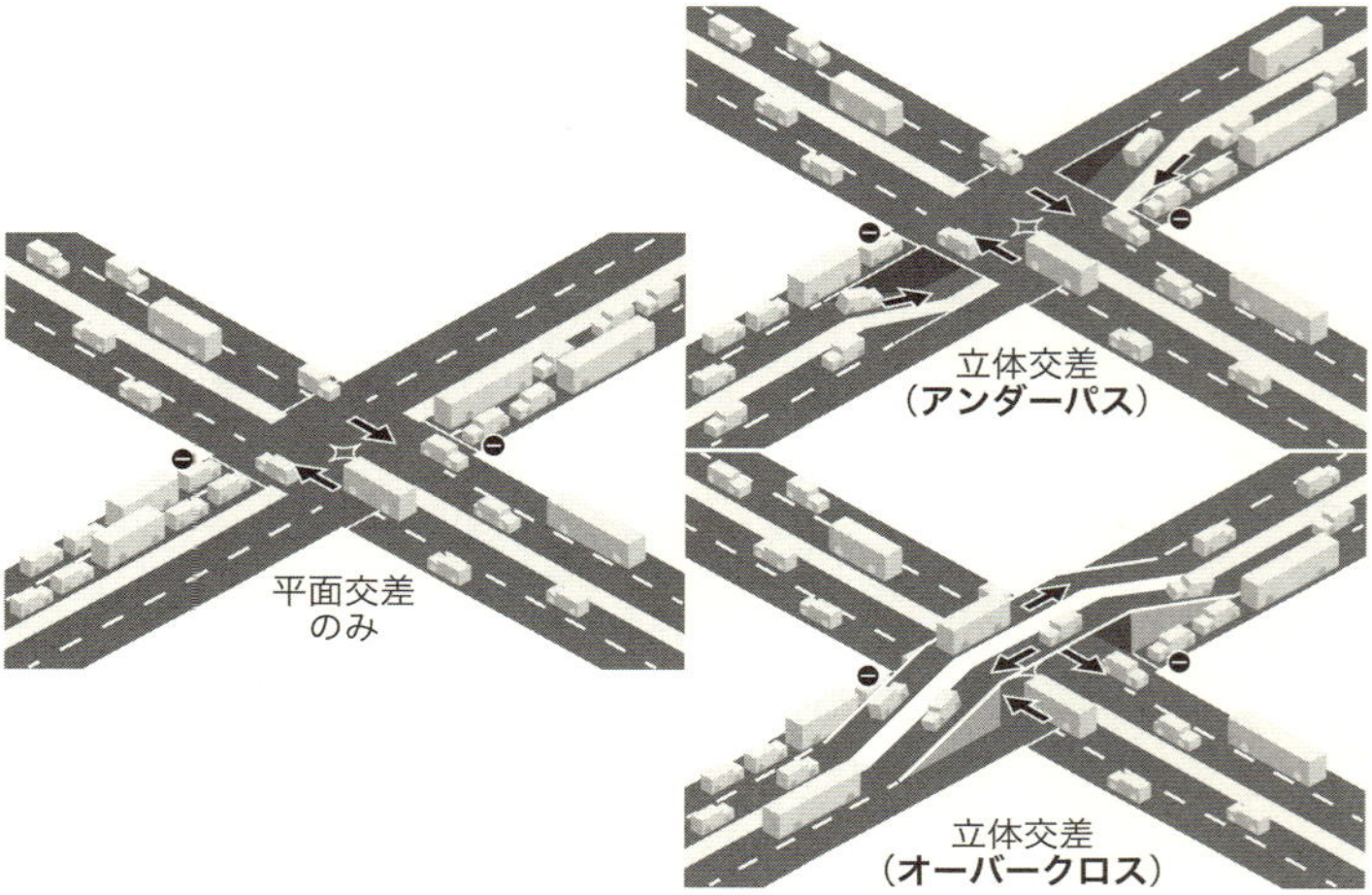

図2-2　連続するアンダーパスとオーバークロス

東京には、アンダーパスとオーバークロスが連続する幹線街路もある。その代表例には、先ほどふれた甲州街道のほかに、環七通り（環状7号）や環八通り（環状8号）がある。環七通りと環八通りは、いずれも皇居を中心にして同心円状に広がる環状の幹線街路で、中心地の日本橋から放射状に広がる幹線街路と繰り返し接続するが、直行する車両が多いので、平面交差する交差点のほかにアンダーパスやオーバークロスが設けてある。このため、信号機がある交差点を通らずに済む区間があり、渋滞がなければ、そこをノンストップで走り続けることができる。

地下駐車場と直結したアンダーパス（昭和通り）

東京には、地下駐車場とセットになった珍しいアンダーパスもある。交差点の真下をスルーする半地下道路が、地下にある駐車場に出入りするスロープを兼ねているのだ。

その代表例は、昭和通りにある（図2―3）。昭和通りは、上野から新橋まで南北方向に貫く幹線街路で、銀座の中心街よりも東（海）側を通っている。

昭和通りの江戸橋・新橋間では、地下に4つのアンダーパスと4つの地下駐車場が交互に並んでおり、それぞれつながっている。つまり、車両がアンダーパスを通って地下駐車場に出入りできる構造になっているのだ。

なぜこのような構造になったのか。昭和通りの歴史から探ってみよう。

昭和通りは、その名の通り昭和につくられた幹線街路だ。関東大震災で市街地の半分近くが壊滅的な被害を受けたあとの震災復興事業と、大胆な区画整理によって誕生した街路の1つだ。

昭和通りは、新しい交通路を確保するだけでなく、防災や都市景観への配慮も重視して設計された。幅員は最大44mに広げられ、火災による延焼を防ぐ構造になり、幅広い中央分離帯も設けられた。開通当初は、ヨーロッパの主要都市に倣い、中央分離帯を緑地帯にして、都市景観が改善された。これらの取り組みは、昭和通りが開通した当時としては画

▶地下鉄
日比谷線
都営浅草線
東銀座駅

昭和通り（東銀座）

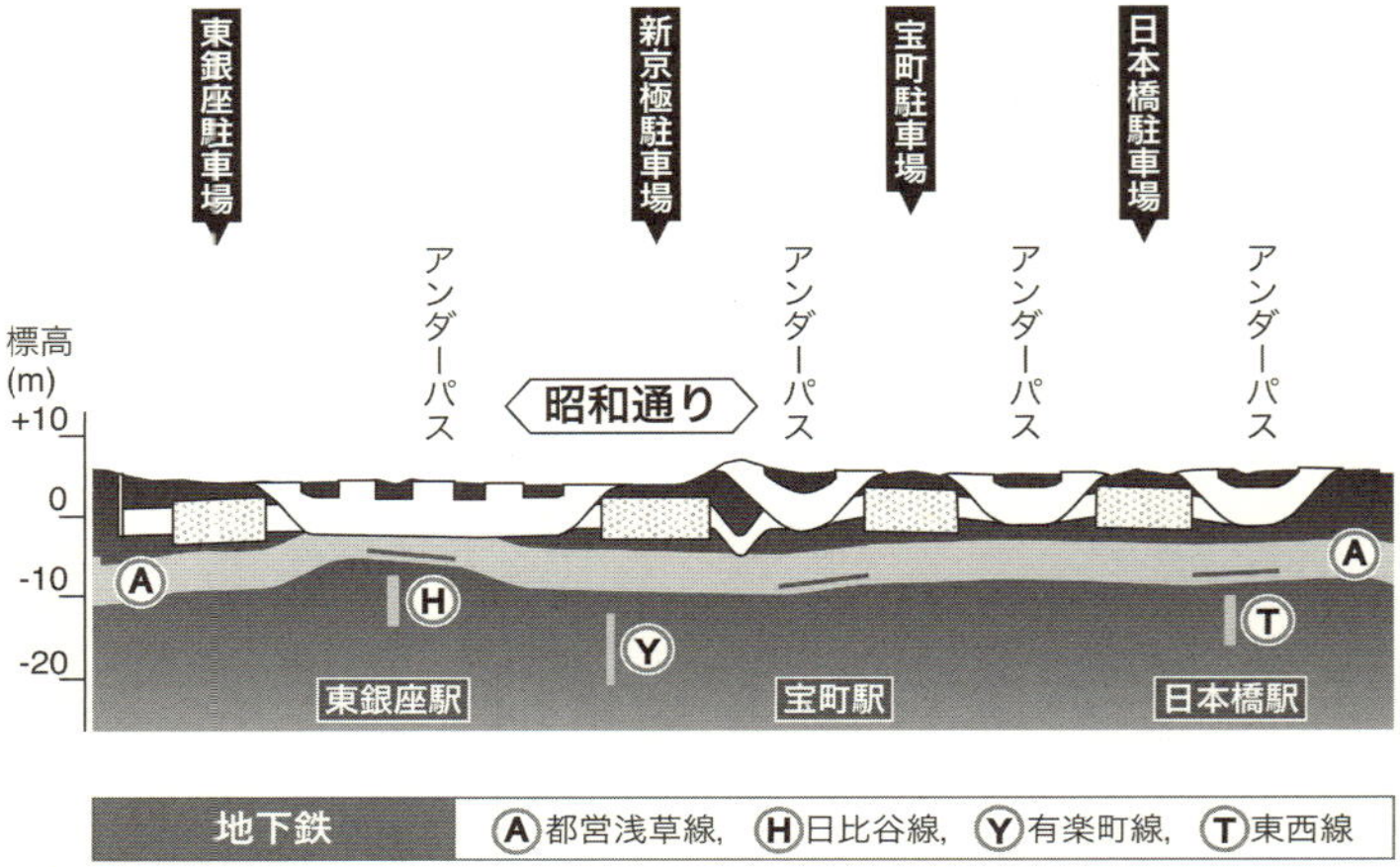

図2-3　連続するアンダーパスと地下駐車場（昭和通り）

期的だった。

ところが、この緑地帯は長続きせずに消えた。時代のニーズに合わせて、中央分離帯が姿を変える必要に迫られたからだ。

第二次大戦に突入すると、中央分離帯は畑になり、緑地帯は消えた。都市景観よりも食料の確保が重視され、中央分離帯に稲穂が実った。

戦争が終わると、中央分離帯の大部分は街路のアンダーパスになった。交通需要が急激に高まり、街路の交通処理能力を高める必要があったからだ。

昭和通りの地下には、アンダーパスだけでなく、地下駐車場や地下鉄（都営浅草線）もある。これらは、１９５０年代からほぼ同時に建設されたものだ。地下駐車場は、市街地の駐車場不足を補うだけでなく、路上駐車による渋滞を防ぐために整備された。地下鉄は、逼迫した道路交通だけでなく、混雑が激化した既存の鉄道や地下鉄を救済するために整備された。

つまり昭和通りの中央分離帯は、緑地帯から畑、そしてアンダーパスへと変化して、車道の一部になったのだ。

東京には、都市景観よりも都市交通の改善を優先せざるを得なかった時代があった。昭和通りは、それを物語る通りとも言えるだろう。

2・3 立体構造 街路・建物等との立体交差

次に紹介するのは、②の「建物等との立体交差」だ。

街路をふくむ道路は、公共のオープンスペースであるため、その上や下に道路以外のものをつくることは基本的にできない。ところが東京では、街路の上に道路以外の建物などがある場所がある。

このような場所を要因で大きく分けると、次の2種類ある。

[A] 先にあった建物などの下に街路を通した場所
[B] 建物と街路をセットで整備した場所

学校や墓地の下を通る街路

［A］は、街路網の充実のため、地権者と交渉して、やむを得ず街路を通した場所だ。ここでは渋谷区の青山と千駄ヶ谷の例を紹介しよう（図2―4）。

青山には、学校のグラウンドの下を通る街路がある。このグラウンドは高校（青山学院高等部）のもので、その下には短い道路トンネル（青山トンネル）がある。このトンネルは10車線の道路が入る幅があり、そこを6車線の幹線街路（六本木通り）と4車線の首都高（3号渋谷線）がほぼ同じ高さで通っている。このトンネルは、1960年代に幹線街路と首都高をセットで整備するために、もともと学校があった場所につくられた。

千駄ヶ谷には、墓場の下を通る街路がある。これは、1964年の東京五輪の直前に整備された街路で、千駄ヶ谷のメイン会場（国立競技場）と原宿の競技会場（代々木体育館など）を結ぶルートとして計画された。ところが、その途中に寺社（法雲山仙寿院）の墓地があったので、その真下を貫くトンネルをつくり、街路を通した。その特殊性ゆえに、このトンネルは心霊スポットとしても知られている。

東京では、このように必要に迫られて、既存施設の下に街路を通した場所が複数ある。

▶バス
都営・都01
青山学院中等部前

グラウンドの下を通る街路（青山）

▶バス
都営・早81
千駄ヶ谷二丁目

墓地の下を通る街路（千駄ヶ谷）

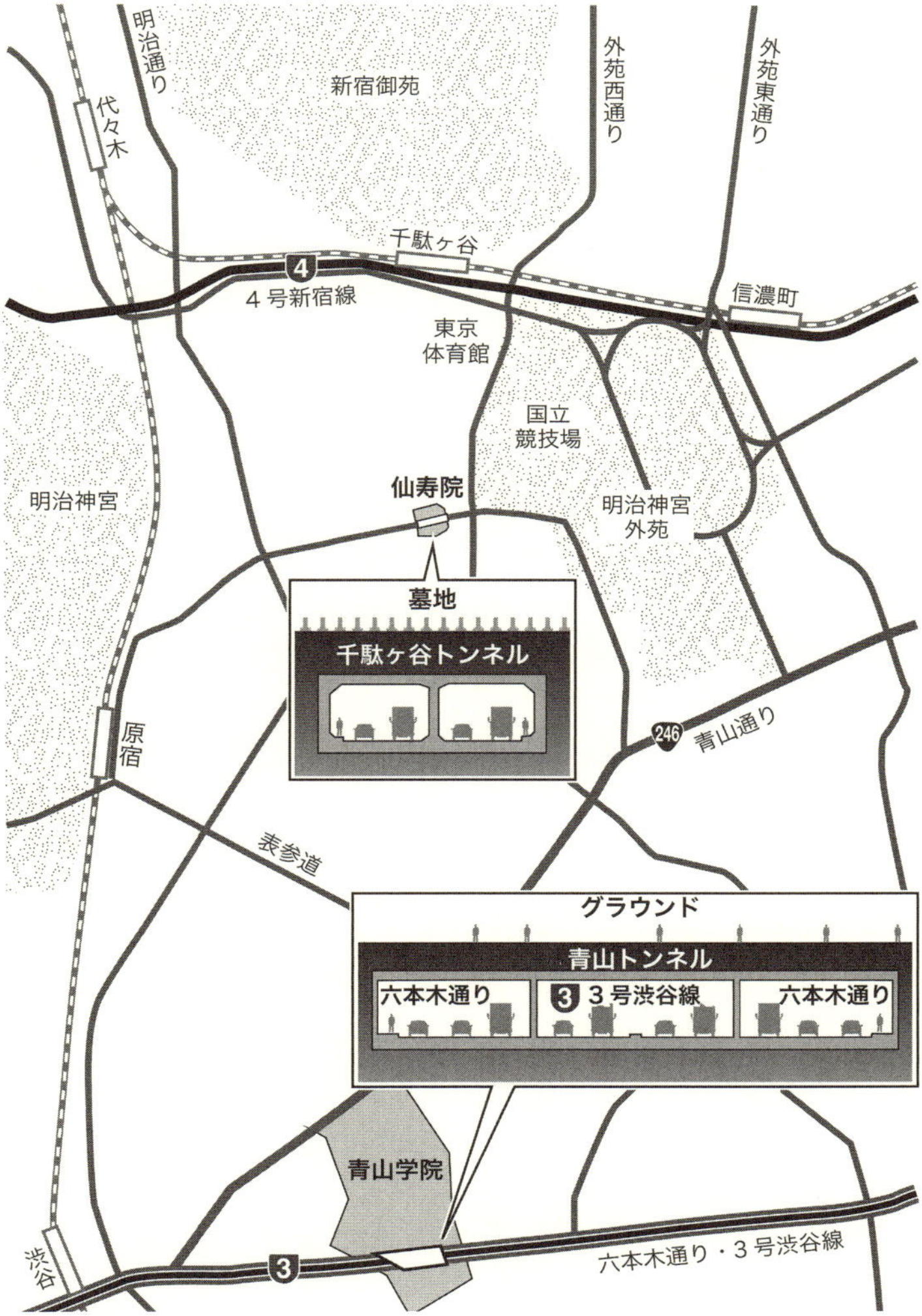

図2-4　街路が下を通った例

建物とセットでつくった街路

［Ｂ］は、立体道路制度で実現した場所だ。立体道路制度とは、道路の区域を立体的に定め、それ以外の空間利用を自由にする制度で、１９８９年に創設された。これによって道路の上や下の空間に建物をつくることが可能になり、道路と建物を一体的に整備することができるようになった。

この制度が創設されたころは、大都市で渋滞が激化し、道路交通の改善が急務になっていた。またバブル景気の影響もあって都市部の地価が高騰し、用地買収が難航して道路整備が進みにくかった。そこで、道路空間の利用に関する規制を緩和する制度がつくられ、道路が整備しやすくなった。

東京における［Ｂ］の代表例には、第1章で紹介した「バスタ新宿」や、「虎ノ門ヒルズ」があり、どちらもビルとセットで街路が整備された。「虎ノ門ヒルズ」については、東京の街路整備の歴史と密接な関係があるので、第5章であらためてくわしくふれることにしよう。

なお、日本で最初に立体道路制度を利用した建物は、東京ではなく、大阪にある。その建物は、「ＴＫＰゲートタワービル」と呼ばれるほぼ円筒型（正22角柱）のオフィスビルで、その地上5～7階部分を、阪神高速道路（以下阪神高速）の梅田出口の出路が貫通してい

TKP ゲートタワービル（大阪）

写真2-1　ビルを貫通する道路（阪神高速・梅田出口）

る（写真2―1）。大阪（伊丹）空港から阪神高速経由で大阪駅前に向かうときに通るルートの途中にあり、バスなどが本線から分流した直後に「貫通」する珍しいビルだ。

2・4　立体構造　首都高・水路を利用した区間

続いて首都高の立体構造を見ていこう。首都高は大部分が立体構造になっており、多くの「東京道路奇景」を生んでいる。

川を利用した区間が多い都心環状線

首都高の立体構造で最初に紹介するのは、③の「水路を利用した区間」だ。

この区間は、首都高に複数存在するが、その多くが都心環状線に集中している。

都心環状線は、首都高の中でも初期に開通した路線で、その名の通り都心を周回する環状線だ（図2―5）。外側の郊外に向かって延びる7本の放射線と接続しており、首都高ネットワークの「ハブ」として重要な役割をしている。1周の距離は約14・8㎞で、JR山手線よりも短いが、日本橋や大手町、銀座、霞が関など、商業や政治の中心地を通っている。

都心環状線は、東側で銀座と築地の境界を通っており、ここが水路を干拓した半地下区間になっている。ここは、かつて楓《もみじ》川や築地川と呼ばれる河川があった場所で、船が通行

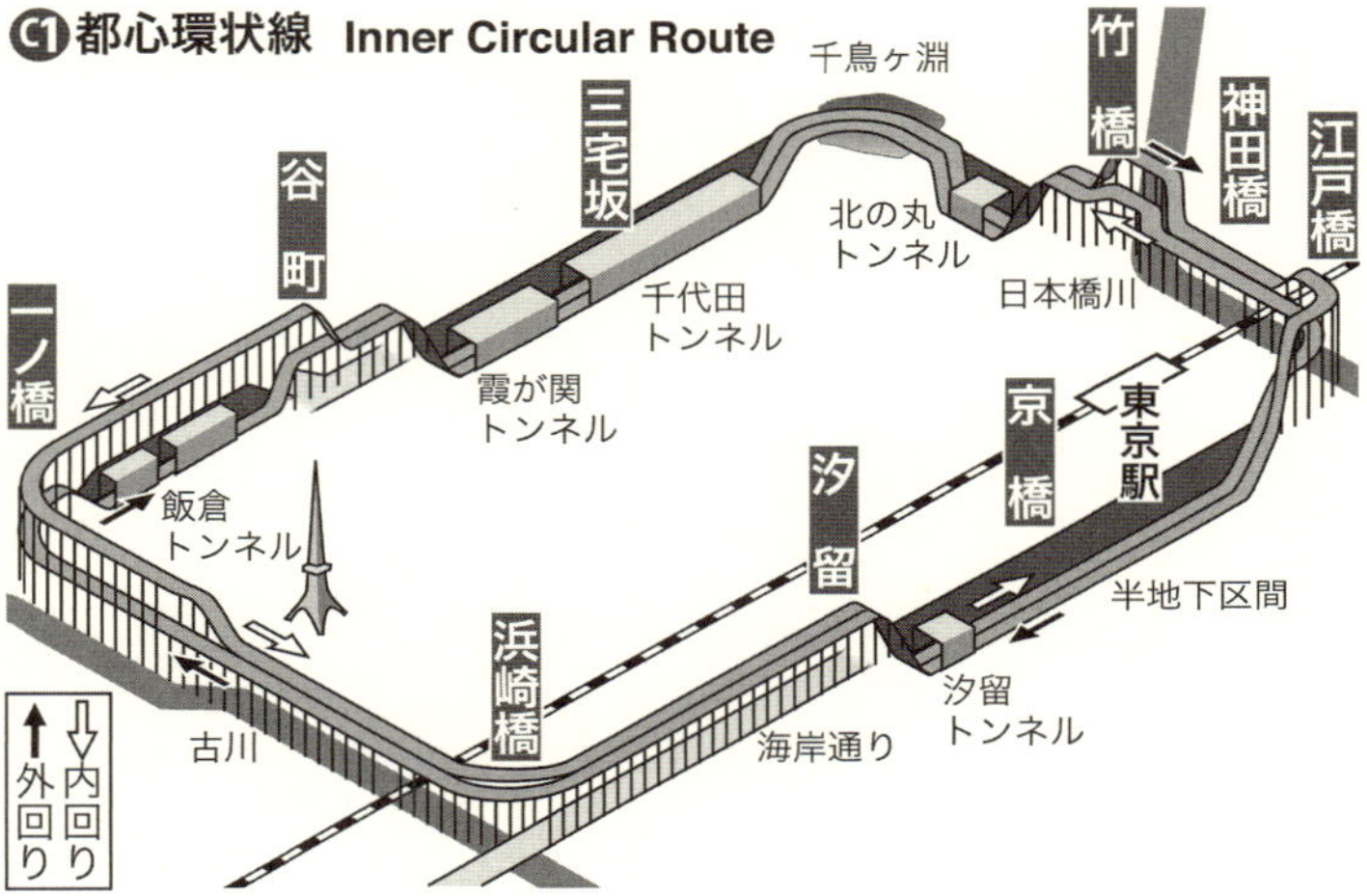

図2-5　都心環状線概略図

していた。現在は川底が車道になり、船の代わりに自動車が通り抜けている。

この半地下区間には、ここが河川だった名残がある。その代表例が、車道を左右に引き裂く橋脚だ（写真2―2）。

この橋脚は内回りと外回りに2カ所ずつあり、2車線の車道を左右に分断し、1車線ずつにしている。もちろん、橋脚付近では車線変更はできない。

ここは、多くのドライバーが初めて通過したとき、ヒヤリとする場所だろう。高速道路の本線の車線がこのように左右に引き裂かれる例はほとんどないからだ。とくに内回りの車線を走ると、見通しが悪いカーブの先から橋脚と分離帯が突然迫ってくるので、スリリングだ。

この橋脚は、真上を通る街路の橋桁

車線分断する橋脚

写真2-2　車線を分離する橋脚（都心環状線外回り）

を支えている。ここが河川だったときに架かっていた橋が、現在もそのまま残っているのだ。

なぜ水路を利用したのか

都心環状線の半分以上は、水路を利用した区間だ。先ほどの半地下区間以外では、河川や濠の上を通る区間がある。

なぜここまで水路を利用したのか。それは、首都高を短期間で整備する上で都合がよかったからだ。

東京は、かつては水の都と呼べるほど水運が栄えた街だった。江戸時代から整備された水路は、日本橋や銀座などの市街地に張り巡らされ、長らく輸送路として機能した。

ところが東京の水運は、のちに交通の変化によって衰退した。物流の中心が水運から鉄道輸送、そしてトラック輸送へと移ったからだ。船が通らなくなった水路の中には、流れが淀んでヘドロが発生し、悪臭を放つものもあった。

そこで、水路の空間を利用して首都高を整備することが検討された。水路は公共の土地なので、それを生かせば用地買収に要する時間を短縮でき、首都高を短期間で整備できるからだ。

都心環状線のルートは、かつて水路だった場所と重なる区間が多い。それは、戦後まもない1947年と現在の地図を見比べるとよくわかる（図2—6）。

水路以外の区間は、幹線街路の上または下を通っている。その中には、既存の幹線街路を利用した区間だけでなく、地平に新たな幹線街路をつくる工事と同時並行で整備した区間もある。

都心環状線は、水路や幹線街路の空間をうまく利用することで、着工から約8年で完成した。1959年に工事が始まり、1962年にその一部（京橋・芝浦間）が首都高最初の開通区間として供用開始となり、1967年に全線開通した。

いっぽう、第1章で紹介した中央環状線の山手トンネルの区間（熊野町・大井間、約20・4km）の工事には、約20年を要した。都心環状線（約14・8km）とくらべると、延長は約4割長いのに対して、工事期間は2倍以上長い。これは、トンネルの構造が特殊で、工事そのものが難しかっただけでなく、環境対策や用地買収などを巡って周辺住民との交渉に

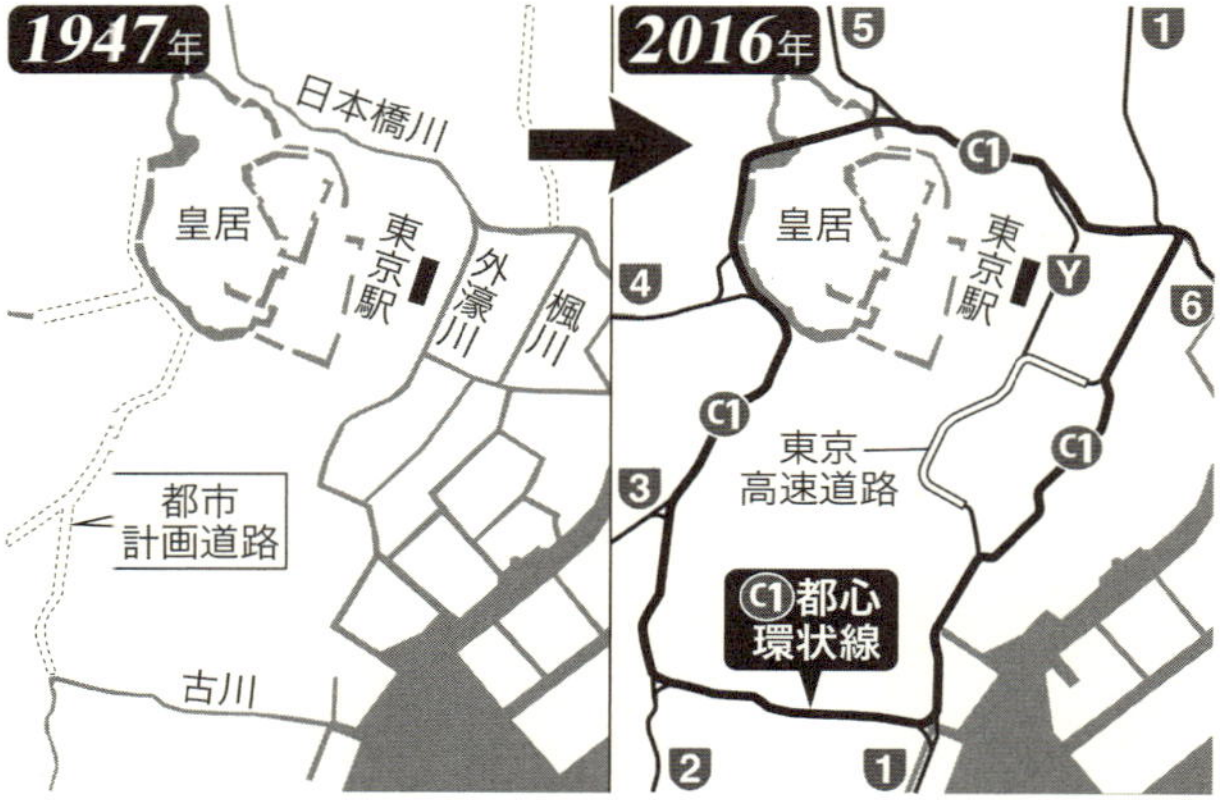

図2-6　水路と都心環状線

時間を要したからだ。

こう見ると、都心環状線の工事がいかに速いペースで行われたかがよくわかる。

日本橋の直上を通る高架橋

都心環状線には、水路を干拓した場所だけではなく、水路の上を通る場所があり、次のような「奇景」が存在する。

［A］日本橋の直上を通る高架橋
［B］水面に接近する道路

それぞれ説明しよう。

［A］の「日本橋の直上を通る高架橋」は、都心環状線の北側区間にある（写真2―3）。その景観はよく話題になるので、ご存知の方

▶地下鉄
銀座線ほか
三越前駅
日本橋駅

日本橋

写真2-3　日本橋の真上を通る高架橋。写真中央の柱は「日本国道路元標」の真上にある

も多いだろう。

話題になるのは、都心環状線の高架橋が日本橋付近の景観を破壊しているとたびたび批判されるからだ。日本橋は、文化的価値が高いとされる橋で、１９９９年に国の重要文化財にも指定されているので、その上空を無機質な高架橋が覆い尽くしているのは好ましくないという意見がある。

日本橋の文化的価値が高いとされるのは、今では珍しい石造りのアーチ橋であるからだけではない。ここは江戸時代からの交通の要所で、周囲の街は経済や商業の中心地として発展してきた歴史がある。その詳細は、街路網の歴史と関係があるので、第3章でくわしくふれることにしよう。

都心環状線の高架橋は、日本橋の下を流れる河川（日本橋川）の上を並行するように建設された。日本橋付近は経済や商業の中心地であるがゆえに建物がとくに密集していたので、日本橋川の空間を利用したのだ。

高架橋は、日本橋の真上で低い位置を通らざるを得なかった。街路と接続する出入口を設けるため、高架橋の位置を下げる必要があったからだ。

このため、日本橋から空が見えにくくなってしまったが、高架橋には、日本橋の構造や場所を反映した工夫が施された。たとえば日本橋の中央には、装飾を凝らした中心柱があり、上空に向かって突き出しているが、高架橋の橋桁はそれを避けるようにつくられている。橋桁の側面には「日本橋」という文字が入ったプレートが掲げられ、都心環状線の中央分離帯には「日本国道路元標」の位置を示す柱が立てられている。「日本国道路元標」は、日本の国道の始点で、日本橋の中央分離帯にそれを示すプレートがあり、その真上に先ほど紹介した柱がある。

この高架橋は日本橋の景観を壊しているとたびたび批判され、移転や撤去が議論されてきた。

しかし、高架橋の移転や撤去は今も実現していない。それにかかる費用が莫大であることがネックになっているからだ。周囲を親水公園にする工事もふくめると、5000億円かかるという試算もある。

ただ、高架橋ができてから半世紀以上が経った。今となっては高架橋がなかった時代を知る人は少ない。高架橋にも、東京の交通や都市の発展を支えた歴史が刻み込まれてきたし、その景観に配慮しようとした工夫も、今では首都高を必要とした歴史を物語る存在になっている。

写真2-4　水面のすぐ上を通る道路（都心環状線・千鳥ケ淵付近）

となれば、むしろこの高架橋があるほうが「東京らしい」と言えるのではないだろうか。

ボートが浮かぶ水面に接近する道路

日本橋の話が長くなったが、ここで首都高が水路の上を通る区間の話に戻ろう。

［B］の「水面に接近する道路」は、日本橋と同様に都心環状線の北側区間にあり、千鳥ケ淵の真上を通っている（写真2―4）。千鳥ケ淵は、皇居の外濠の一部で、桜の名所としても知られている。また、北の丸公園の一部になっており、天気がいい日には水面に多くの手漕ぎボートが浮かぶ憩いの場だ。

都心環状線は、この千鳥ケ淵を横断している。内回り（左回り）の車線を走ると、水上ギリギリを通ったあと、まるで水面下に潜り

▶地下鉄
半蔵門線
半蔵門駅

千鳥ケ淵

込むかのように路面の高度が下がり、トンネルに入る。水上ギリギリを通る部分は高架橋になっているが、その橋桁下面は水面から１ｍほどしか離れていない。水面下に潜り込むような部分は、水が入らないように車道の両側に壁があり、半地下のような構造になっており、トンネルに続く坂になっている。

これは、周辺の景観に配慮した結果だ。視界を遮らないように道路を低い位置にしたり、地下化した結果、このような構造になったのだ。このトンネルは千代田トンネルと呼ばれ、風致地区である永田町付近を通っている。

つまり、北の丸公園や永田町の景観に配慮した結果、水面に接近する珍しい道路ができたのだ。

ここは、首都高が生んだ「奇景」ではあるが、「絶景」のポイントの１つでもある。春にここを通過すれば、車窓から桜が咲き誇る姿を楽しむことができる。もちろん、渋滞がなければ１分もかからずに通りすぎてしまう区間だが、都心環状線を一周すれば、もう一度見ることもできる。

2・5 立体構造　首都高・街路上の高架橋

次に紹介するのは、④の「街路上の高架橋」だ。東京では、街路と首都高が2層構造になった箇所があり、地平の街路と高架橋の首都高が並行になっている区間が多数存在する。先ほど紹介した都心環状線にもこのような区間はある。街路は、水路と同様にオープンスペースなので、その上に高架橋を通せば、用地買収をせずに短期間で首都高を整備できるからだ。

「街路上の高架橋」も、多くの「東京道路奇景」を生んでいる。その代表例は、東京の繁華街の一つ、六本木にある。

高架橋が街のシンボルになった六本木

六本木には、夜に光る珍しい白い高架橋がある（写真2―5）。橋桁も橋脚も白い化粧板で覆われており、夜になると白い光でライトアップされる。

この白い高架橋は、首都高の3号渋谷線だ。その真下には、幹線街路（六本木通り）が並行しており、六本木の街を東西に貫いている。

この高架橋は六本木のシンボルにもなっている。街の中心にある六本木交差点では、真上に高架橋の橋桁があり、その側面に「ROPPONGI」の文字をデザインしたロゴマークがある。夜は、橋桁下面のLED電飾が点灯し、周囲のビルのカラフルな電飾とセットになって独特な雰囲気を醸し出す。

このため六本木交差点では、高架橋をバックに記念撮影する人をよく見かける。そこに

▶地下鉄
日比谷線
都営大江戸線
六本木駅

白い高架橋
（六本木交差点）

写真2-5　六本木交差点と白い高架橋（3号渋谷線）

「ROPPONGI」の文字があり、場所がわかりやすいからだろう。

ただ、この高架橋を見たときの反応は、日本人と外国人では微妙に異なる。六本木は外国人が多い街なので、ここでスマートフォンを片手にセルフィーを撮る外国人は珍しくないが、高架橋そのものや、その上をバスやトラックが勢いよく通過する様子を珍しそうに見る外国人も少なからずいるのだ。

たしかに、世界的に見れば、これは珍しい風景だろう。少なくともヨーロッパ諸国では、都市景観を破壊しかねない大きな高架橋が街の中心にあることは、おそらくあまり考えにくいことだろう。

しかし、東京では、六本木交差点

のように人通りが多い場所に高架橋があるのは、とくに珍しいことではない。たとえば秋葉原駅・上野駅・渋谷駅の前には、幅が広い幹線街路があり、その真上に首都高の高架橋がある。

これは、海外から見れば「奇景」だ。しかし東京では、高架橋があまりに自然に日常風景に溶け込んでいるので、それが特殊であることに気づきにくい。

地下鉄を同時に整備した場所

六本木には、首都高・街路・地下鉄が3層構造になっている区間が存在する（図2―7）。それは先ほど紹介した六本木通りの、六本木交差点から西側の約900mの区間だ。ここでは、六本木通りの真上に首都高の高架橋、真下に地下鉄（東京メトロ日比谷線）のトンネルが並行しており、交通路が3層構造になっている。日比谷線の六本木駅は、この区間の途中にある。

ここでは、首都高と地下鉄がほぼ同時に整備された。まず戦後に六本木通りの幅員が20mから40mに拡幅されたあと、真上に首都高の高架橋、真下に地下鉄のトンネルが建設された。これらはほぼ同時期に完成し、首都高は1967年に供用開始となり、地下鉄は1964年に開業した。

このような区間は、先ほど紹介した秋葉原駅や上野駅の前にもある。これらの場所には、

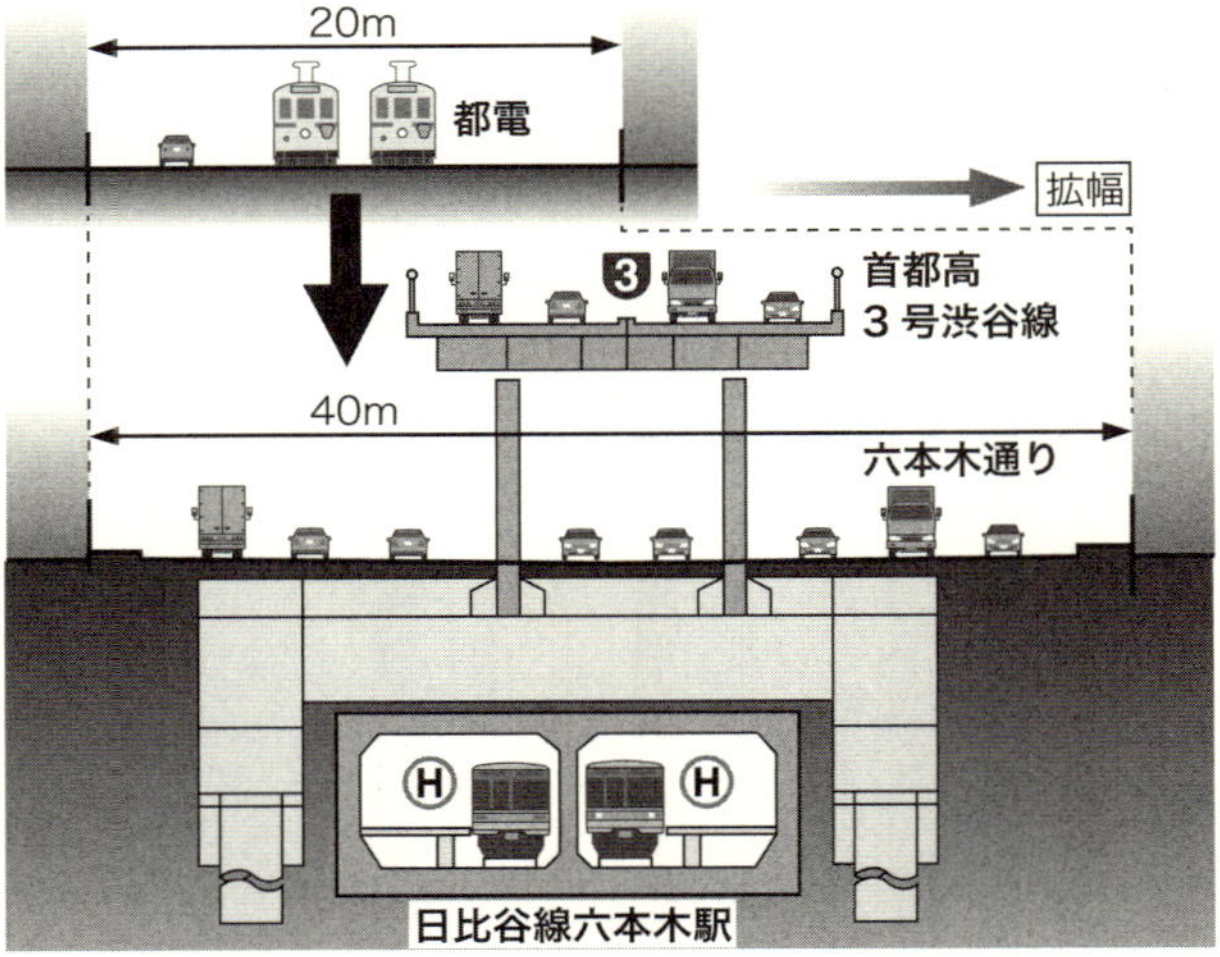

図2-7　六本木付近の変化

先ほど紹介した昭和通りが通っており、その真上に首都高（1号上野線）の高架橋、真下に地下鉄（東京メトロ日比谷線）のトンネルがある。首都高が急ピッチで整備された時期と、日比谷線の工事期間は、ほぼ重なる。

首都高と地下鉄をセットで整備したのは、戦後に混乱した都市交通を短期間で改善するためだった。東京では戦後に人口が急増し、交通需要も急激に高まったが、既存の交通インフラ（街路や鉄道）はそれに十分に対応できなかった。そこで、街路の空間を立体的に利用して、首都高と地下鉄を整備した。また、地下鉄をつくる代わりに地平の路面電車を廃止して、街路の車線数を増やした。その結果、街路空間を利用した3層の交通路ができあがったのだ。

2・6　平面構造　ドライバーを惑わす街路網

ここまでは立体構造に迫ったが、ここからは平面構造に迫ってみよう。

自動車交通を拒む街

最初に紹介するのは、街路の平面構造だ。

東京の街路網には、あたかも自動車交通を拒むような構造や通行制限が存在する。そのことは、東京でドライブした経験がある方ならご存知であろう。

この街の道路には、変則的な平面構造や独特な通行規制があちこちにある。自動車を運転するときは、それらを「仕方ない」と軽く受け流す必要がある。「なぜ主要な通りに通行を妨げる急カーブがあるのか」とか「なぜここが一方通行なのだ」などと不満を言い出すと切りがないからだ。

ここでは、変則的な平面構造や独特な通行規制の例として、次の3つを紹介しよう。

［P］幅員減少や行き止まり
［Q］多叉路
［R］右折やUターンを制限する交差点

［P］幅員減少や行き止まり

これは、実際にドライブ中に遭遇して驚いた経験がある人もいるだろう。東京では、街路の未完成区間が多数存在するため、拡幅や延長が計画通りに完成せず、幅が急に狭くなる場所や、突然終わってしまう行き止まりになった場所があちこちにある。

たとえば池袋駅付近では、街路の未完成区間が点在している。その中でもわかりやすい例は、池袋駅の西側にある。

池袋駅西口近くには、6車線の街路（補助73号）が南北方向に通っており、南側の交差点（池袋消防署前交差点）付近で突然終わっている（図2―8）。この先南に延伸する計画があるが、その整備はまだ実現していない。

その先には、民家やビルが密集する住宅地がある。人口密度が高い地域であるが、街路の幅は全体的に狭く、多くの街路が1車線のみで一方通行だ。

そこには、将来6車線の街路が貫く気配がない。用地買収が終わってできたであろう空き地もない。そもそも街路の向きが未完成区間のルートと一致していないので、大規模な

▶鉄道・地下鉄
池袋駅

行き止まりになった街路（池袋）

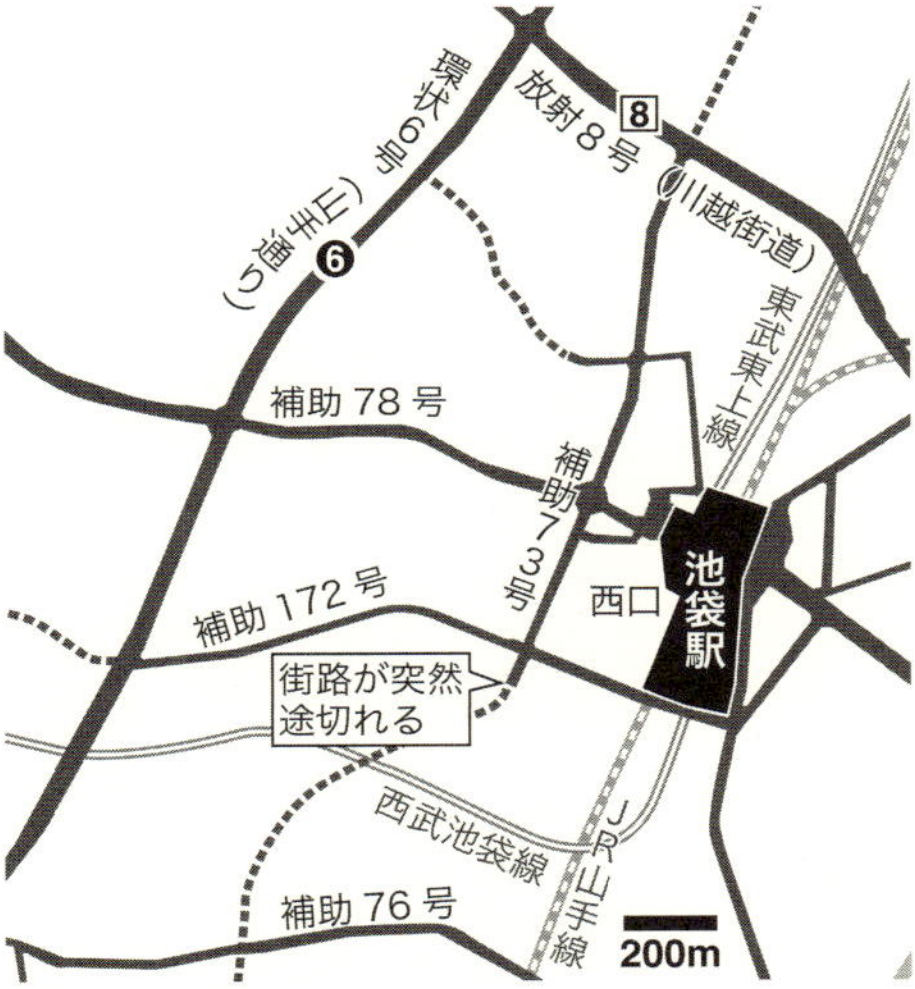

図2-8　池袋駅付近の街路

区画整理が必要となるが、それも進んでいない。幅広い街路が南に延伸するのは、当分先だろう。

　東京の街路では、こうした未完成区間が多数存在する。このことは、ドライバーを戸惑わせるだけでなく、一部の道路に自動車が集中し、渋滞が発生する要因にもなっている。

［Q］多叉路

これも、ドライバーを戸惑わせる要因になる。

　一般的な交差点は、道路が十字に交わる4叉路であるが、東京では3叉路や、5叉路以上の多叉路が点在している。多叉路の中には、街路が交わる角度が微妙だったり、交差点を境に幅員が広くなったり狭くなったりして、自動車の進路がわかりにくいものが珍しくない。

ここではその例として、赤羽橋交差点と萱原橋交差点を紹介しよう（図2―9）。

赤羽橋交差点は、東京タワーのすぐ南側にある5叉路で、国道1号も通る交通量が多い交差点だ（写真2―6）。ここでは東西に通る直線状の街路と、南北に通るY字型の街路が交わっている。

国道1号は重要な国道であるが、この交差点ではどれが国道1号か感覚的にわかりにくい。南北に通るY字型の街路の一方がそれなのだが、もう一方も幅がほぼ同じなので、南側（図の下側）から接近すると、北側で2方向に分岐する街路のどちらが国道1号かわかりにくい。もちろん、道路標識を見れば、北西に分岐するのが国道1号だとわかるのだが、後述するように信号機の表示（現示）が複雑なので、慣れないと戸惑うことがある。

萱原橋交差点は、東京でもとくに分岐する街路が多い多叉路として知られており、細い街路もふくめると、11叉路になっている。千葉街道（国道14号）の途中にあり、ここに掲げられた道路標識では、細い街路を割愛して6叉路として描かれている。

江戸川区郷土資料室が公表する資料「萱原橋交差点の成り立ち」によれば、ここはもともと道路や水路が複数交差していた場所で、のちに水路を暗渠化して街路にしたり、住宅街のために街路を新設した結果、交差点に接続する街路が増え、11叉路になったそうだ。

▶鉄道
JR 総武線
新小岩駅

萱原橋交差点

▶地下鉄
都営大江戸線
赤羽橋駅

赤羽橋交差点

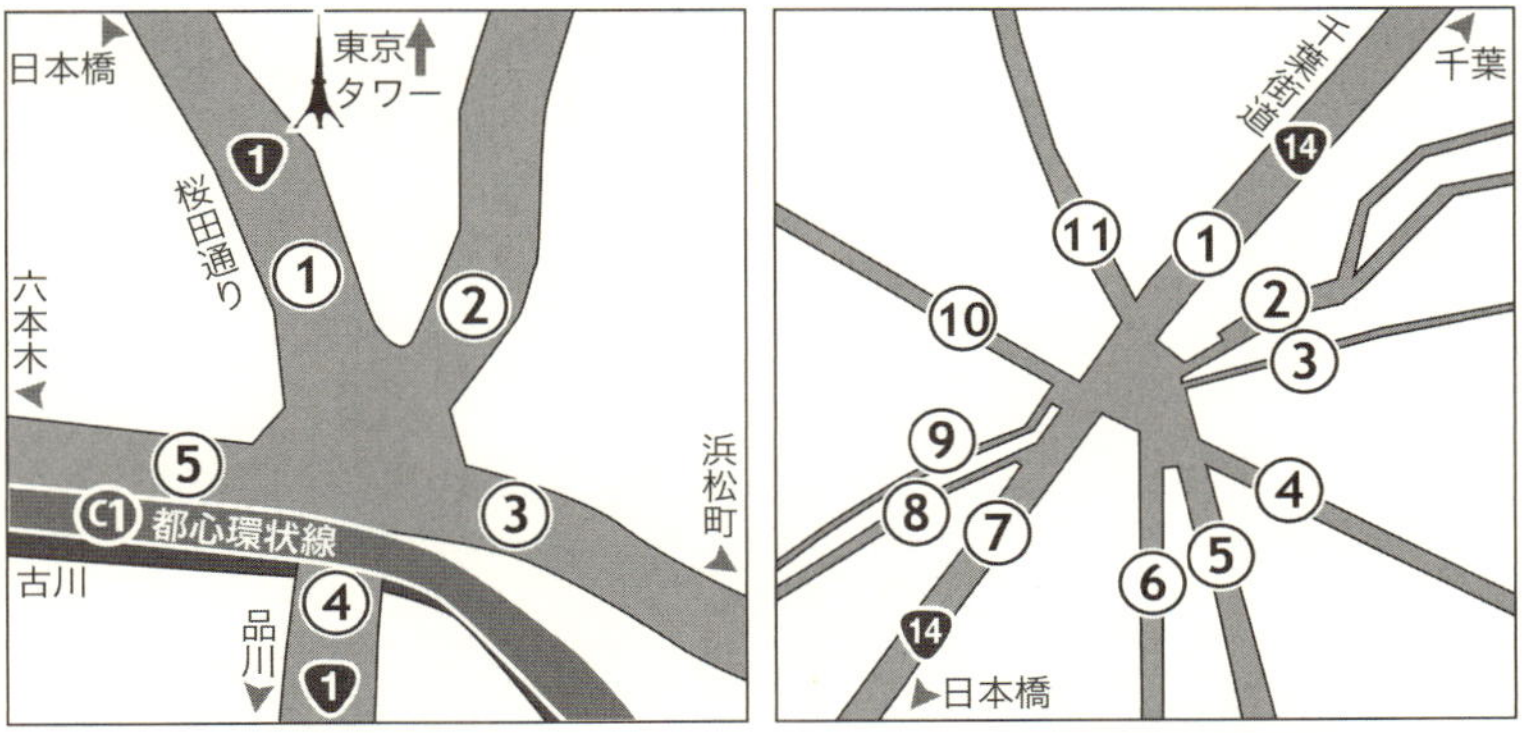

赤羽橋交差点
（5叉路）

菅原橋交差点
（11叉路）

図2-9　多叉路の例

写真2-6　5叉路の赤羽橋交差点。
通行できるルートが時間帯で変わる（東京タワー大展望台より）

[R] 右折やUターンを制限する交差点

これが多いのは、東京の街路網の大きな特徴だ。東京では、街路の混雑を緩和するため、意図的に右折やUターンを制限した交差点が多数存在するのだが、その制限が時間帯で変わることもある。

このような交差点にある道路標識では、右折やUターンを禁止する表示の下に「8―20」と数字を表示した例が多い。これは、「8時から20時まで右折やUターンを禁止する」という意味だ。

先ほど紹介した赤羽橋交差点も、「8時から20時まで右折やUターンを禁止する」交差点なので、これと同じ道路標識がある。また、5叉路であるゆえに、信号機の現示が複雑で、青・黄・赤のランプのほかに、方向別のランプが最大4つあり、時間帯に応じて走行できる進路を示している。

なお、交通量の時間変化は交差点によってちがうので、右折やUターンを禁止する時間帯は、「8時から20時まで」だけでなく、それ以外になっている例もある。たとえば東京ビッグサイトがある有明では、深夜に東京港にトラックが集まることもあり、夜21時から翌朝6時までUターンを禁止する交差点が存在する。

迷宮・世田谷

街路の平面構造が特殊な場所として最後に紹介するのは、世田谷だ（図2―10）。ここは、東京を代表する住宅地の1つでもあるが、街路がきわめて複雑で覚えにくく、一度自動車で入ると、脱出が難しくなることすらある。それゆえ世田谷は、「迷宮」と呼ばれることもある。

世田谷では、全般的に幅員が狭い街路が多い。その狭さゆえに、乗用車同士のすれちがいが難しい場所もあり、1台がやっと通れるような場所や、乗用車がまったく入れない場所もある。バスが行き交う2車線の街路もあるが、幅員が狭く、歩道がほとんどない場所もある。大柄のバスが、狭い交差点の空間をフルに使いながら曲がる様子も、世田谷ではよく見かける。

外部から来た車両の通行を拒むような構造もある。トラップのような袋小路も多く、それを知らずに自動車でいったん入ると、脱出しにくくなることもある。中には幅員が極端に狭く、乗用車の進入が困難な街路まである。

まさにドライバー泣かせの街だ。東京のタクシー運転手は、「世田谷を走れるようになったら一人前」と言われており、カーナビ開発の実験地にも世田谷はよく選ばれる。カーナビが発達した現在でも、多くのドライバーが迷い込み、ヒヤヒヤする地域でもある。

世田谷
（世田谷区役所）

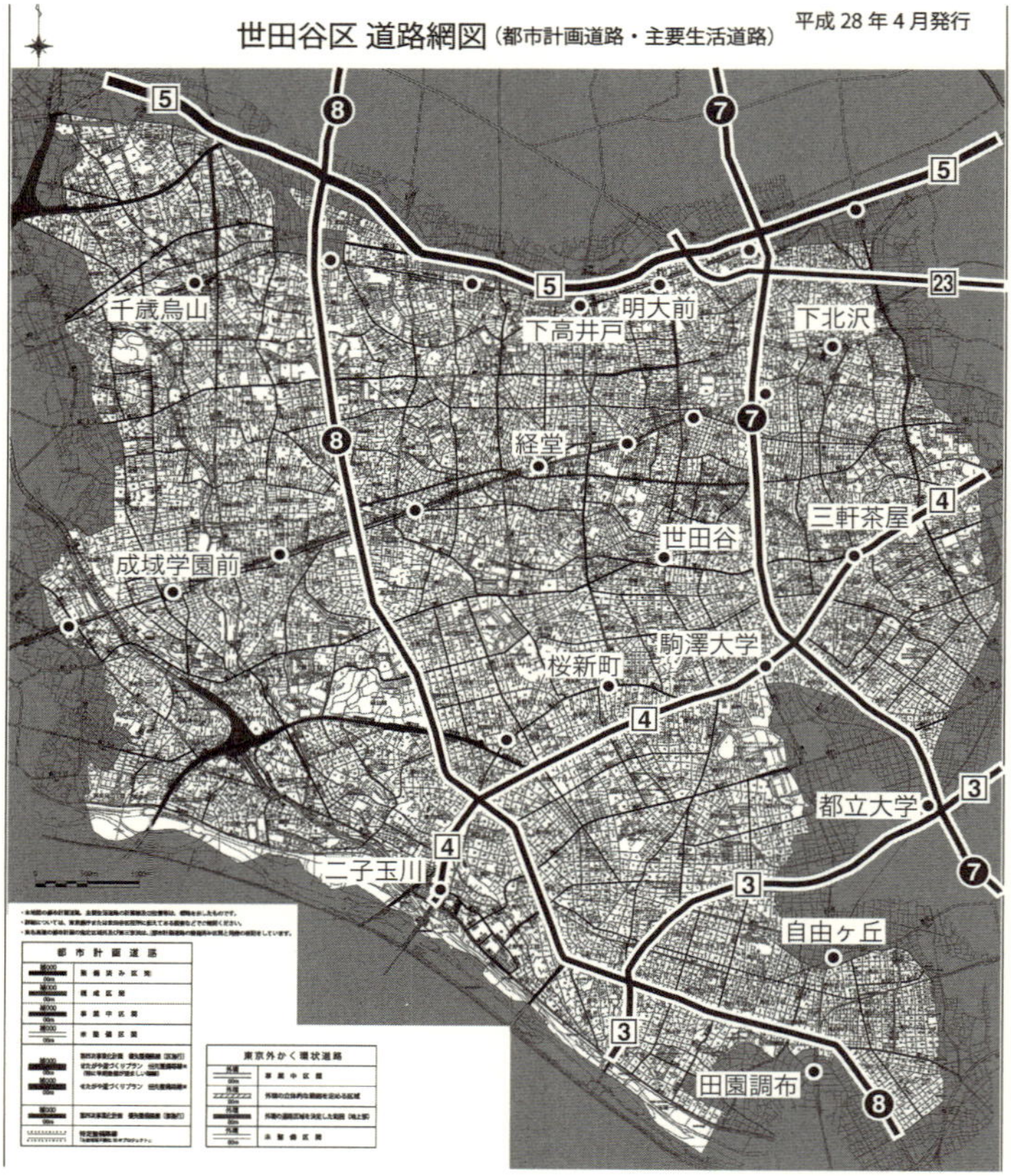

❼ 環状７号（環七通り）
❽ 環状８号（環八通り）
3 放射３号（目黒通り）
4 放射４号（玉川通り・国道 246 号）
5 放射５号（甲州街道・国道 20 号）
23 放射 23 号（井の頭通り）
• 主要駅

出典：
世田谷区道路・交通政策部
「世田谷区道路網図」
平成 28 年４月発行
一部筆者追記

図 2-10　世田谷区の街路。
幅が狭い路地が不規則に入り組む部分が点在している

そんな世田谷にも、4車線以上の幹線街路はあり、東西方向と南北方向に通っている。ただし、地域の人口や交通量の多さを考えると、幅広い街路は明らかに不足している。なぜ世田谷はそのような街になったのか。その理由は、この地域の開発の歴史と関係がある。

世田谷は、明治時代まで人口が少ない農村だった。集落同士を結ぶ道は、自然発生的につくられたため、曲がりくねっていた。

その後、世田谷は住宅地に変貌した。関東大震災後には、被災した中心地から多くの人が移住した。戦後には、地方から東京に人が集まり、快適な住環境を求める人たちが世田谷に集まった。

ところが街路の整備は、こうした変化に追いつけなかった。とくに戦後は人口増加と都市化が急速に進み、建物が密集した。

その結果、用地買収や区画整理が難航し、街路の整備がますます難しくなった。かつて自然発生的につくられた道は、十分に整備されないまま街路として残り、自動車交通に適さない平面構造が残ってしまった。

このため世田谷区の一部には、消防活動困難区域と呼ばれる地域が存在し、それをなくすことが求められている。消防活動困難区域とは、消防車が出入りして消火活動をするのが難しい区域で、幅員6m以上の道路から伸ばした消火ホースが届かない範囲を指す。そのような区域が多いことは、都市の防災において大きな課題となっている。

それでも世田谷に住む人が多いのは、鉄道の便がよい場所が少なくないからだろう。ここはクルマで移動するのは不便だが、複数の鉄道路線が通っており、都心に通勤する上では便利な場所が多い。

2・7 平面構造　首都高・右から合流する高速道路

NEXCOの高速道路と異なる構造

次に首都高の平面構造を見ていこう。

首都高と、NEXCOが運営する道路の大部分は、ともに高速道路と呼ばれるが、その平面構造には異なる部分がある。それぞれ目的や求められる条件が異なるからだ。

NEXCOが運営する高速道路は、都市と都市を結ぶ都市間高速道路だ。車両が高速でスムーズに通行できるように、直線区間を多くして、カーブを緩くしてある。

いっぽう首都高は、都市内のみを通る都市高速道路だ。その目的は、市街地における交通処理能力を上げることであり、高速化ではない。これについては第3章でくわしく説明する。

また首都高は、建物が密集して空間的な制約が多い市街地を通るため、ＮＥＸＣＯが運営する高速道路とくらべると、立体構造だけでなく、平面構造が特殊になることが多い。それゆえ「運転しづらい」と感じるドライバーも多い。

たとえば本線に出入りするための合流・分流車線の位置は、ＮＥＸＣＯの高速道路では本線の左側で統一されているが、首都高では左側だけでなく、右側にあることもある（写真２―７）。しかも首都高では、合流・分流車線が短いことが多い。これらは、ドライバーが初めて首都高を利用するときに戸惑いやすい特徴だ。

首都高では、地平の街路の上を並行する高架橋で、合流・分流車線を本線の右側に設けた例が多数存在する。街路では、歩道側よりも中央分離帯側のほうが首都高の出入口を設けやすいからだ。

短い合流・分流車線が多いのも、首都高の特殊性と関係がある。首都高では、ＮＥＸＣＯの高速道路よりも制限速度が低いので、合流・分流車線はあまり長くする必要性はない。また、都市部ならではの空間的制約があるので、長い合流・分流車線を設けたくてもスペースを確保できないことがある。

それゆえ、首都高のパーキングエリア（ＰＡ）の中には、合流車線が極端に短いところもある。

たとえば５号池袋線上り線にある南池袋ＰＡでは、駐車場から本線に入る短い合流車線がある（写真２―８）。ここには一旦停止の標識はないが、見通しが悪いので、本線の交通

南池袋 PA

写真2-7　本線の右側で合流・分流する構造（1号羽田線・芝浦出入口）

写真2-8　短い合流車線（5号池袋線上り線・南池袋PA）

量が多いときは、その手前で停止して安全を確認し、短い距離で加速して本線に合流しなければならない。高速道路ではあるが、街路に近い構造だ。

第3章 「奇景」を生んだ道路史

汐留JCT

ここまでは、構造的な「東京道路奇景」をいくつか紹介しながら、その立体構造や平面構造を分類してきた。これによって、東京の首都高や街路がいかに特殊であるかがおわかりいただけたであろう。

ではなぜ東京ではこれらが生まれたのだろうか。本章ではその理由を、東京の特殊性や、それを生んだ都市計画や交通の歴史から探ってみよう。

3・1 世界5都市の展望台ツアー

「東京道路奇景」が生まれた理由は、端的に言えば、東京が特殊な都市だからだ。

では、どのようなところが特殊なのだろうか。それは、他の都市と東京をくらべることで見えてくる。本章では海外の主要都市とくらべてみよう。

展望台だからわかること

さあ、ここから、世界5都市の展望台ツアーにご案内しよう。

世界5都市とは、東京、ニューヨーク、パリ、ベルリン、ロンドンだ。東京以外の4都市は、都市計画関連の書籍でよく比較対象として登場する都市だ。いずれも東京より先に近代化を遂げ、東京に影響を与えた都市としてもよく挙げられる。

このツアーの内容も、第1章のバスツアーと同様にシンプルだ。世界5都市に行って展望台に上がり、そこから街並みを見下ろすだけだ。

「なぜわざわざ展望台に上がる必要があるのか」と思う人もいるだろう。

たしかに、今はスマートフォンや便利なアプリがあるので、その都市に行かなくても現地の多く情報が得られる。たとえば地図アプリを使えば、遠く離れた都市の地形や街路網がわかるし、周囲の都市との位置関係を把握したり、地図と航空写真を照らし合わせることも、今なら手元でできる。グーグルが提供する「グーグルアース」を使えば、建物をふくめた3次元的な構造や、通りの様子だけでなく、主要な展望台からの眺めもかんたんに知ることができる。展望台の中には、そこからの眺めをネットで公開しているところもある。

しかし、現地に行き、展望台に立たないとわからないこともある。その理由は、実際に展望台に立つとよくわかる。

都市の全体像は、展望台から見下ろすと一目瞭然だ。高い位置から街を見下ろし、周囲を見渡すと、一度に多くのことを把握できるし、アプリでは知りえないことまですぐわかる。

展望台なら、都市の「全体」に対して「部分」がどのように分布しているかも直感的にわかる。たとえば第1章や第2章で紹介した「東京道路奇景」という「部分」を見たあとに展望台に行けば、それらが東京という都市の「全体」でどのように散らばっているかがおおまかに把握できる。

また、展望台なら、「全体」と「部分」のそれぞれで起きている変化がリアルタイムでわかる。日照にあわせて街の風景が刻々と変化する様子だけでなく、自動車が道路を流れる様子もふくめて、まとめて見ることができるのだ。

―東京― 東京タワー大展望台

さあ、展望台ツアーをはじめよう。

最初に向かう都市は、もちろん東京だ。お勧めしたい展望台は、東京タワーの大展望台だ（写真３―１）。

「なぜ今さら東京タワーの大展望台なのか」と思う人もいるだろう。

たしかに、ここは特別高い位置にある展望台ではない。同じ東京タワーには、大展望台（高さ１５０ｍ）よりも高い位置にある特別展望台（高さ２５０ｍ）がある。また、東京の電波塔には、東京タワー（高さ３３３ｍ）のほかに東京スカイツリー（高さ６３４ｍ）があり、そこには「天望デッキ」（高さ３５０ｍ）や「天望回廊」（高さ４５０ｍ）と呼ばれる展望台がある。ほかにも東京には、新宿副都心の東京都庁の展望室（高さ２０２ｍ）や、池袋のサンシャイン60の屋内展望台（高さ２２６ｍ）のように、高さが２００ｍを超える展望台

▶地下鉄
日比谷線神谷町駅
都営大江戸線赤羽橋駅
▶バス
都営・東急
東京タワー

東京タワー

東京タワー
公式サイト

が複数ある。

にもかかわらず、東京タワーの大展望台に行くのには理由がある。ここはちょうど市街地の中心近くにあり、ほどよく地面に近く、都市や道路網の全体像を把握する上でも格好の展望台なのだ。

この展望台は、東西南北360度あらゆる方角から見渡せる構造になっている。通路をぐるりと1周するだけで、東京という都市の全体像がおおまかに把握できるのだ。また、立ち止まってじっくり眺めると、その方角にある街の様子がよくわかる。

東京における道路の成り立ちは、昼よりも夜のほうがわかりやすい。夜になると、周囲の建物は暗くなり、空に溶け込んで目立たなくなる。いっぽう道路は、街灯や自動車のヘッドライトに照らされてくっきりと浮かび上がる（写真3―2）。つまり、道路とそれ以外の明るさのコントラストが大きくなり、昼間よりも道路やそこを流れる自動車の動きがわかりやすくなるのだ。

以上紹介したような大展望台からの眺めは、多くの日本人にとってなじみ深いものだろう。東京タワーは、長らく修学旅行や東京観光の定番スポットになってきたし、そこからの眺めは、テレビなどでもよく紹介されるからだ。

ただし、外国人にとっては、これはかなり珍しい眺めのようだ。

それは、大展望台を訪れる外国人観光客を観察するとわかる。景色を見たときのリアクションが、明らかに日本人とちがう人がいるのだ。

写真3-1　中心街に建つ東京タワー（六本木ヒルズ屋上より）

写真3-2　東京タワー大展望台から見た夜景。右に赤羽橋交差点が見える

もちろん、リアクションは人それぞれだ。たとえば聞こえる英語の中には、「美しい」「きれい」と賞賛する声もあれば、「複雑だ」「カオスだ」と、やや戸惑いをふくめて驚く声もある。

では外国人観光客は何に反応したのか。海外の４都市（ニューヨーク・パリ・ベルリン・ロンドン）の展望台から街を見下ろし、その理由を探ってみよう。

―ニューヨーク―　エンパイア・ステート・ビルディング86階展望台

海外で最初に訪れる都市は、ニューヨークだ。アメリカ最大の都市で、今回巡る5都市の中では、東京に次いで人口が多い。

これから向かう展望台は、エンパイア・ステート・ビルディング（写真３―３）にある。

エンパイア・ステート・ビルディングは、１９３１年に完成した地上１０２階建て（最上部は地上約４４３ｍ）のオフィスビル兼電波塔で、ニューヨークの世界貿易センタービル（現在再建中）ができるまでは、40年以上世界一高い建物だった。

このビルは、ニューヨークのオフィス街のど真ん中にある（図３―１）。ニューヨークの中心とされる広場（タイムズ・スクエア、写真３―４）からは、１㎞ほどしか離れていない、賑やかな場所だ。

展望台は、このビルの１０２階と86階にある。お勧めは、先ほどの大展望台と同様に低

エンパイア・ステート・ビルディング

エンパイア・ステート・ビルディング（日本語）公式サイト

タイムズ・スクエア

写真3-3　ニューヨークのエンパイア・ステート・ビルディング
（中央奥の一番高いビル）

写真3-4　ニューヨークの中心地であるタイムズ・スクエア。
周囲にミュージカル劇場が多数ある

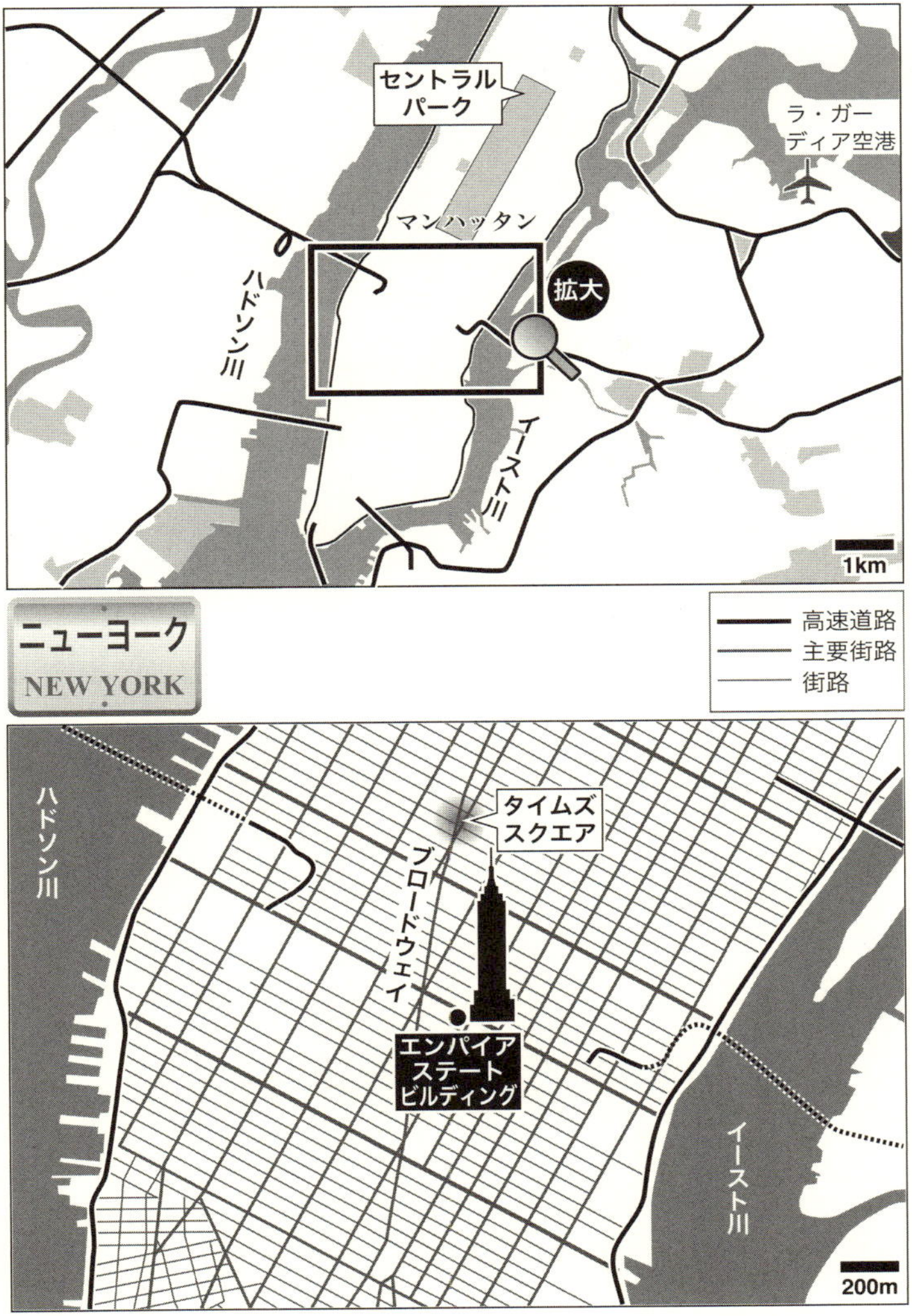

図3-1　ニューヨークの街路

写真3-5　ニューヨークの夜景（エンパイア・ステート・ビルディング86階展望台より）

い86階だ。低いと言えど、高さは320mで、東京タワーの最上部（地上333m）に近い。

86階には、窓がない開放的な屋外展望通路がある。通路は360度周回できる構造なので、景色を見下ろしながら通路をぐるりと1周すれば、ニューヨークの全体像をおおまかに把握できる。

この屋外展望通路から街を見下ろすと、ここが細長い島で、周囲を海と川に囲まれているのがわかる。この細長い島が、マンハッタン（島）だ。

マンハッタンでまず目につくのが、摩天楼とも呼ばれる超高層ビルだ（写真3—5）。まるで高さを競い合うかのように、市街地のあちこちに建っている。

マンハッタンに超高層ビルが集まったのは、必要性と建設しやすさが重なっていたからだ。ここは経済や金融の中心地であり、その発展とともに土地利用の効率化が求められてきた。また、マンハッタンには強固な基礎となる岩盤があり、超高層ビルの建築に向いていた。このため、１８９０年代から超高層ビルが次々と建てられ、空間を立体的に利用したことで、建物の床面積が増えた。アメリカならではの合理主義を反映してか、都市景観への影響よりも、土地利用の効率化を優先したのだ。

なお、マンハッタンには低層ビルもある。ただし、東京で見られたような民家などの小規模な建物は、展望台からはほとんど見えない。

次に街路を見てみよう。

マンハッタンの街路をよく観察すると、高さがバラバラな超高層ビルとはちがい、統一感を持たせてあることがわかる。ほとんどの街路が直線状で、直角に交わり、等間隔で並んでいるのだ。

そう、マンハッタンの街路は大部分が格子状になっているのだ。南北方向は「Avenue（アベニュー）」と呼ばれ、幅員１００フィート（約30ｍ）の街路が９９２フィート（約２８１ｍ）間隔で並んでいる。東西方向は「Street（ストリート）」と呼ばれ、幅員60フィート（約18ｍ）の街路が２００フィート（約61ｍ）間隔で並んでいる。つまり、ほとんどの街路の幅員や間隔が統一されており、街路に囲まれたブロックもサイズや面積が同一になっているのだ。

格子状になった街路網は、位置を示す基準にもなっている。札幌の街路のように、東西方向と南北方向の通りにそれぞれ番号が振られており、その交点で位置を示すことができるのだ。たとえばエンパイア・ステート・ビルディングは、「5th Avenue（5番街）」と「W 34th Street（西34丁目）」の交点に面したブロックにあるので、2つの通りの名前を言えば、その位置を他人に伝えることができる。

ただし、そんなマンハッタンにも、幅が広いのに不規則に曲がる街路が1本あり、市街地を南北に貫いている。これは、かつてアメリカの先住民が使っていた「旧街道」で、19世紀に格子状の街路が整備される前から存在した。

これがブロードウェイだ。格子状の街路とはあちこちで斜めに交差しており、その一部が広場になっている。その中でも面積が広い広場が、先ほど紹介したタイムズ・スクエアだ。

日本では、ブロードウェイはミュージカルの本場として知られているが、ミュージカル劇場そのものは、タイムズ・スクエア近辺に集中している。

街路、とくに「ストリート」の幅員に余裕があることは、都市鉄道が発達する要因にもなった（図3―2）。

ニューヨークは、都市鉄道の発祥地でもある。鉄道は、それまで都市間を結ぶ役目を果たしていたが、この街では初めて都市内のみの交通に利用された。

世界初の都市鉄道は馬車鉄道で、鉄車輪をつけた馬車が、ニューヨークの街路に敷いた

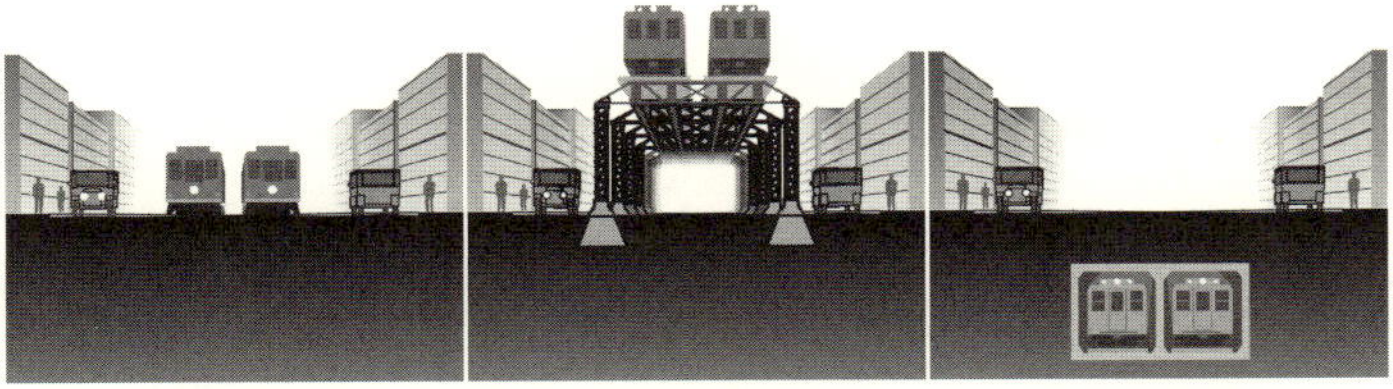

図3-2　街路空間を利用した都市鉄道

レールの上を走った。街路の空間に余裕があったからこそ、路面に線路を敷くことができた。

その後ニューヨークの都市鉄道は、街路の空間を立体的に使いながら発達してきた。馬車鉄道はのちに路面電車になったが、路面交通の障害になったので、街路の上を通る高架鉄道や、街路の下を通る地下鉄へと姿を変えた。マンハッタンでは、高架鉄道が発達したのちに、それを置き換えるように地下鉄の建設が進んだので、ほとんどの高架鉄道が消えた。

なお、この街には、先ほどの展望台からは見えないが、空間を立体的に使った高架道路や地下道路も存在する。

ニューヨーク―まとめ―

建物や交通路を立体的にして、土地利用の効率化を図り、高度な経済発展を遂げた都市。中心街にある格子状の街路網が座標軸になり、全体における位置関係が把握しやすい。

―パリ― エッフェル塔

次に、パリに行ってみよう。

パリはフランスの首都であり、同国最大の都市だ。世界でもっとも多くの観光客が訪れる観光都市でもある。人口は、本章で紹介する世界5都市の中で一番少ない。

これから向かう展望台は、エッフェル塔にある（写真3―6）。エッフェル塔は、東京タワーのモデルにもなった電波塔で、凱旋門とともにパリのシンボルにもなっている。

エッフェル塔には展望台が上下に3つあるが、中間の高さにある2階展望台（高さ115m）に行こう。ここは東京タワーの大展望台よりも少し低い位置にあり、街路がよく見える。

2階展望台から見下ろすと、パリの市街地を360度眺めることができる（写真3―7）。

パリの市街地は、セーヌ川が東西に流れる平地にある（図3―3）。その中心にある中心街は、セーヌ川の北岸と南岸に広がっており、建物がびっしりと建ち並んでいる。

展望台から中心街を初めて見ると、その統一感がある街並みに驚かされる。

まず、建物の高さがきれいにそろっている（写真3―8）。まるで刃物で高さを切りそろえたかのようだ。高さがバラバラな超高層ビルが密集していたニューヨークとは、明らかに対照的だ。

エッフェル塔

エッフェル塔(仏語)公式サイト

写真3-6　パリのエッフェル塔（凱旋門屋上より）

写真3-7　エッフェル塔展望台からの眺め

しかも、建物の外観もそろえてある。中心街では、近代的なビルはなく、歴史ある街並みがそのまま保存されている。

次に街路を見てみよう。

中心街の中央には、幅員がひときわ広い通りがあり、セーヌ川と平行に中心街を東西に貫いている。

これが、パリのメインストリートであるシャンゼリゼ通りだ。凱旋門やルーブル美術館などの複数の観光名所がこの沿線に集中している。

これ以外の街路も直線状であるが、格子状ではない。ただし、凱旋門などの複数の拠点から放射状に延びており、全体と調和がとれた平面構造になっている。

このような街並みは、19世紀中期のパリ大改造によって生まれた。つまりパリは、大規模な都市計画によって新しくつくりなおした都市なのだ。

そのきっかけは、産業革命以降の人口増加だった。改造前のパリは、中世の面影を残す都市で、細い街路が不規則に入り組んでおり、上下水道などのインフラ整備が不十分だった。それゆえ人口が増えると、交通が混乱し、市民生活の衛生環境が劣悪な状態に陥った。

そこでナポレオン3世の命によって、街ごと生まれ変わらせる大胆な都市改造が行われた。その障害になる建物を強制的に取り壊し、幅員が広い街路や広場、緑地などを整備して、景観が美しい都市を新たに誕生させた。

パリが世界屈指の観光都市になったのは、エッフェル塔や凱旋門、美術館などの観光名

シャンゼリゼ通り

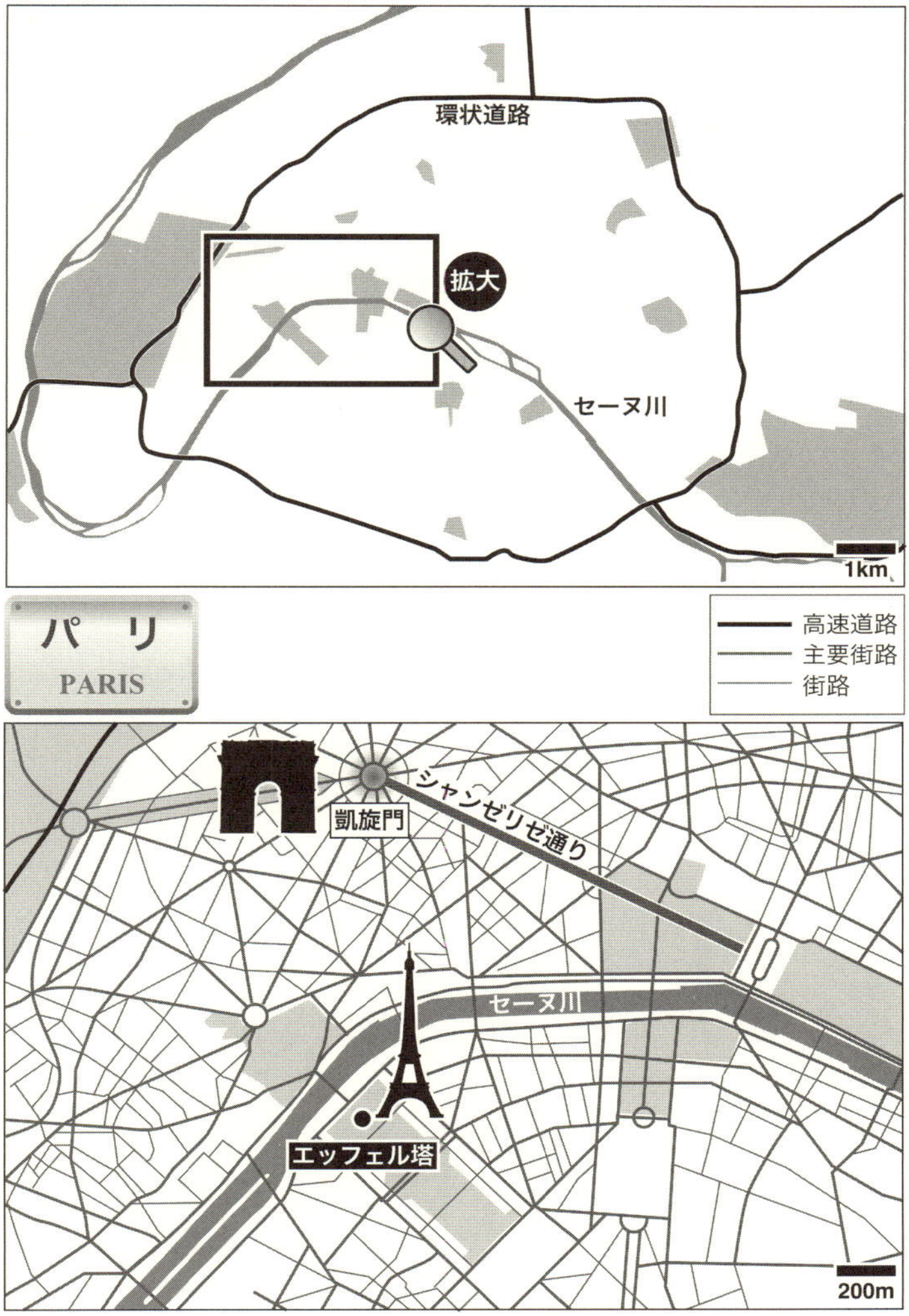
環状道路
拡大
セーヌ川
1km
パリ
PARIS
高速道路
主要街路
街路
凱旋門
シャンゼリゼ通り
セーヌ川
エッフェル塔
200m

図3-3　パリの街路

写真3-8　パリのメインストリートであるシャンゼリゼ通り。凱旋門屋上から

所が多いからだけではなく、改造で生まれた美しい街並みに魅力を感じる人が多いからだろう。

パリ―まとめ―
大改造で美しい景観を実現した都市。強い権力によって中世都市を近代都市に根本からつくり変え、産業革命以降の人口増加に対応した。

―ベルリン―
ベルリンテレビ塔

次にベルリンに行ってみよう。
ベルリンは、ドイツの首都であり、同国最大の都市だ。人口はパリより多く、ヨーロッパではロンドンに次いで2番目に多い。研究機関や美術館などが集中しており、学問や芸術の街としても知られている。冷戦時代に市街地を東西に分断した「ベルリンの壁」は、ドイツ統一後に撤去され、今はほとんど残っていない。

向かう展望台は、ベルリンテレビ塔にある（写真3―9）。ベルリンテレビ塔は、エッフェル塔と同じ電波塔で、市街地のランドマークになっている。上部の球体部分には、高さ２０４ｍの展望台や、床全体が回る回転レストランがある。

展望台からは、周囲を緑地に囲まれた市街地が見える。その眺めは、パリと似た部分とそうでない部分がある。

パリと似た部分は複数ある。市街地が平地にあり、河川（シプレー川）が東西に流れ、幅員がひときわ広い通り（ウンター・デン・リンデン）が東西に通っている（図3―4）。ウンター・デン・リンデンは、ベルリンのメインストリートで、東西ドイツの象徴になったブランデンブルク門がある。この沿線には超高層ビルはなく、歴史ある街並みが残っている（写真3―10）。

ただし、パリほどの統一感がない部分もある。建物の高さは全般的に低いが、パリのように厳密にはそろっていない。街路は、格子状の部分や放射状の部分があちこちで混在しており、ややゴチャゴチャした感じがある。

そんなベルリンにも、パリのように都市を大改造する計画が１９３０年代に存在したが、完成には至らなかった。この計画は「世界首都ゲルマニア」と呼ばれ、ヒトラー政権時代

ベルリンテレビ塔

ベルリンテレビ塔（独語）公式サイト

ウンター・デン・リンデン

写真3-9　ベルリンテレビ塔（中央奥の塔）。球体部分が展望台

に考案された。ベルリンをロンドンやパリを凌ぐ都市に改造するだけでなく、世界の首都を築くという壮大な計画で、幅広い街路の整備も盛り込まれていた。ただし、この計画は第二次大戦の激化で頓挫し、それまでに建設された一部の建造物だけが残った。

いっぽう、ベルリンならではの特長もある。その代表例が、交通インフラのスペックの高さだ。

東京では考えがたいことであるが、ベルリンでは渋滞や満員電車を見かけることがとても少ない。交通需要に対して、街路や鉄道の交通処理能力が高いからだ。街路は全般的に幅員が広いので、東京とくらべると、交通量に対して交通処理能力を持て

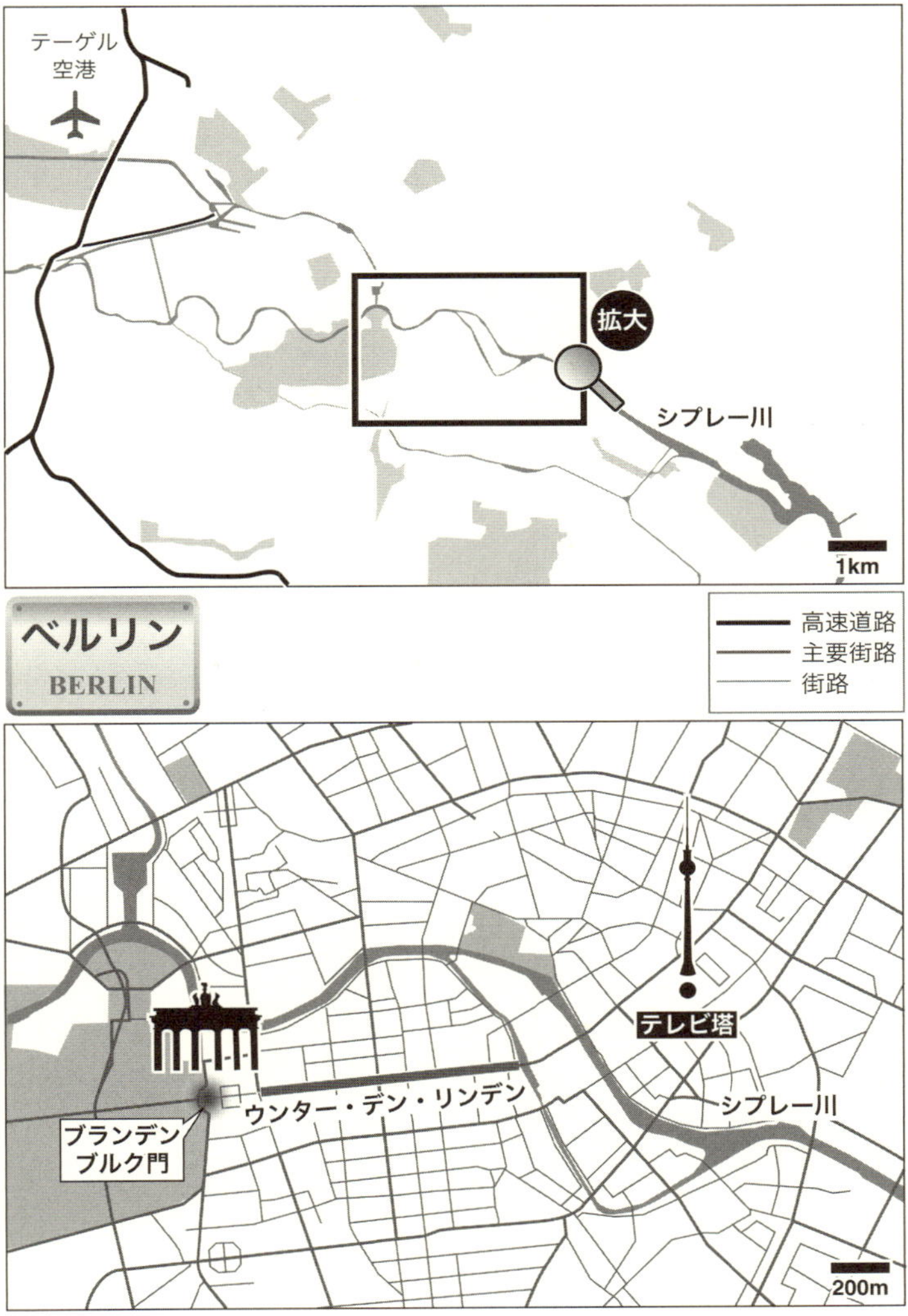
テーゲル
空港
拡大
シプレー川
1km
ベルリン
BERLIN
高速道路
主要街路
街路
テレビ塔
ウンター・デン・リンデン
シプレー川
ブランデン
ブルク門
200m

図3-4　ベルリンの街路

余しているようにも思える。

それゆえ朝夕のラッシュでも、東京のような混雑はほとんど起きない。バスはスイスイとほぼ時間通りに走る。初めて乗ると、その速さやスムーズさに驚かされる。

電車では、ラッシュでも立っている人が少なく、車内に自転車を持ち込む人もいる（自転車などを持ち込める車両が存在する）。ベルリンでは、自転車で通勤している人も多く、街路での自動車専用レーンの整備も進んでいる（写真3―11）。

これは、１８６０年代の都市整備計画（ホープレヒト計画）によって、広幅員の街路や鉄道の整備が進められてきたからだ。その目的は、パリ大改造と同様に、人口増加に対応することだった。

なお、この計画を進めた都市計画家のジェームス・ホープレヒト氏は、明治時代に東京の霞が関に官庁街を整備する計画（官庁集中計画）にも関わった。

東京の鉄道も、明治時代にベルリンの影響を受けた。たとえば、山手線のような環状鉄道や、新橋にあるアーチ構造の鉄道高架橋は、東京よりも先にベルリンに存在した。新橋の鉄道高架橋は、ベルリンから設計者を招聘して建設したものだ。

ベルリン―まとめ―

キャパシティに余裕がある交通インフラを整備して、快適な輸送を実現した都市。「世界の首都」へと大改造する計画もあったが、戦争の激化で頓挫した。

写真3-10　テレビ塔展望台から見たベルリン市街地の街並み。パリほどの統一感はなく、古い建物と新しい建物が混在している。

写真3-11　自転車専用レーンを設けた街路（ベルリン・ポツダム広場）

―ロンドン― ロンドン・アイ

次にロンドンに行ってみよう。

ロンドンは、イギリスの首都であり、同国やヨーロッパでもっとも人口が多い都市だ。

これから向かう展望台は、ロンドン・アイだ（写真３―12）。これは市街地を流れるテムズ川の沿岸にある観覧車で、人が乗るガラス張りのカプセルが、直径１３５ｍのコースを周回する。１９９９年にミレニアム記念事業として開業したときは、世界最大の観覧車だった。

ロンドンには、ヨーロッパでもっとも高い超高層ビル（ザ・シャード）もある。それにくらべて、ロンドン・アイはほどよく低く、観覧車ゆえにさまざまな高さから街並みを観察できる。

ロンドン・アイのカプセルから見下ろすと、市街地が一望できる（写真３―13）。

市街地は内陸の平地にあり、ほぼ中央をテムズ川が東西に流れている（図３―５）。パリやベルリンとくらべると、河川が東西に流れている点は似ているいっぽうで、ここでは一部であるが超高層ビルが存在する。

市街地の建物は、超高層ビルを除けば全般的に背が低い。その高さはパリのようにきれいにそろってはいないものの、歴史ある街並みは残っている。

ロンドン・アイ

写真3-12　ロンドン・アイ

写真3-13　ロンドン・アイから見た市街地

ロンドンの大きな特徴は、街路の平面構造だ。ここでは幅員が狭い街路が不規則に曲がりくねっており、直線状の街路があまりない。シャンゼリゼ通りやウンター・デン・リンデンのような街を代表する幅が広いメインストリートもない。街の中心とされる広場には、噴水があるピカデリー・サーカスがあるが、ニューヨークのタイムズ・スクエアほど広くない。

地平で街路を観察すると、全体的に幅員が狭く、交通量が多いことに気づく。街路では、赤いバスや黒いタクシーが頻繁に走り、朝夕にはあちこちで渋滞が発生する。つまり、ベルリンとは逆に、街路のスペックが低く、交通処理能力が根本的に足りないのだ。このため、郊外から都心に入る自動車から渋滞税（コジェスチョン・チャージ）を徴収するなど、渋滞を緩和する取り組みが行われている。

この街路の貧弱さは、世界初の地下鉄を生む要因にもなった。狭い街路の地上部分には、ニューヨークのように馬車鉄道や路面電車を走らせる空間的な余裕はなかったので、鉄道を地下に通す発想が生まれた。

ロンドン名物の2階建てバス（写真3—14）も、街路の貧弱さと関係があると言えるだろう。ロンドンでは、主要なバス通りでも片側1車線しかないことがあり、ラッシュ時にはそこでバスが数珠つなぎになることもある。この光景を見ると、バスを2階建てにして一台あたりの定員を増やさないと、とても旅客を運びきれないことがよくわかる。

もともとロンドンでは、公共交通として乗合馬車があり、乗せきれない乗客を屋根の上

ピカデリー・サーカス

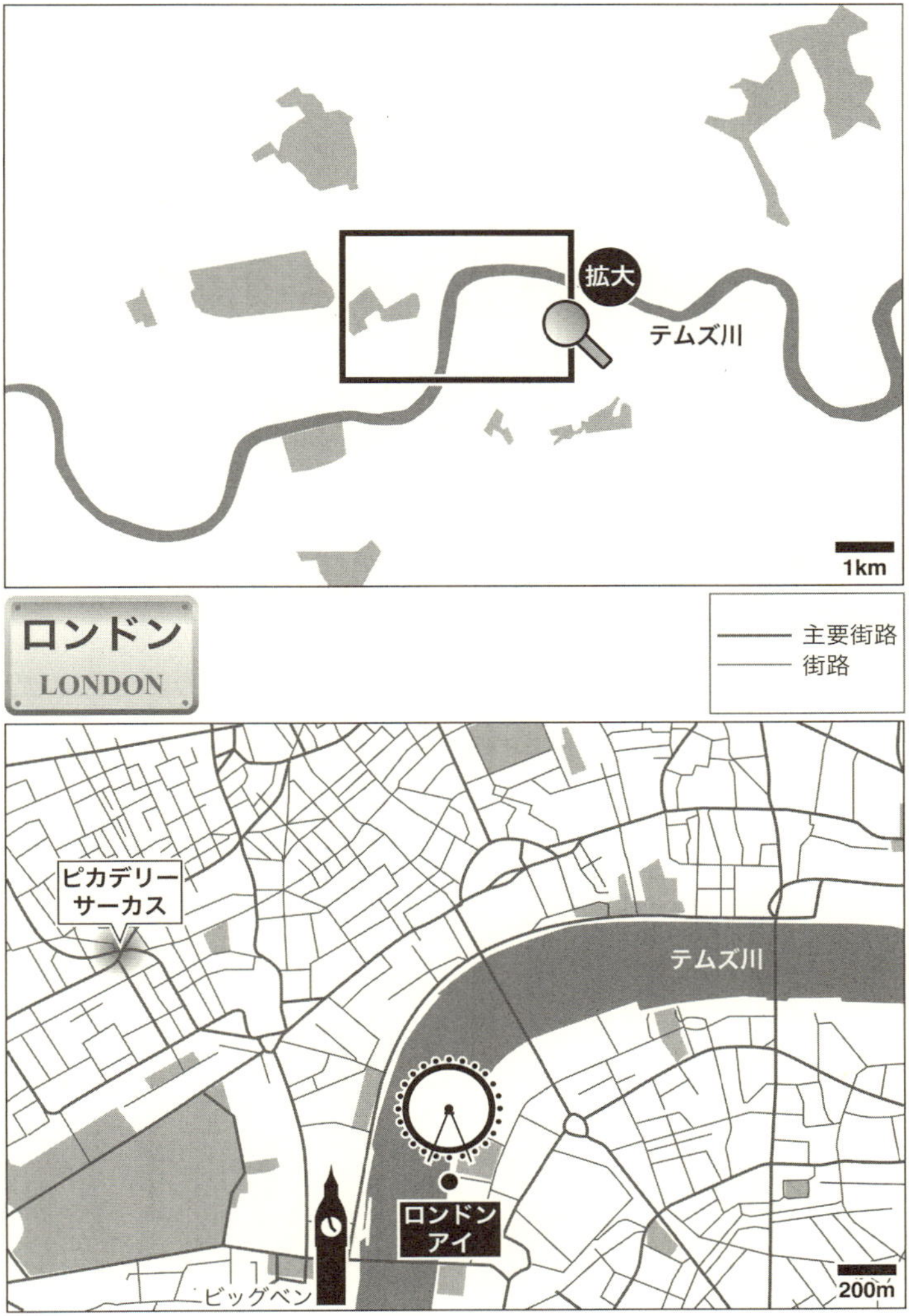
拡大
テムズ川
1km
ロンドン
LONDON
主要街路
街路
ピカデリー
サーカス
テムズ川
ロンドン
アイ
ビッグベン
200m

図3-5　ロンドンの街路

写真3-14　ロンドンの狭い街路を走る2階建てバス

に乗せていたことから2階建て乗合馬車が生まれ、のちに2階建てバスとなった。このことは、乗り物そのものを立体化して、街路の貧弱さをカバーしたとも言えるだろう。

そんなロンドンでも、パリのように都市の大改造を行う構想があった。1666年の大火事（ロンドン大火）で市街地の大部分が焼失したあと、都市の復興事業の一環で、中世に形成された自然発生的な街路を格子状にすることが検討されていたのだ。

ところがこの構想は地権者に反対されて実現せず、街路が曲がりくねったまま残ってしまった。防火対策として、木造だった建物は燃えにくい石造にされ、街路は延焼を防げるように拡幅するなどの改良が施されたものの、自然発生的な構造は現在まで残った。

ロンドン―まとめ―

貧弱な街路を駆使しながら発展したヨーロッパ最大の都市。街路の交通処理能力を補うため、世界初の地下鉄や、2階建てバスを生んだ。

東京は街そのものが「奇景」？

さあ、ここで東京に戻ろう（図3―6）。これまで見下ろした海外4都市の街並みを見てから、もう一度東京タワーの大展望台に立つと、東京の印象が大きく変わるだろう。

そう、海外4都市とくらべると、東京の街並みはとても特殊なのだ（図3―7）。

まず、全体的に統一感がない。

建物や街路の様子は、目を向けた場所によって大きく異なる。北方向に見える虎ノ門や霞が関などのオフィス街では、超高層ビルが建ち並んでおり、街路は格子状になっている。見た目はニューヨークに近い。いっぽう、西方向の真下に見える麻布では、小さなビルや民家、寺院、神社などが不規則に建っており、街路は場所によって幅員をコロコロ変えながら、自然発生的に曲がりくねっている。ここはロンドンに近い。

建物の時代性はバラバラで、古い建物と新しい建物が街のあちこちで混在している。東方向の下には、600年の歴史を持つ寺院（増上寺）と、開業10年ほどの超高層ホテル（ザ・プリンスパークタワー東京）が隣り合っている（写真3―1左下）。

そう、まるでパッチワークのように、多種多様な布片を縫い合わせたような街だ。ここではオフィス街や商業地、住宅地など、さまざまな要素を持つ街があちこちに不規則に点在しながらも、それぞれがきちんとつなぎ合わさっている。

また、街全体を構成する小さな街に目を向けると、そこにはあらゆる風景が詰まっている。まるで具の種類と量が多すぎる鍋のようだ。

たとえば、東京タワーの半径1km圏内という限られた範囲にも、寺院や神社、民家、学校、公園、超高層ビルなどがバラバラに存在する。そこには、幅が広い街路や首都高の高架橋だけでなく、曲がりくねった細道があり、市街地を通り抜けている。

東京では、街並みだけでなく、住む人も多様だ。石原都政時代に副知事を務めた青山俏《やすし》氏は、毎日新聞で東京の特徴を次のように語っている。

> 東京がニューヨークやロンドンと違うのは、「ここからはスラム街、ここからは高級住宅街」というような明確な区分けがなく、どの街にもさまざまな人が混じり合って住んでいることです。そんな社会的な包容力が東京の良さなのです。（毎日新聞2016年6月1日夕刊「私だけの東京／2020に語り継ぐ」より一部引用）

増上寺

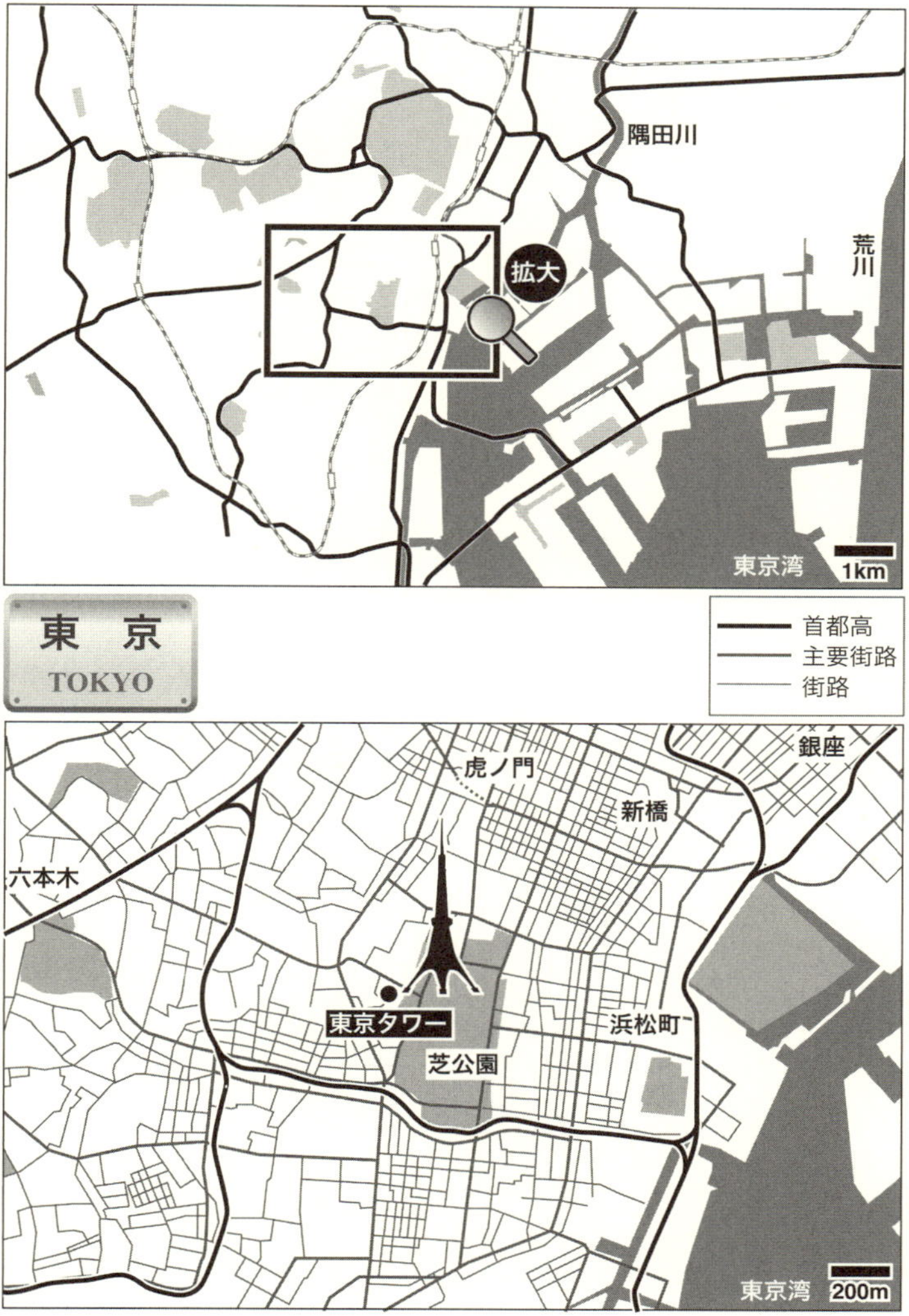
隅田川
荒川
拡大
東京湾
1km
東京
TOKYO
首都高
主要街路
街路
銀座
虎ノ門
新橋
六本木
東京タワー
浜松町
芝公園
東京湾
200m

図3-6　東京の街路

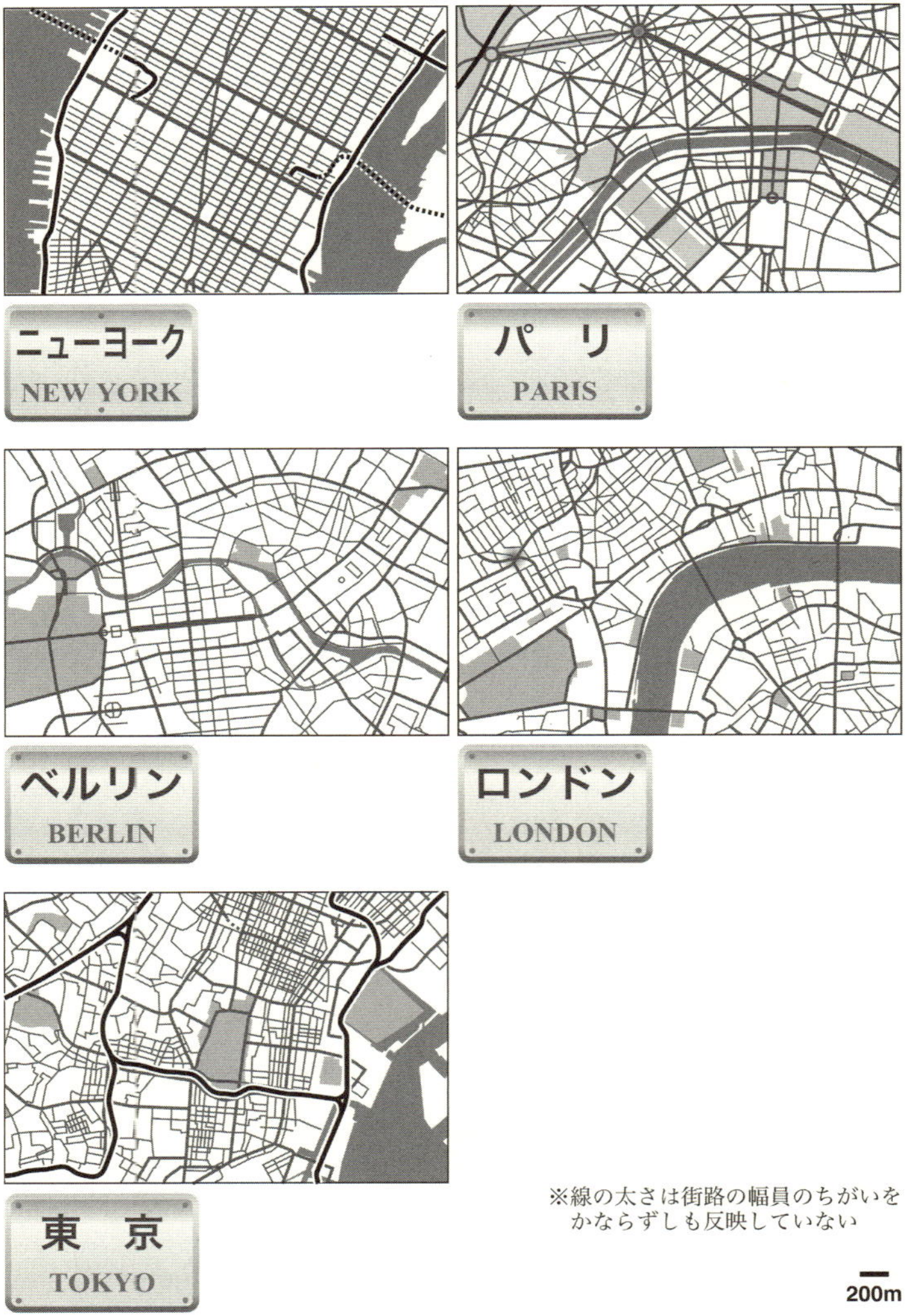

※線の太さは街路の幅員のちがいを
かならずしも反映していない

図3-7　各都市の街路の比較

たしかにこの街には、そのような区分はない。「高級住宅街」と呼ばれる地域は存在するが、現地に行って見ると、そこには庶民的な民家やアパートもあることが多い。

大展望台から見える東京の景色は、夜になると一変する。建物の窓が光を放ち、街路や首都高が光の筋として浮かび上がり、昼とは異なる非現実的な風景をつくる。

しかも、東京タワーの大展望台では、夜に虎ノ門の超高層ビル群が光り、目の前に迫って見える。これまで紹介した海外4都市の展望台では見られない風景だ。

つまり、海外4都市から見れば、東京はその街並みそのものが「奇景」なのだ。東京に類似する都市は世界にありそうでないので、世界のどの都市から見てもそう言えるだろう。

東京タワーの大展望台で、外国人観光客は何に反応したのか。その答えは、おそらくこれだろう。

3・2 「奇景」を生んだ東京の歴史

次に、東京に現在の街並みや、「東京道路奇景」ができた背景を、都市や交通の歴史から探ってみよう。「東京道路奇景」を楽しむという視点から、筆者なりにかなりざっくりと、東京の道路の歴史を要約してみたいと思う。

電車は便利・クルマは不便な街

まずは、東京の交通から見ていこう。

東京の交通の特徴は、次のように要約できる。

電車で移動するにはきわめて便利なのに、
自動車で移動するにはあまりにも不便。

これは、多くの人が感じていることだろう。

東京で住む人の中には、「マイカーはいらない」と考える人が多い。それは、電車があまりに便利で、マイカーを持たなくても日常生活で困ることがほとんどないからだろう。第2章で紹介したドライブの難易度の高さを考えれば、「マイカーで東京を走りたくない」と言う人がいても不思議ではない。

同じ都市の交通手段でありながら、電車と自動車の利便性にこれほどのギャップがあるのは、鉄道網が充実しているのに対して、道路網があまりにも貧弱だからだ。つまり、同じ陸上の交通インフラでありながら、それぞれの整備状況に大きな隔たりがあるのだ。

海外では、東京の道路網の貧弱さはあまり知られていないが、鉄道網の充実ぶりはよく知られている。

たとえばアメリカのニュースチャンネルであるＣＮＮの日本語公式サイトは、そのことを記す記事を載せたことがある。その記事は、２０１４年1月1日付の「東京が世界一魅力的な都市である50の理由」だ。これは、２０２０年の東京五輪招致が決まった直後に投稿されたもので、東京の特徴を50項目に分けて紹介したものだった。

この記事のトップには、「世界最先端の鉄道」という項目があり、次のような説明が載った。


日本は世界最高水準の鉄道システムを有する国。東京には広大な地下鉄網があり、人々の生活を支えている。都内で、電車と徒歩で行かれない場所は皆無に等しい。


最後の「皆無に等しい」は、ちょっと言いすぎかもしれない。ただ、少し歩けばどこかに駅があるという場所は、銀座や新宿などに実在する。また、ＣＮＮが50項目のトップで紹介したくなるほど、東京の鉄道網が世界でも特殊で、その発達ぶりが突出しているのはたしかだ。

東京の鉄道網の発達ぶりは、世界の主要都市の鉄道路線図を見比べれば一目瞭然だ。

写真3―15は、筆者が集めたクリアファイルで、先ほど紹介した世界5都市の鉄道路線図が印刷されている。「公式」の鉄道路線図ではないこともあり、各路線のルートを大胆

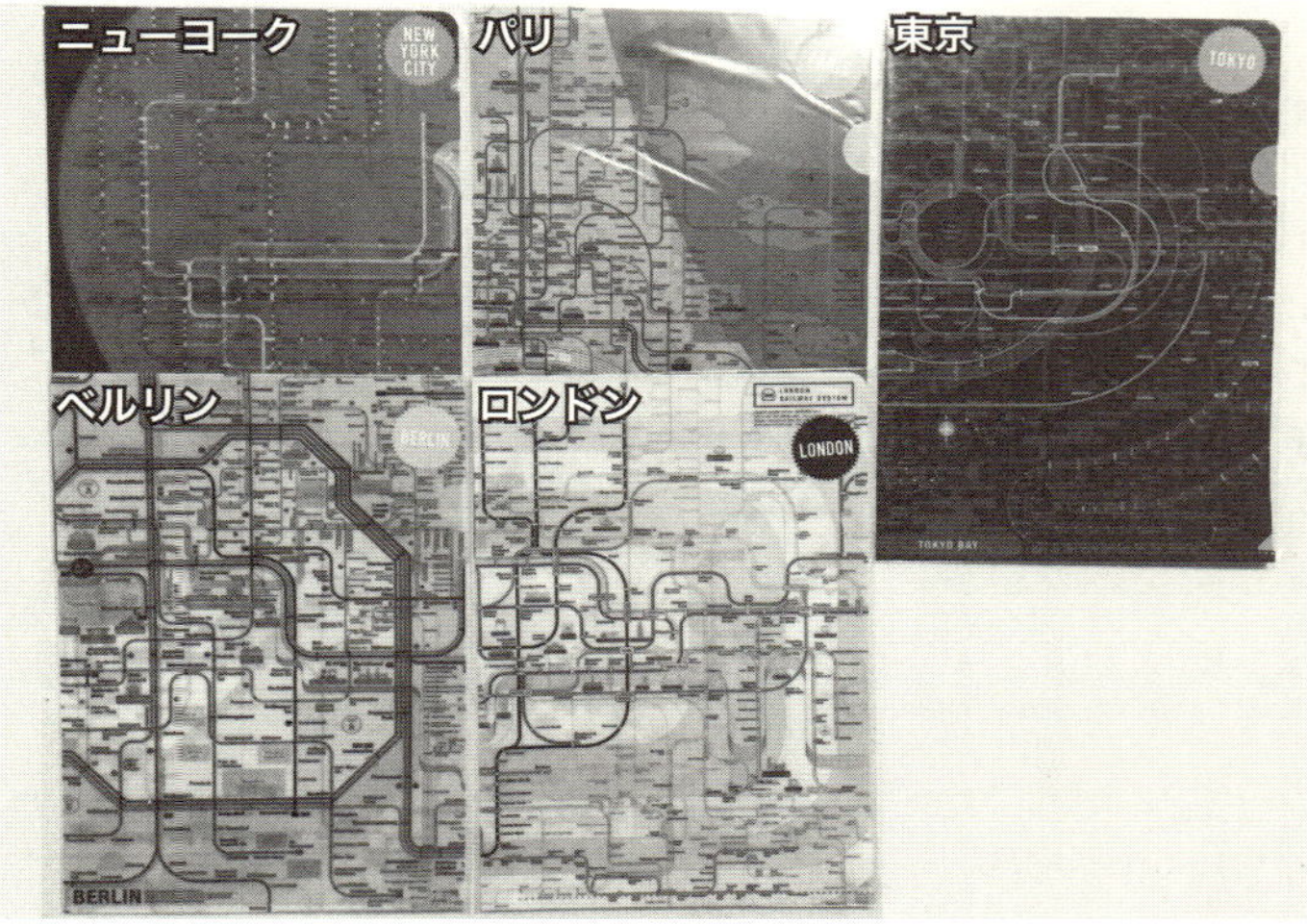

写真3-15　世界5都市の鉄道網をデザインしたクリアファイル（デザイン・ZERO PER ZERO／販売元・ステッチジャパン）。東京だけ鉄道網の密度がとくに高いので、地下鉄以外を濃いグレーにして目立たなくしてある

にデフォルメをして、シンプルな直線や曲線で表現しているのが特徴だ。

これらに描かれた各都市の鉄道路線図は、路線を示す線の密度が、一見同じように見える。ただ、よく見ると、東京だけ異様なほど密度が高く、他の4都市の半分以下の大きさの文字で駅名がびっしり記されているのがわかる。写真ではわかりにくいが、東京だけは地下鉄路線だけに色（ラインカラー）がついており、それ以外の路線が濃いグレーになっている。つまり、地下鉄だけが目立ち、それ以外が黒い背景に対して目立たなくなっているので、一見密度が低いように見えるが、実際は明らかに他の4都市より密度が高いのだ。

東京でよく見かける鉄道路線図は、特定の鉄道会社（鉄道事業者）の路線のみを示したり、地上の鉄道と地下鉄を分けたものがほとんどで、このクリアファイルのようにすべての路線を描いたものはほとんどない。つまり、1枚にまとめようとするとわかりにくくなるほど、東京の鉄道路線図は複雑なのだ。

東京では、これほど複雑な鉄道網に、列車が最短で2〜3分間隔で走っている。しかも列車の編成が長く、10両編成や15両編成もとくに珍しくない。

このような都市は、世界広しと言えど東京以外に存在しないだろう。

車両交通の発達が遅れた日本と東京

では、なぜ東京では、鉄道がこれほどまでに発達したのに、道路は発達しなかったのだろうか。

その理由は、おもに次の2つがある。

(1) 車両交通の発達が遅れた
(2) 道路よりも鉄道の整備を優先した

これらは、東京のみならず、日本全体に共通することでもある。それぞれかんたんに説明しよう。

⑴で示した車両交通は、鉄道ではなく、道路の交通のことだ。つまり、舗装した道路を、車輪がついた車両が往来することを指す。この「舗装した道路」というのがポイントだ。ヨーロッパでは、紀元前から車両交通が発達した。馬車は古代文明の時代から存在し、ローマ帝国時代には石畳の街道が建設されていた。

石畳は、馬車などの車両の通行を容易にするインフラだった（写真3―16）。それがないと車輪が路面に沈み込むし、雨の日には路面が軟らかくなってますます沈み込み、車両の通行が困難になるからだ。

この石畳が、現在の舗装道路の原点である。

ヨーロッパでは、馬車の通行のために舗装道路が整備されてきたので、20世紀に入って自動車が普及しても、馬車の時代から自動車の時代にスムーズに移行できた。

つまりヨーロッパでは、紀元前から２０００年以上の時間をかけて石畳や舗装道路を整備し、馬車や自動車による車両交通を発達させた歴史があるのだ。

いっぽう日本では、江戸時代末期まで、車両交通が発達しなかった。その発達が幕府の防衛の妨げになるからだ。このため、街道では荷車などの車両を使うことが禁じられ、大規模河川に橋を架けることが許されなかった。

写真3-16　石畳を走る馬車。石畳は車両交通が発達する上で重要なインフラだった

当然のことながら、車両交通に必要な舗装道路も発達しなかった。陸上での移動は長らく徒歩に限定され、街道のほとんどは未舗装で、石畳もわずかだった。

ところが明治に入ると、日本は急に大きな転換を迫られた。日本が西洋のような近代国家を目指すことになり、産業の発展のために交通を近代化することが必要とされたからだ。

しかし、車両交通を短期間で発達させ、ヨーロッパ並みにキャッチアップするのは、根本的に困難だった。馬車を入手できても、それを走らせる舗装道路がなかったからだ。国内に舗装道路を一から整備するにしても、果てしない時間がかかってしまう。

(2)の話はここからだ。

そこで明治政府は、道路よりも鉄道の整備を優先した。交通全体を近代化させるには、舗装道路を整備して車両交通を発達させるよりも、馬車よりも輸送力が大きい鉄道を主要ルートに整備したほうが、経済的にも時間的にも効率がよかったからだ。

また、当時は蒸気機関車が線路を走る姿が珍しく、見た目にわかりやすいインパクトがあった。それゆえ鉄道網を広げるほうが、新しい時代が到来したことを人々に伝える上でも都合がよかった。

鉄道の発達によって、日本の交通は一変した。国内の物流を支える輸送の主役は、船による水運から鉄道へと移った。

日本ではこうした背景があり、鉄道偏重の交通政策が明治から１９５０年代まで続いた。その間、鉄道は国内交通の主役であり、輸送の「動脈」と考えられていた。いっぽう道路は、鉄道を支える脇役であり、鉄道が行き渡らない地域を補完する「毛細血管」と考えられてきた。

つまり日本では、道路の発達がもともと遅れた上に、鉄道偏重の交通政策がとられたため、道路の重要性が十分に認知されず、道路の整備が大幅に遅れたのだ。

封建都市から近代都市へ

さあ、ここから地域を絞り込み、東京の歴史に目を向けてみよう。

東京も、明治に入って大きな転換期を迎えた。パリと同様に、都市そのものを改造する必要に迫られたのだ。

その改造とは、江戸と呼ばれた封建都市を、西洋をモデルとした近代都市に生まれ変わらせるというもので、日本の近代化を図る上で必要とされた。

ただし、その改造は容易ではなかった。双方の都市の構造や考え方が大きく異なっていたからだ。

そのちがいがよく現れるのが、都市の骨格だ。われわれの身体に基礎となる骨格があるように、都市にも基盤となる骨格があり、それまであった封建都市と、モデルとした近代都市では、骨格とするものが根本的に異なるのだ。

西洋の多くの近代都市では、街路が骨格となっており、住宅地や商業地などが街路をベースにして配置されている。街路を舗装して、車両交通に適した環境を整えるのはもちろん、都市環境の改善などを目的とした公園や緑地も整備されている。街路が格子状になったニューヨークや、直線状になったパリはその代表例だ。

いっぽう江戸という封建都市の骨格は、江戸城の濠だった（図3―8）。この濠は、本

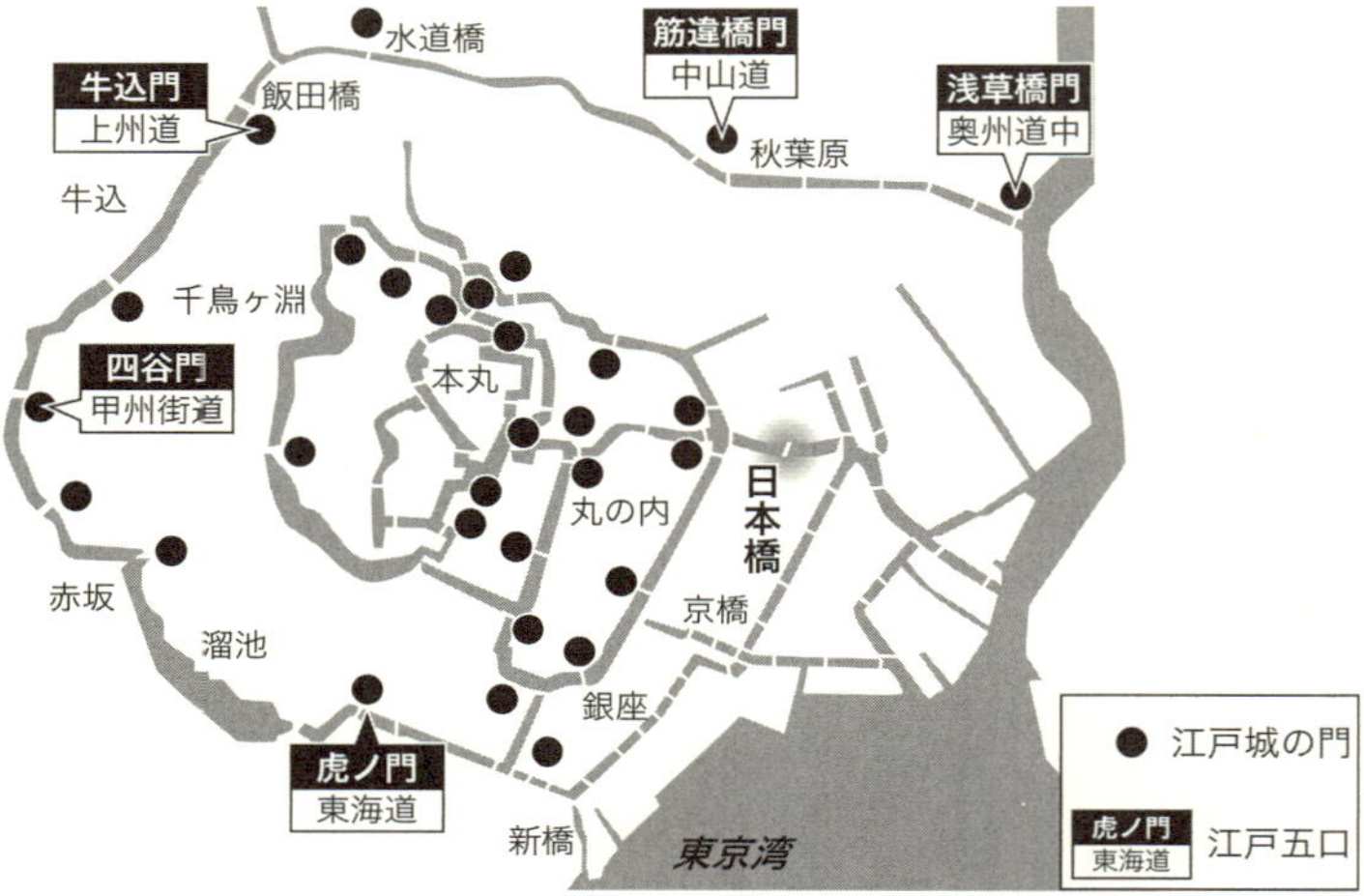

図3-8　江戸城の濠と門。「の」の字型の濠が都市の骨格となった

丸を中心に「の」の字を描き、隅田川や東京湾とつながっていた。

江戸の陸上交通は、この骨格とは別に整備されていた。その要衝となったのが、第2章でもふれた日本橋だ。ここはメインストリート（現在の中央通り）が通るだけでなく、放射状に延びる街道の起点でもあった。また、真下を流れる日本橋川が水運の動脈だったので、ここは水路と陸路の結節点として機能し、周囲はその地の利を生かして商業の中心として栄えた。

江戸の街路（当時はそう呼ばなかったが）は、ほとんどが未舗装だった。また、武士や大名の屋敷がある場所では、侵入者を迷わせるため、見通しが悪いT字路やクランクがあちこちに設けられていた。

このT字路やクランクは、封建都市の防衛においては重要な役割を果たしたが、のちに車両交通を発達させる上では大きな妨げになった。東京では、街路整備が遅れたこともあり、こうした封建都市の名残を消しきれず、第2章で紹介したような自動車交通を拒む平面構造が残ってしまったのだ。

鉄道がつくった東京

東京は、江戸を改造して出来上がった近代都市だ。ただし、その事実上の骨格は街路ではなく、鉄道であると言える。なぜならば、東京の市街地が広がったのは、鉄道の発達によるところが大きいからだ。

東京の市街地は、もともとは今よりもはるかに狭く、「下町」と呼ばれる海寄りの平地が中心になっていた。その西側には「山の手」と呼ばれる緑豊かな台地があった。

現在の市街地は、他県とつながるほど広域だ。「山の手」はすっかり市街地に飲み込まれてしまい、今では多くのビルが建っている。

東京という都市をここまで変えたのが、鉄道だ。

東京は、日本でもとくに鉄道網の発達が早い都市だった。鉄道の整備は、明治初期に日本最初の鉄道（新橋・横浜間）が開通してから着々と進められ、鉄道網は国内各地へと広がっていった。

東京の鉄道は、20世紀に入って利便性が向上した。電車の導入によって、列車の高頻度運転が可能になったからだ。

このことは、東京における人々の暮らしを変え、市街地が広がる要因にもなった。鉄道によって人々の移動が容易になったことで、郊外に住み、電車に乗って中心地の職場に通勤するという、現在の職住分離のライフスタイルが徐々に定着したのだ。

その後市街地は、西へと広がった。郊外に快適な住まいを求める人が増え、「山の手」は住宅地に変貌した。

東京では、人口がその後も増え続け、都市化が進み、市街地が拡大し続けた。鉄道は郊外に向けて延伸を繰り返し、その沿線を住宅地に変えてきた。

つまり東京は、鉄道がつくった街なのだ。東京に住んでいる人がマイカーがなくても、電車があれば不都合をあまり感じないのは、都市全体が鉄道を中心にして発展した歴史があるからだ。

東京の交通について語った書籍は多数あるが、その多くは鉄道のみを扱ったものであり、あたかも東京の交通が鉄道だけで成り立っているかのように記されている書籍もある。それは、鉄道が趣味の対象になっているだけでなく、鉄道の話だけでたいてい語れてしまう状況があるからだろう。

東京では、鉄道が発達した結果、鉄道が都市における事実上の骨格になった（図3—9）。東京のおもな街の位置を他人に伝えるとき、ＪＲ山手線を示す円とＪＲ中央・総武線を示す横棒を描くと伝わりやすいのは、その円と横棒が都市の骨格になっているからだ。

このように、東京では、鉄道が街の姿を変えるほど発展したが、街路の整備は大幅に遅れた。日本で道路整備に関する法律がつくられ、東京市（現東京都、市域は現23区に相当）で道路行政が始まったのは、大正時代に入ってからだった。

90年前にできた幹線街路網の原点

その後東京は、大正末期にまた大きな転換点を迎えた。大震災と大火災が発生し、街の大部分が甚大な被害を受けてしまったのだ。

図3-9　23区の鉄道網と道路網。鉄道が主要な街を結び、事実上の骨格として機能している

その大震災とは、1923年の関東大震災だ。これによって多くの建物が倒壊するなどの被害を受けた。

大火災はその直後に起きた。地震によって発生した火災が街に広がり、市街地の大部分を焼き尽くした。都市火災としての被害の規模は、先に紹介した「ロンドン大火」を超え、当時世界最大だった。

東京では、このあと復興とともに都市の改造が進められた。市街地を区画整理するとともに、都市の骨格となる幹線街路網を本格的に整備することになったのだ。このとき、「ロンドン大火」後の街路網整備の挫折も参考にされた。

こうした都市の改造を行う準備は、大震災の直後から急に始まったのではなく、その前からすでに進められていた。西洋の近代都市のように、街路を骨格とした都市に改造することは、明治時代から検討されており、期せずして発生した大震災を機に本格的に進めることになったのだ。

いっぽう、現在の幹線街路網のベースは、大震災の後に決められた。

それが、東京市が1927（昭和2）年に告示した幹線街路網だ（図3―10）。これは、東京市に系統的な幹線街路網を整備するもので、日本橋から放射状に延びる放射線と、皇居を中心に同心円状に広がる環状線を形成するものだった。放射線の多くは、江戸時代の街道のルートと重なっていた。

この幹線街路網は、現在の幹線街路網（図3―11）とほぼ重なるし、放射線や環状線を識別する番号も、現在とほぼ一致する。つまり、現在の幹線街路網の原点と言える計画が、今から約90年前に存在したのだ。

ただし、この幹線街路網の整備は難航した。鉄道がすでに都市の骨格となりつつあり、街路整備の重要性は認知されにくかった。

その後東京は、さらに大きな転換点を迎えたが、街路整備は十分に進まなかった。第二次大戦の大空襲で甚大な被害を受け、戦後復興計画の一環で幅員が最大100mの街路を整備することになったが、のちにこの計画は縮小されてしまった。

東京の都市計画のテーマは、第二次大戦の敗戦を境に大きく変わった。日本政府が目標を軍備増強から経済発展へと目標を転換したからだ。東京都で都市計画に携わった河村茂氏は、自著『日本の首都　江戸・東京　都市づくり物語』で、次のように記している。

「新しい東京の都市づくりのテーマは『産業都市としての機能性の発揮』である。戦勝国アメリカの圧倒的な物資量にびっくりした日本は、従来の石や煉瓦を用いてつくられる欧風スタイルの伝統的な様式より、自由で競争力あふれるエネルギッシュな社会の実現を夢見て、鉄とコンクリートを用いたアメリカンスタイルの都市へと方向転換していく。芸術的なつくりのパリより、ニューヨーク型の新しい産業都市づくりに向けて突き進んでいった」（174〜175ページより）

第1章で紹介した東京タワーの大展望台からは、ニューヨークのように超高層ビルが密集する地域が見られた。それは、このような都市計画の転換があったからなのだろう。

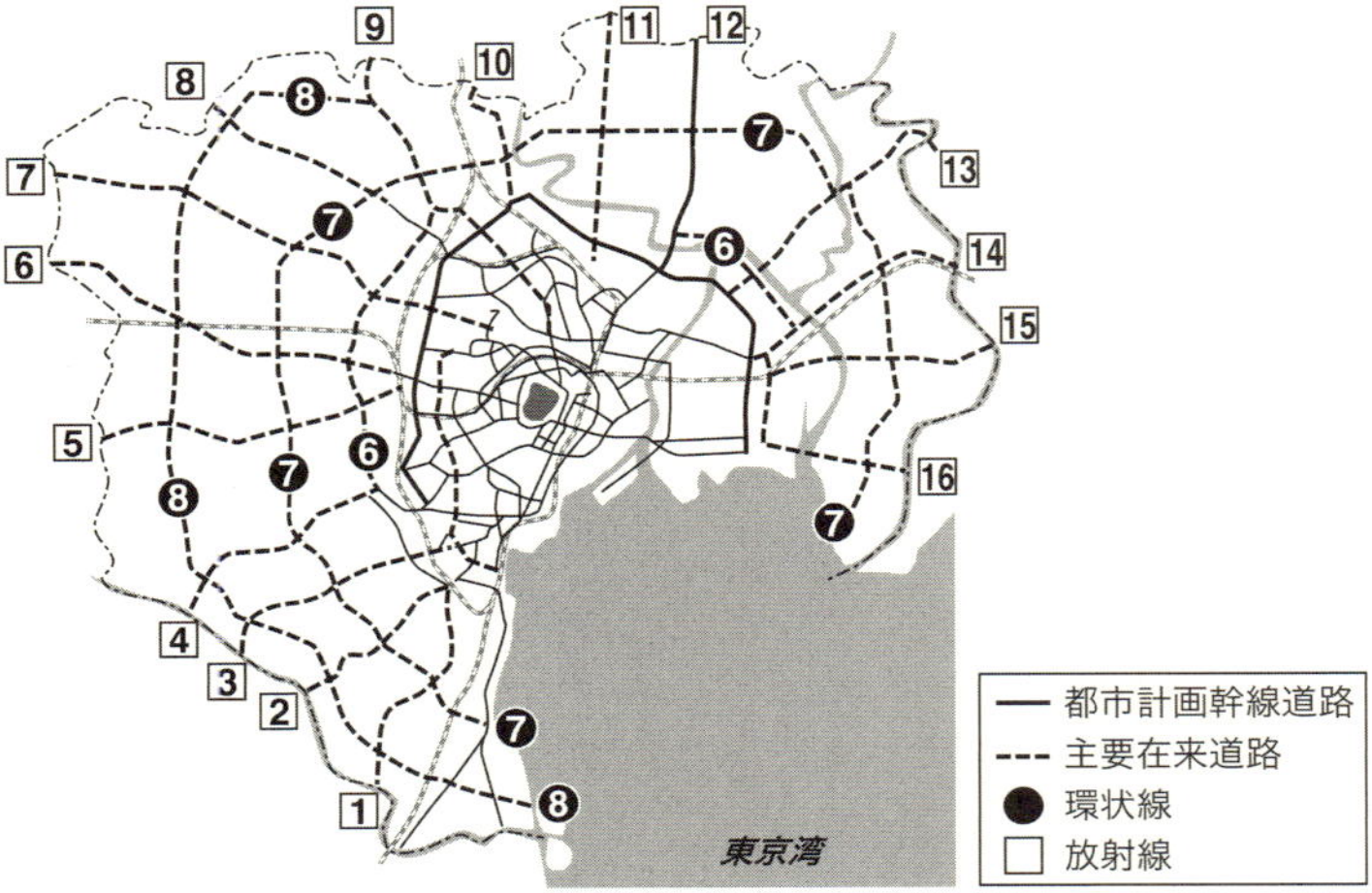

図3-10　東京の幹線街路網（1927年8月決定）

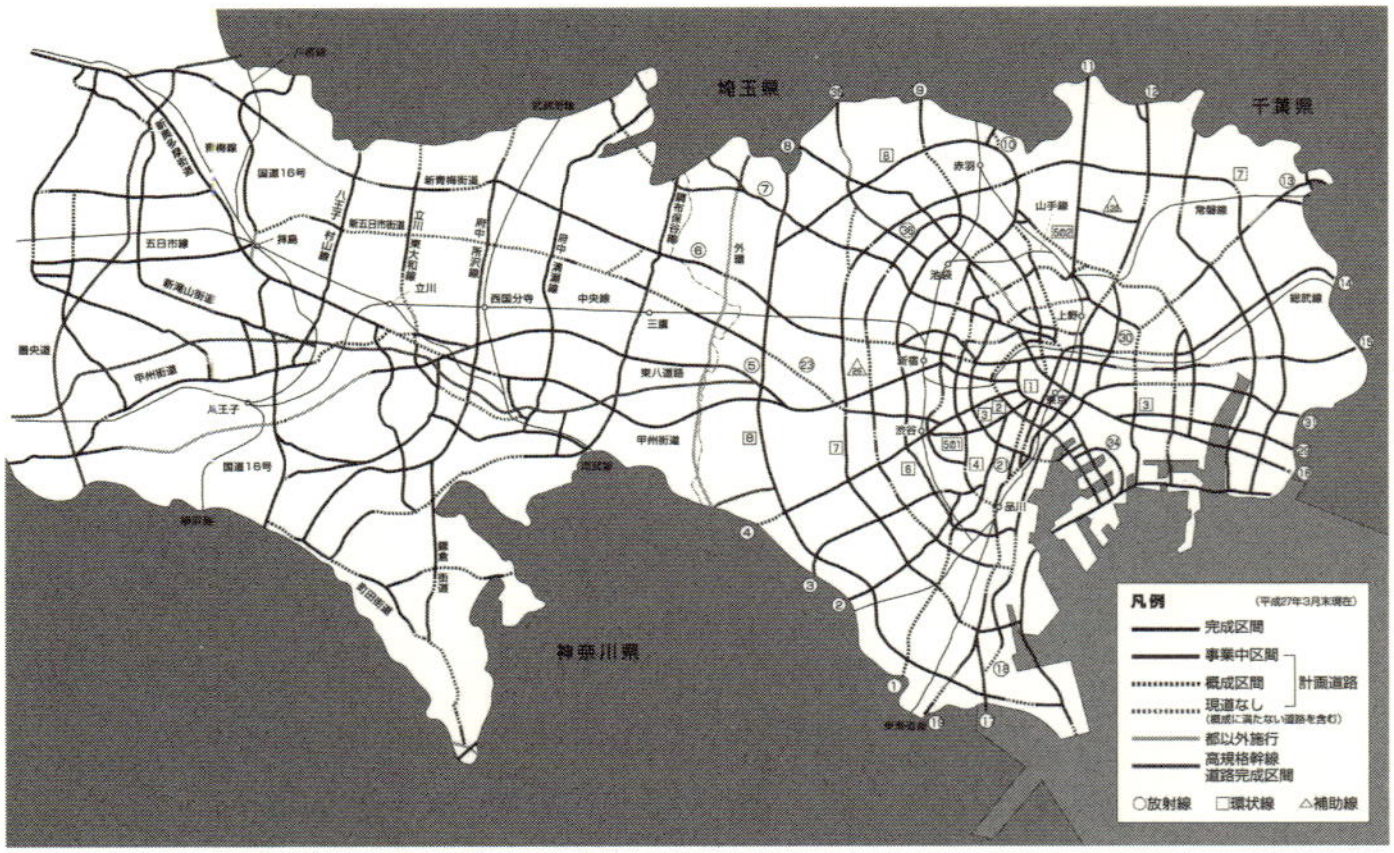

図3-11　現在の東京の道路網（平成27年3月末現在）
出典：東京都建設局ウェブサイト
http://www.kensetsu.metro.tokyo.jp/content/000005969.pdf

「信じがたいほど悪い」と酷評され

ここでもう一度、日本全体に目を向けてみよう。

鉄道整備を優先し、道路整備を軽視する傾向は、戦後の１９５０年代まで東京のみならず、日本全体で見られた。

それゆえ、西洋が自動車の時代を迎えても、日本は鉄道の時代のままで、なかなか自動車の時代に移行しようとはしなかった。戦前までは鉄道院や鉄道省と呼ばれる行政機関が国内交通を管理しており、鉄道の発展を妨げる自動車交通を抑圧することもあった。

つまり日本は、あまりに鉄道偏重の交通政策をとるあまり、近代国家に必要な車両交通が長らく発達できなかったのだ。

いっぽう海外では、日本よりも先に高速道路の時代を迎えた国があった。その代表例であるドイツやアメリカでは、戦前から高速道路が存在した。

ドイツでは、経済政策の一環として、１９２０年代から「アウトバーン」と呼ばれる都市間高速道路網が整備された。「アウトバーン」は、世界最初の都市間高速道路網とされ、現在の高速道路の基礎を築いただけでなく、自動車交通の利便性を高めることで、自動車産業をはじめとする国内産業を発展させた。そのインパクトは、他国にも大きな影響を与えた。

いっぽうアメリカでは、１９０７年から公園道路（パークウェイ）と呼ばれる高速道路が整備された。最初に建設されたのはニューヨークやその近郊で、１９３０年代からは全米に広がった。ただし、それらは州単位で整備されていたため、１９５０年代から州をまたく州間高速道路（インターステート・ハイウェイ）が整備された。

日本では、ドイツやアメリカの影響を受け、戦前から高速道路の整備が検討されたものの、すぐには実現しなかった。まだ本格的な自動車の時代を迎えていなかったからだろう。

しかし、１９５０年代になると、日本も自動車の時代に移行せざるを得なくなった。戦後復興で国内輸送の需要は高まったものの、交通の主役だった鉄道は、施設の貧弱さゆえに、深刻な輸送力不足に陥ったからだ。

また、戦後には、日本でも政治家の間で自動車交通の必要性が少しずつ認識されるようになった。戦勝国のアメリカの影響もあり、都市と都市を道路で結び、自動車交通を発達させ、国内産業を発展させるという発想も根付き始めた。

そこで道路を管轄する建設省（現国土交通省）は、日本初となる都市間高速道路を名古屋・神戸間（現名神高速道路）に整備することを検討した。

また、建設省は、アメリカからワトキンス調査団を招聘し、そのための調査を依頼した。世界銀行から建設費の一部を融資してもらうためには、高速道路の専門知識を持つ専門家に調査してもらい、都市間高速道路を整備する妥当性を示す必要があったからだ。当時はそれができる専門家が日本にいなかった。

ワトキンス調査団は、ラルフ・J・ワトキンス氏が率いる6人のグループだ。彼らは日本人スタッフとともに80日間にわたって日本の道路事情を調べ、1956年に調査書をまとめた。

その調査書が『日本国政府建設省に対する名古屋・神戸高速道路調査報告書』である。題名が長いので、「ワトキンス・レポート」という通称でよく呼ばれている。

この「ワトキンス・レポート」を読むと、当時の日本の状況がよくわかる。高速道路の整備の対象になった名古屋・神戸間のみならず、日本全体の道路や輸送体系、産業、貿易などの状況が、181ページにわたって細かく記されているのだ。

これには、日本の道路行政を一変させたとされる文が載っている。それは、「調査結果と勧告」の冒頭にある「道路運輸政策」のトップに記されている次の文で、太字で記されている。

日本の道路は信じがたい程に悪い。工業国にして、これ程完全にその道路網を無視してきた国は、日本の他にない。（9ページより引用）

これに続く文は細字であり、ここまで酷評する理由が記されている。日本では、1級国道の77％が未舗装で、その半分以上が過去に改良されたことがないこと。2級国道や都道府県道はさらに状況が悪いこと。自動車交通にとっては道路が不当に狭く、危険であるこ

日本の道路の現況

写真3-17　「ワトキンス・レポート」に掲載された道路の写真

と等々、当時のきびしい状況が淡々と記されている。

「ワトキンス・レポート」には、この「信じがたい」状況を示す写真も掲載されている。巻頭の写真ページには、まずアメリカのニューヨーク近辺を通る立体的な高速道路の写真があり、そのあとに日本の道路の写真が続く。

日本の写真は、撮影地が明記してないが、見れば郊外と市街地で撮影したことがわかる。郊外の写真では、未舗装道路で土煙を上げながら走るバスや、雨の日にぬかるんだ路面を走るトラック、人々に押されてぬかるみから脱出しようとする乗用車などが写っている（写真3―17）。市街地の写真では、多くの自動車が路面を埋め尽くすかのように通る様子や、各方向に向かう自動車が混在して機能不全に陥った交差点などが写っている。

この郊外と市街地はいったいどこなのか。その答えは、2001年に出版された「ワトキンス・レポート」の復刻版に載っている。この復刻版には、当時調査に関わった当事者が寄稿した記事が載っている。

この記事（324ページ）には、郊外は国道1号、市街地は首都東京の写真だと記されている。国道1号は、1級国道のトップナンバーであり、日本3大都市を結ぶ主要幹線道路だ。写真にある粗悪な道路がそれであるとは、今では信じがたい。記事には「片田舎の風景をすき好んでとりあげたわけではない」とあり、「ワトキンス調査団のメンバァたちがあきれ返ったのも無理はない」と記されている。

この写真ページは、今見ても衝撃的だ。当時のアメリカの高速道路の写真を見てから日本の道路の写真を見ると、どうしようもないほどの状況の落差を感じずにはいられない。「ワトキンス・レポート」には、鉄道偏重の輸送体系も批判した箇所も複数ある。たとえば第1章では、日本の輸送体系の顕著な事実として、次の3つを挙げている（23ページ）。

① 鉄道の支配的地位
② 日本の道路の信じがたいほど貧弱な現状
③ 満足な道路の欠乏にもかかわらず自動車交通の成長が目覚ましい

このあとには次の文が続く。

高度に工業化された国において、このように鉄道輸送が全般的に卓越し、道路輸送がひどく遅れた状態にある著しい差異を示しているものは日本のほかにはない。

この文は、先ほどの文ほどは知られていないが、日本の輸送体系のいびつさを示したものと言えるだろう。

「ワトキンス・レポート」は、のちの名神高速道路の建設を後押ししただけでなく、その勧告が日本の道路行政に大きな変革をもたらした。これによって日本も、ようやく自動車の時代を迎え、自動車交通に適した道路が整備されただけでなく、全国に広がる都市間高速道路網が整備されることになったのだ。

日本では、弱点となる部分が長らく放置され、外国からそれを指摘されてから急にその克服に動き出すことがある。道路の整備はまさにそれだ。復刻版の323ページには、欧米、とりわけアメリカの言うことには耳を傾けるという風潮が、当時は今よりもはるかにあったと記されている。

窮地に陥った東京の街路

いっぽう東京も1950年代から自動車の時代を迎えたが、スムーズな自動車交通を実現できなかった。街路では自動車があふれ、渋滞が頻発した。

このような状況は年々悪化した。東京では戦後に人口が急増して都市化が進むだけでなく、自動車保有台数が増え続けた（図3―12）。ところが街路は未舗装区間や未開通区間があるまま長らく放置されており、23区の幹線街路の完成率は、1956年12月時点でわずか約21％にとどまっていた。既存の街路では交通処理能力が不足し、急激に高まる交通需要に対応できなかった。

ラッシュ時の自動車の走行速度は、混雑の激化によって年々低下した。それゆえ、1965（昭和40）年ごろには自動車交通が限界に達し、自動車に乗るよりも歩くほうが速く移動できるようになると予測された。これは当時、「昭和40年の交通危機」と呼ばれた。

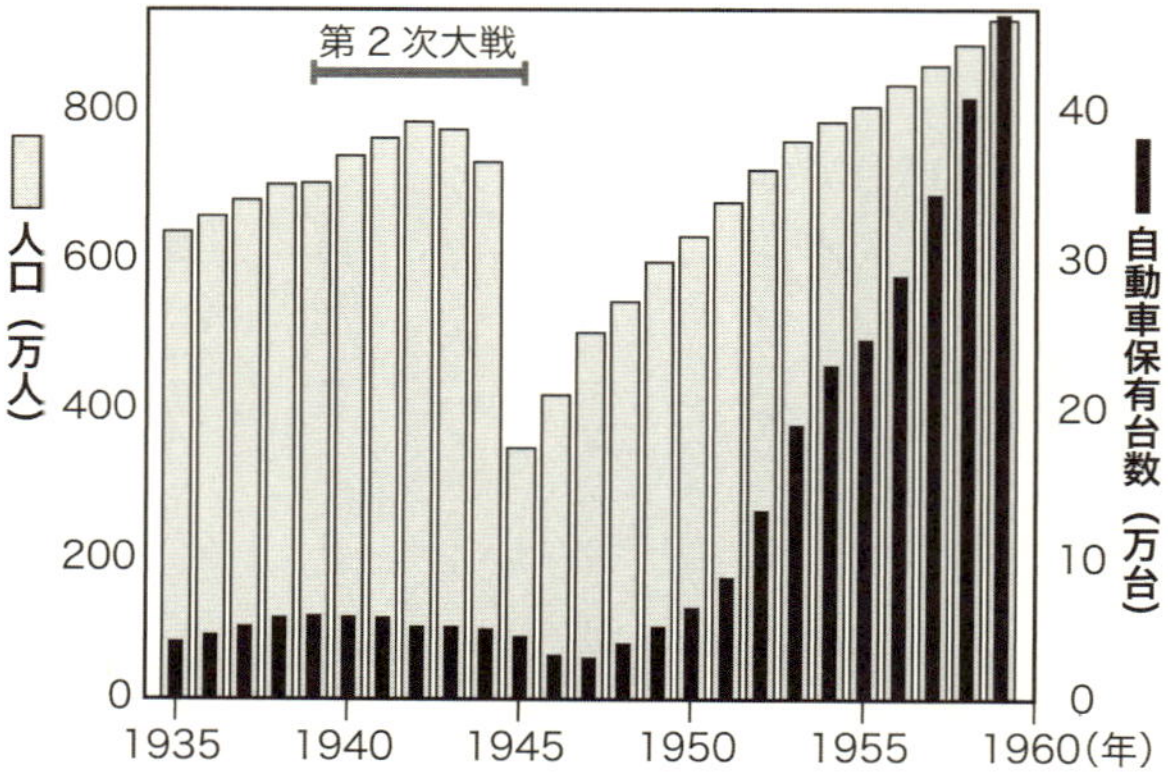

図3-12　東京都の人口と自動車保有台数の推移

東京都は、「昭和40年の交通危機」に対する緊急対策をまとめ、１９５８年に道路白書として発表した。そこに記された緊急対策には、街路の改良や新たな交通規制として、路面電車（都電）の停留所移設や軌道の撤去、交差点の改造や右折禁止、一方通行化などがあった。第２章で紹介した「右折に制約がある交差点」の多くは、おそらくこのとき生まれたのであろう。

これらの緊急対策は、抜本的な対策にはならなかった。その効果は、既存の街路の交通処理能力を10～20％程度増やして、交通が限界に達する時期を１～２年先延ばしにする程度にすぎなかったからだ。

とはいえ、幹線街路を短期間で新設・延伸して、不足した交通処理能力を補うのはきわめて困難だった。たとえば、23区で計画されていた都市計画道路（幹線街路と補助街路）をすべて完成させるには、当時約１兆円の事業費と約５

00年の時間がかかる（『首都高速道路公団二十年史』より）と予想されたので、それを短期間で実現するのは現実的ではなかった。

東京の街路は、それまで考えられた改良や対策ではもはや十分な機能を果たせなくなり、窮地に陥った。

首都高の誕生

そこで誕生したのが、首都高だ。

都市空間を立体的に利用し、新しい自動車専用道路を短期間につくる。街路や鉄道と立体交差して、交差点や踏切をなくし、自動車が入口から出口までノンストップで走行できるようにすることで、交通処理能力を高める。それらは従来の日本にない斬新な発想だった。

つまり首都高は、もともとは、東京の道路の不足分を短期間で補うための立体道路だったのだ。東京都が1959年に発表したPRパンフレット『東京都市高速道路の建設について』には、「都市高速道路は道路の交通能力をあげることが目的であって、高速度が目的ではない」と記されている。

このPRパンフレットでは、都市高速道路が必要になった要因の1つとして、道路率の低さも挙げている。道路率とは、総面積に対する道路面積の比で、市街地では25％程度（おそらくアメリカの主要都市の値）が「普通」であるのに対して、東京ではこれより低く、環状6号（山手通り）の内側は平均20％で、その外側では6～9％の「村」の状態であることも記されている。このことからも、市街地の街路が根本的に足りなかった状況を知ることができる。

首都高の整備は、このPRパンフレットが発表された1959年に決定し、まず「1環状8放射」の路線網を形成することになった（図3―13）。「1環状8放射」は、1本の環状線と8本の放射線で構成される総延長が約71㎞の路線網で、この環状線が、現在の都心環状線だ。

よく「首都高は東京五輪のためにつくられた」と言われることがあるが、これは正確ではない。そもそも首都高は、都市交通の改善が目的であり、五輪という一時的な行事のために整備されたものではない。その整備が決まったのは、五輪の招致が決まる直前であり、そのもととなる構想は、このあと述べるように戦前に存在していた。

ただ、五輪の招致決定によって、「1環状8放射」の一部が、五輪関連道路として優先的に整備されたのは事実だ。そのことが、首都高を短期間で整備する推進力になったと言っても過言ではないだろう。

五輪のような大規模行事は、道路整備のような公共事業を進める上での推進力になりやすい。公共事業は、一般的にはその必要性が理解されにくく、進みにくいのに対して、大規模行事があると、社会に許容されやすい。

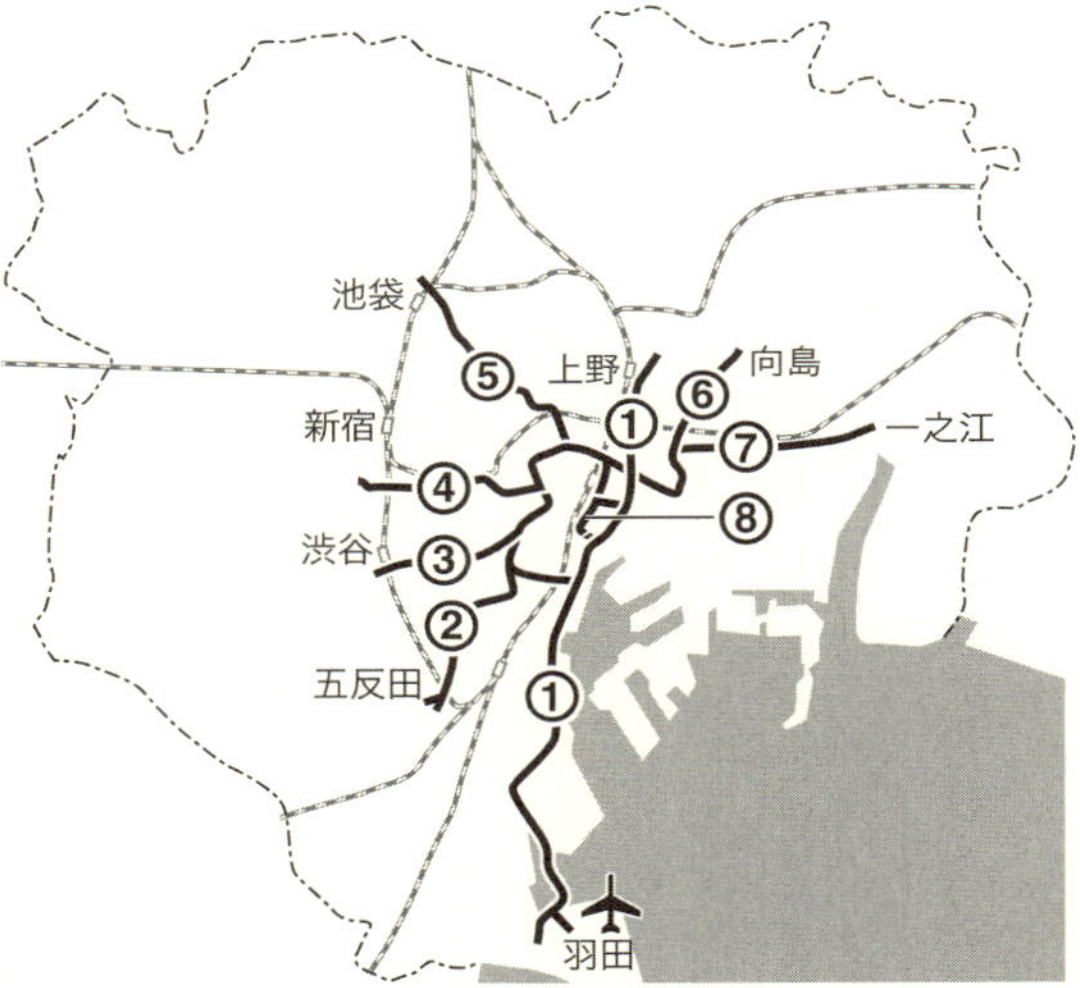

※現在の都心環状線は
放射線の集合体

図3-13　首都高の１環状８放射（1959年決定）

このことは、公共事業関連の資料でもよく記されている。２０１６年の五輪に向けて地下鉄を整備したリオデジャネイロのように、五輪を機に公共事業を進めた例は海外にも複数存在する。

首都高の「１環状８放射」は、既存の街路や水路、公園などの空間をフルに生かして短期間で建設された。そのうち五輪関連道路に指定された区間は、東京五輪の開会式の９日前に開通し、会期中の輸送ルートとなった。この詳細は、第７章でくわしくふれることにしよう。

第１章や第２章で紹介した「東京道路奇景」のうち、立体構造が特殊なものの多くは、首都高の整備で生まれた。つまり、街路が窮地に陥り、首都高でその交通処理能力を補う必要に迫られたことが、立体的な「東京道路奇景」が誕生する大きな要因になったのだ。

アメリカにあった首都高のモデル

先ほど紹介したCNNの記事「東京が世界一魅力的な都市である50の理由」には、26番目に「SFさながらの高速道路」として、首都高が次のように紹介されている。

首都の主要な区や周辺地域を、オフィスビルや歴史的建造物の間を縫うように走る『高速道路』で結ぶ。こんな発想は日本人にしか浮かばないだろう。

この最後の一文は、残念ながら事実ではない。なぜならば、首都高の発想の原点はCNNの本部があるアメリカにあったからだ。

『首都高速道路公団史』には、首都高の整備が決まる前に、東京に都市高速道路を整備する構想として次の3つがあったと記されている。構想した3人はみな、東京の都市計画に携わった人物だ。

① 山田正男氏構想「東京高速度道路網計画案」1938年

写真3-18　『東京都市高速道路の建設について』（1959年）に掲載された掘割式道路。同様の道路はシカゴにあり、構造が都心環状線の半地下区間に似ている

写真3-19　ニューヨークの高架道路「ウェストサイド・ハイウェイ」。入出路が中央分離帯寄りにある点が首都高に似ている

② 石川栄耀氏構想「大東京圏高速度自動車道計画」1940年
③ 近藤謙三郎氏構想「スカイウェイ構想」1949～1951年ごろ

これらの構想のモデルも、アメリカにあった。『首都高速道路公団史』には、①が「すでに開通していたニューヨークやシカゴの都市内高架高速道路」、②が「都心まで都市内高速が入り込んでいるニューヨークのハイウェイ」がモデルになったと記されている。③を構想した近藤氏は、ノン・クロス・ロードについて説明した論文「新しい都市の構成」で、交差点がない道路の例としてペンシルバニア・ターンパイクを挙げている。

先ほど紹介した東京都のPRパンフレット『東京都市高速道路の建設について』には、都心環状線の半地下区間に似た掘割式道路（写真3―18）や、高架橋が絡み合うJCTの写真が載っているが、撮影場所は記されていない。ただし、これらの写真に似た構造は、シカゴの都市高速道路にある。

ニューヨークでは、今から90年近く前に「ウェストサイド・ハイウェイ」と呼ばれる高架道路が存在した（写真3―19）。これは、マンハッタンの南西部を通る自動車専用道路で、1929年に開通した高架橋（現存しない）には、中央分離帯側から合流・分流する構造があった。これは、首都高ならではの「右側で合流・分流する構造」と似ている（図3―14）。

ボストンでは、「ウェストサイド・ハイウェイ」ができる前に、都市内を通る高架道路が計画されていた（図3―15）。その計画図に描かれた高架橋は、地平の街路の真上を並

掘割式道路（シカゴ）

ウェストサイド・ハイウェイ（ニューヨーク）

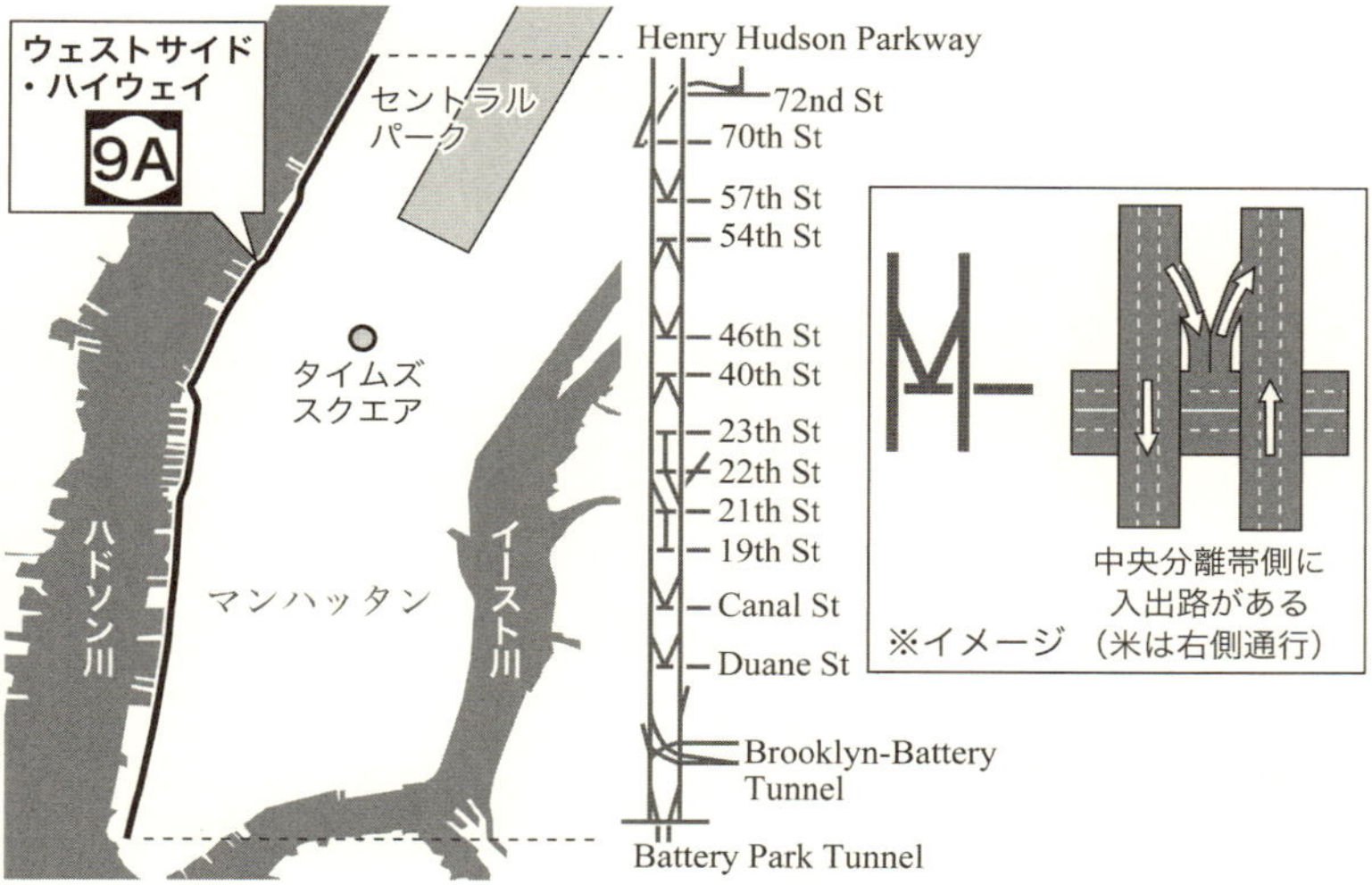

図3-14　ウェストサイド・ハイウェイの構造（全線開通時）

図3-15　1920年にボストンで計画された高架道路

行に通り、ビルの隙間をすり抜けている。この道路の2層構造は、第2章で紹介した六本木付近とよく似ている。なお、現在のボストンには、1950年代から建設された「セントラル・アトリー（中央幹線）」と呼ばれる自動車専用道路が中心地を通っている。

こう見ると、アメリカの道路が首都高に大きな影響を与えたことがよくわかる。ただし、先ほどの『東京都市高速道路の建設について』には、次のように記されている。

市街地内の交通処理を主目的とした都市高速道路は東京が世界で最初です。

この「市街地内の交通処理を主目的とした」というのがポイントだ。アメリカで都市内を通っていた高速道路は、都市間高速道路とも接続しており、他の都市からもアクセスできる構造になっている。いっぽう首都高は当初、他の都市とはつながらず、東京のみで独立したスタンドアローンの都市高速道路として整備されたのだ。

3・3 渋滞と奇景

首都高は、東京の救世主として誕生し、街路がカバーできなかった交通や都市機能の不足分を補ったが、1970年代に入ると、首都高でも渋滞が起きてしまい、その機能を十

セントラル・アトリー（ボストン）

分に発揮できなくなった。

なぜこうなってしまったのだろうか。首都高と街路に分けて、その原因を探ってみよう。

なぜ首都高が渋滞したのか

まずは首都高から見ていこう。

首都高で渋滞が発生した大きな要因には、役割の変化がある。つまり、当初予定されていなかった役割をあとで担うようになり、交通量が予想以上に増えて渋滞が発生してしまったのだ。

この背景をかんたんに説明しよう。

首都高は、先ほども紹介したように、「市街地内の交通処理を主目的とした都市高速道路」として整備された。つまり、都市間高速道路とつながることを想定した道路ではなかったのだ。

ところがその後、首都高は都市間高速道路とつながり、市街地内だけでなく、都市間の交通も処理しなくてはならなくなった。これによって郊外から都心に向けて多くの車両が流入し、都心の交通量が増加し、渋滞が起こるようになったのだ。

首都圏では、首都高の「1環状8放射」とは別に、「3環状9放射（図3—16）」と呼ばれる幹線道路網が計画され、1963年に整備が決定した。

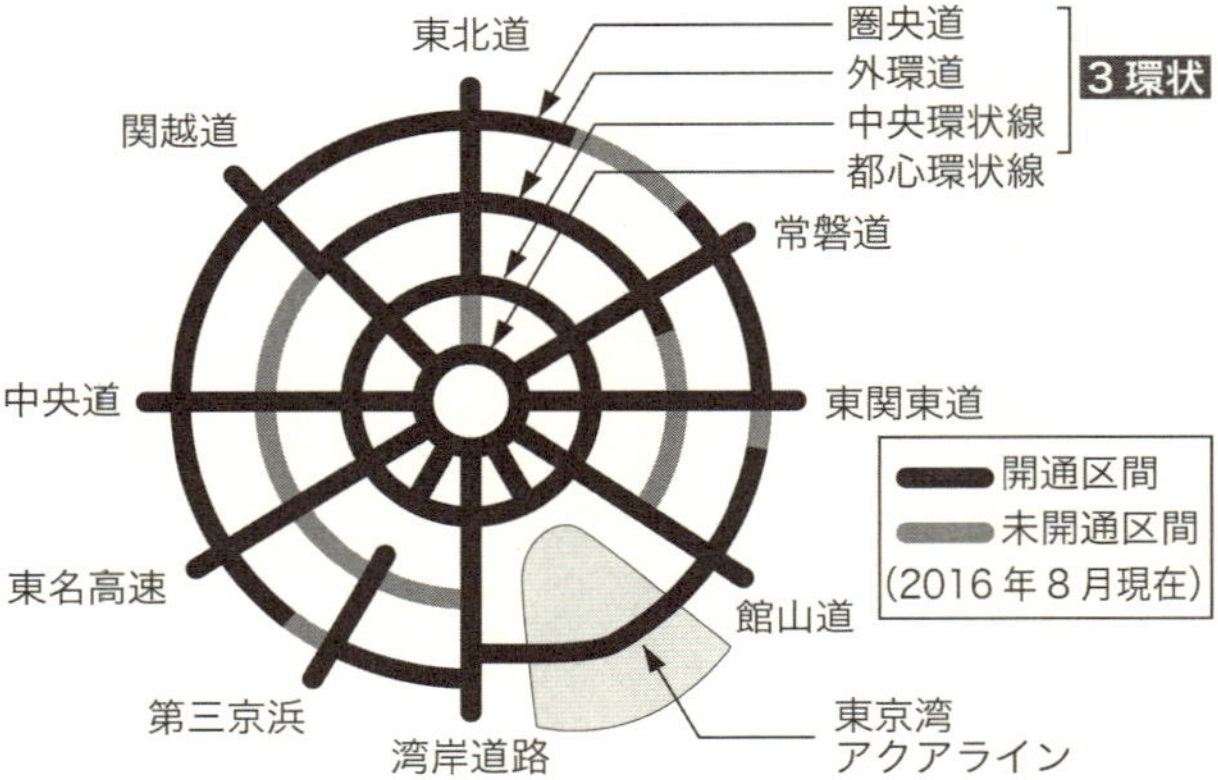

図3-16　3環状9放射

「3環状」は、同心円状に広がる3つの環状線だ。都心環状線の外側を通り、内側から中央環状線・外環道・圏央道と呼ばれている。「9放射」は、郊外に延びる9本の放射線（東名高速・中央道・関越道・東北道・常磐道・東関東道・館山道・東京湾岸道路・第三京浜）のことだ。その多くが都市間高速道路で、全国に広がる高速道路網の一部となっている。「3環状」は、「9放射」と接続し、都心を迂回するルートをつくるとともに、交通量を分散させる役割があった。

つまり、この「3環状9放射」が早期に完成していれば、全国に広がる高速道路網が郊外で完結するはずだったのだ。外環道と圏央道ができれば、都市間高速道路から都市間高速道路へと移動するルートが形成できるはずだった。

ところがそうは行かなかった。「9放射」

は早期に開通したものの、「3環状」の整備は沿線住民の反対にあい、遅々として進まなかった。都心を迂回するルートが形成されないまま、「9放射」が先にできてしまったのだ。

いっぽう首都高は、「1環状8放射」の放射線の一部が延伸して、東名高速や中央道、東北道、常磐道、東関東道とつながった。この延伸はもともと、複数の都市間高速道路を受け止める外環道が早期に完成することを前提としたものだった。

しかしながら、外環道の整備が遅れ、その前提は崩れてしまったので、首都高は全国に広がる高速道路網を受け止める存在になってしまった。中央環状線や圏央道の整備も遅れたまま、都市間高速道路と首都高が直結したので、郊外から都心に流入する車両が増えた。

これによって首都高では交通量が増加し、渋滞が発生した。とくに都心環状線は、放射線を受け止めるハブであるゆえに、郊外から郊外へと移動する車両のルートにもなり、渋滞が頻発した。首都高会社の調査によれば、都心環状線を通行する車両のうち、約6割は都心に用事がない車両だった。

これらの大きな原因は、高速道路の整備の足並みがそろわなかったことだけでなく、その必要性が地域住民に理解されなかったことにもあるだろう。高速道路の整備は、鉄道の整備ほど沿線に恩恵をもたらすものではないし、その必要性も沿線にとってはわかりにくいからだ。

高速道路の整備が反対されたのは、時代性も関係あるだろう。「3環状9放射」の整備が決まったのは、東京五輪開催の前年。人々が豊かさを求めた高度経済成長期の真っ只中であり、今からは考えがたい熱気が日本にあったいっぽうで、自動車などによる大気汚染が大きな社会問題になっていた。それゆえ、反対運動が激しくなりやすかったのだろう。

計画変更で生まれた長大トンネル

首都高の渋滞は、大きな社会問題になった。東京のみならず首都圏の自動車交通を混乱させてしまったからだ。

それを解決するには、まず「3環状」の早期整備による迂回路の形成が必要だった。

そこで、「3環状」の一部では、工事が難航した区間の構造を見直し、高架橋をトンネルに変更して、工事が進められた。道路を地下化して、沿線の環境に与える影響を最小限にすることで、沿線住民の理解を得たのだ。第1章で紹介した山手トンネルは、この構造の見直しで生まれたものの代表例だ。

なお、「3環状」はまだ完成していない。中央環状線は2015年3月に全線開通したが、2016年9月時点では、残りの外環道や圏央道はまだ全線開通を果たしていない。一番外側を通る圏央道は、郊外を通ることもあり、着々と延伸を繰り返している。いっぽう外環道は、東側の千葉県区間は大部分が地上区間で、工事が着々と進んでいるが、西側の東京都区間は住宅街の真下の大深度地下を通る地下区間に変更され、工事が難航している。

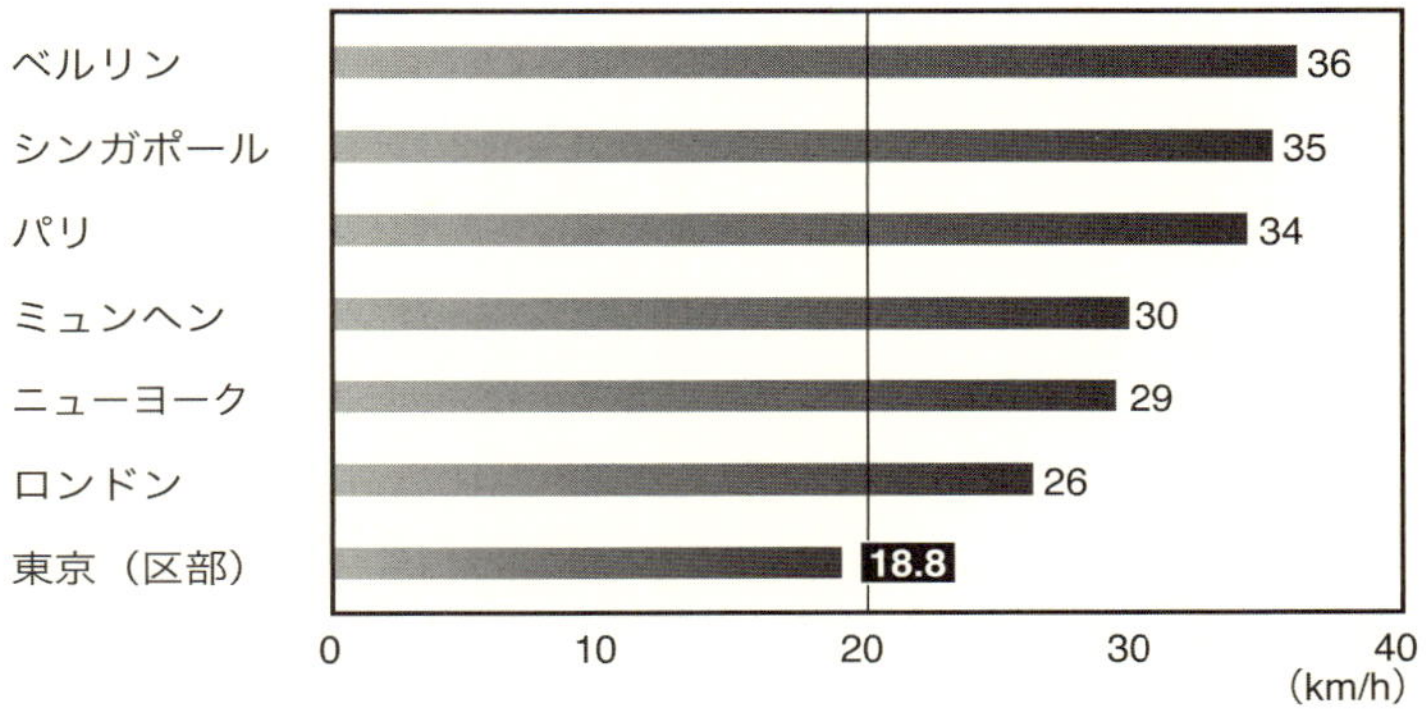

出典：「2020 年の東京」，「自動車交通研究 2010」，「平成 17 年度道路交通センサス」，「国土審議会第 19 回計画部会資料（平成 19 年 1 月）」，「NYMTC Best Practice Model - Final Report 2005」
備考：東京とニューヨークは 2005 年，その他の都市は 2000 年

図 3-16　主要都市の平均旅行速度

なぜ街路の渋滞は解消されないのか

次に、街路を見ていこう。

東京では、街路でも渋滞がよく起こる。近年は徐々に解消されつつあるが、それでも交通量が多くなるラッシュ時には、車両の流れが悪くなり、渋滞が起きやすくなる。

この大きな原因は、やはり街路整備の遅れだ。「はじめに」でふれたように、東京都では、都市計画法に基づいて計画された都市計画道路がまだ6割しか完成していないので、第2章で紹介したような未開通区間が多数残っている。街路のネットワークが未完成で、欠損箇所が多いことは、車両の流れを悪化

させたり、交通量が一部に集中する要因にもなっている。

東京の街路がどれだけ渋滞しやすいかは、世界の主要都市における自動車の移動速度（平均旅行速度）を比較するとよくわかる。渋滞が発生しやすい都市では、平均旅行速度が下がるからだ。

図3―17は、世界の主要都市の平均旅行速度をくらべたグラフだ。ここに示した都市の中では、ベルリンが一番速く、東京が一番遅い。ロンドンは、東京に次いで遅い。街路網の状況が、そのまま数字に表れているのだ。

都市に生まれた歪みと奇景

ここまでは、明治維新から現在までの東京の歴史を、かなりざっくり紹介した。紙幅の関係でだいぶ割愛した部分があるが、日本の道路や、東京の都市計画や道路整備のおおまかな流れを筆者なりにまとめたつもりである。

以上の話から、東京という都市の特殊性が「東京道路奇景」だけでなく、渋滞という問題を生んだことがおわかりいただけたであろう。そう、封建都市から近代都市に短期間で改造しきれなかったことや、街路の整備が遅々として進まず、都市や交通の変化に追従できなかったことなど、東京に生じたさまざまな歪みが、「東京道路奇景」や渋滞として表に出てきているのだ。

「東京道路奇景」や渋滞は、表裏一体の関係とも言えるだろう。渋滞は多くの人にとってネガティブなものであるいっぽうで、「東京道路奇景」は見て楽しむこともできるポジティブなものとも考えられるし、ともに街路整備の遅れと密接な関係があるからだ。

言い換えれば、「東京道路奇景」を見て楽しみ、それができた背景を探ることができれば、東京という都市の意外な面白さが見えてくるだろう。たとえ街路が貧弱で、欠陥が目立っても、東京はロンドンやニューヨークをしのぐ人口が世界最多級の都市として機能し、今もその姿を変え続けているからだ。

コラム　幻の8号線

▽路線図にない8号線

首都高の路線図には、名前が記されていない路線がある。それが8号線だ。

東京都を通る首都高の路線は、湾岸線（B）や八重洲線（Y）を除き、1号線から12号線まであるが、8号線だけが路線図に載っていない。

ただし、8号線は存在する。京橋JCTで都心環状線から分岐して、東京高速道路に至る0・1㎞（100m）が8号線だ（図3―18）。

首都高8号線

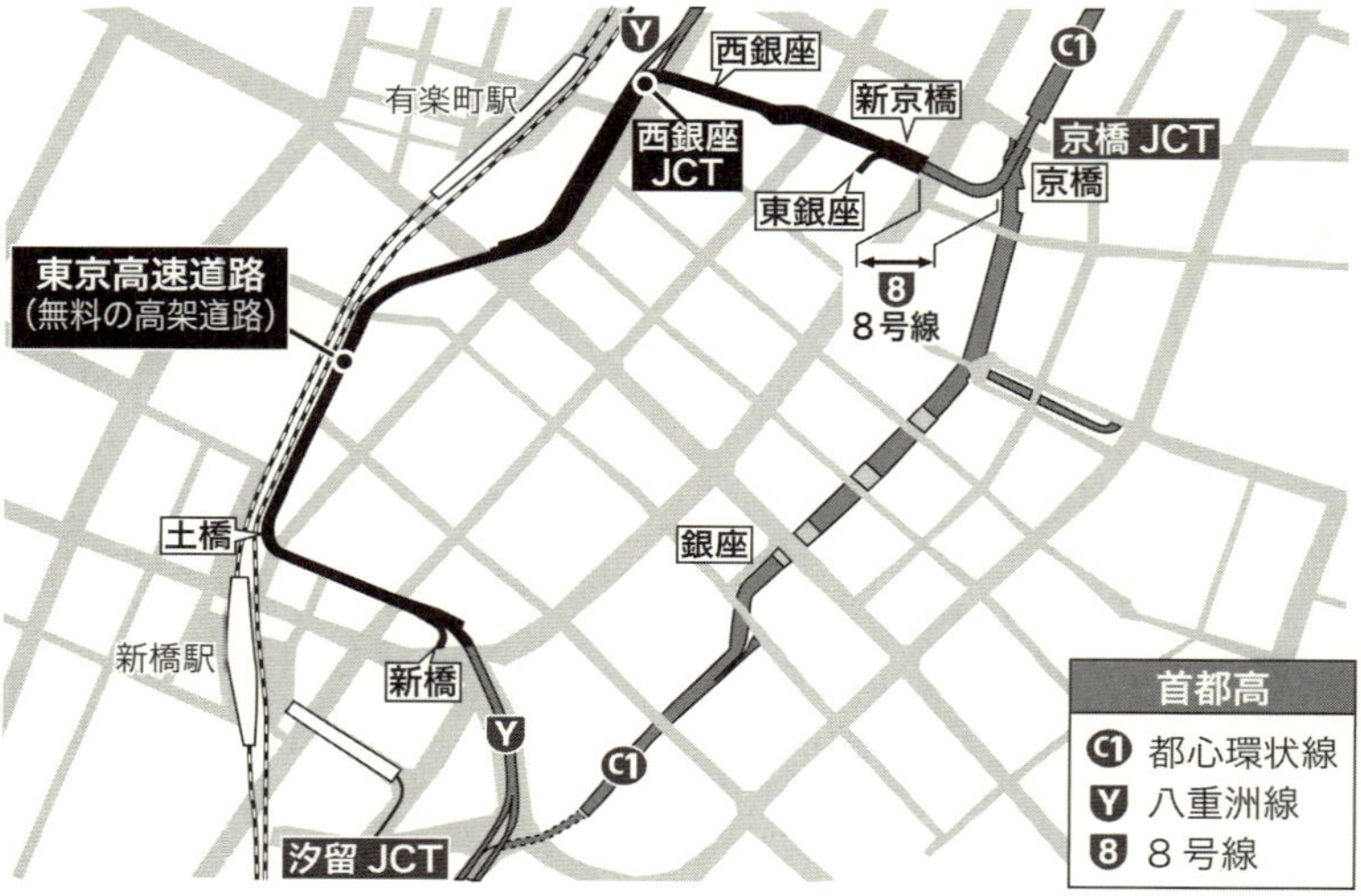

図3-18　首都高8号線と東京高速道路

なぜ8号線はこれほど短いのか。その理由は、東京高速道路と呼ばれる道路の歴史と密接な関係がある。

▽東京高速道路と不明瞭な歴史

東京高速道路は、「ＫＫ線」という通称で呼ばれる自動車専用道路だ。東京で最初に河川を干拓してつくった道路で、銀座付近を流れていた3つの河川（築地川・外堀川・汐留川）を干拓して建設された。最初の区間が開通したのは1959年で、首都高より早かった。河川を干拓して交差点がない道路をつくったという点では、首都高の半地下区間のプロトタイプと言えるかもしれない。

写真3-20　高架下の商業施設（東京高速道路・西銀座）

東京高速道路はユニークな道路だ。全区間が高架式で、全長が約2㎞しかない。「高速道路」と名乗っているが、最高速度は全区間で時速40㎞に制限されている。首都高とは3カ所で直結しているので、あたかも首都高の路線であるかのように見えるが、首都高会社とは別の民間企業（東京高速道路株式会社）が運営している。

しかも、この道路は通行料金が無料だ。その理由は、道路の下にある。

東京高速道路の高架下には、商業ビルがあり、まるで城壁のように帯状につながっている。ただし、商業ビルは街路で分断されており、そこを境に「銀座ファイブ」や

「NISHIGINZA（西銀座）」、「銀座インズ1」などの名前がつけられている（写真3―20）。

この商業ビルは14あり、そこに400以上のテナントが入居している。テナントには、店舗やオフィス、駐車場などがある。

東京高速道路株式会社は、道路だけでなく、これらの商業ビルも管理している。つまり、テナント料で得た収入で、道路の維持費を賄っているので、通行料金が無料なのだ。

東京高速道路には、もとになるアイデアが存在した。『東京高速道路三十年のあゆみ』には、戦後に銀座付近の街路の混雑が激しくなったことから、銀座付近の河川を干拓して道路やビルを新設する「スカイウェイ・スカイビル構想」が生まれ、その規模を縮小することで東京高速道路が計画されたことが記されている。東京高速道路のウェブサイトには、「(同社は）財界人23名が発起人となって、銀座の復興と飽和点に達した自動車交通量の緩和を目的とし、昭和26年12月に設立されました」と記されている。

東京高速道路は、街路や首都高とはちがい、道路運送法という法律に基づいて免許を取得して建設された。東京都の都市計画道路ではなく、私営の自動車専用道路だったからだ。民間企業が東京都の河川を干拓して道路をつくるには、特殊な手続きが必要だった。

ただ、この手続きには不明瞭な点があったため、当時の新聞が「東京都の七不思議の1つ」と批判した。

当時の状況を知る資料の一つに、山田正男氏（1913―1995）の証言をまとめた書籍『東京の都市計画に携わって：元東京都首都整備局長・山田正男氏に聞く』がある。山田氏は、東京の都市計画や、首都高をふくむ道路整備を語る上でかならずと言っていいほど名前が挙がるキーパーソンだ。東京都の建設局長や首都整備局長、そして首都高速道路公団の理事長を歴任し、第1章で紹介した新宿駅西口広場や新宿副都心の整備に携わった。

山田氏は、東京都と東京高速道路が契約したあとに内務省から東京都に赴任した。この書籍では、この契約の不明瞭さを批判した上で、東京高速道路の問題について具体的に語っている。

東京高速道路が通るルートは、のちに首都高の整備計画に組み込まれた。第3章で紹介した1環状8放射が1959年に決定したときに、それが8号線の大部分を占めることになったのだ。

山田氏は同書籍で、その経緯を次のように語っている。

そこでこれを収めるにはどうしたらよいかと考え、別途首都高速道路網を決めて、最初にあれを首都高速道路網の中に入れたらだめで、追ってこれは後で仲間に入れてやって、道路運送法の道路もあえて間違いではなかったという形におさめるしか仕方がなかった。（75ページより引用）

写真3-21　8号線の急な下り坂。下に見えるのは都心環状線

ところが東京高速道路は、現在もまだ首都高の「仲間」にはなっておらず、独立で運営されている。これは筆者の推測だが、建設された経緯が特殊で、長らく無料の道路として運営されていたので、経営統合が難しかったのだろう。

8号線は、もともとは延長約2・6㎞の路線として計画されたが、東京高速道路の区間を差し引いた結果、残り0・1㎞だけが首都高の路線として整備された。現在の8号線が極端に短いのはこのためだ。なお、東京高速道路と汐留JCTの間は、もともと2号線の一部として計画された区間で、現在は八重洲線の一部になっている。

現在の8号線は、首都高の路線

図で、路線名の表記が割愛されるような存在にすぎない。ただ、そこには都市計画者を悩ませた複雑な歴史が凝縮されているのだ。

▽ジェットコースターのような下り坂

そんな8号線にも、「東京道路奇景」がある。まるで頂上に上り詰めたジェットコースターのように、自動車が高架橋から半地下に向かって高度を一気に下げる急な下り坂があるのだ。

東京高速道路から8号線を通って都心環状線に向かうと、あたかも道路が中空でプッツリと切れているように見える場所がある。ほぼ水平だった路面が、その先で急に下がっているからだ。

そこに接近すると、突然目の前に急な下り坂が出現する（写真3―21）。都心環状線の半地下区間に架かる橋を避けるため、地平よりも高い高架橋の上から、地平よりも低い半地下の道路まで、短い距離で高度を下げなくてはならず、勾配が急になっているのだ。自動車がこの下り坂に差し掛かると、重力によって滑り落ちるように走る。ドライバーからは、目の前に半地下の道路と、その沿線に建ち並ぶビルが見え、徐々に接近してくるように見える。

それを体験したドライバーの中には、それをスリリングだと感じた人もいるだろう。なお、逆方向の上り坂は、路面の先が常に見えることもあり、下り坂ほどのインパクトはない。

第4章
壮大な構想から生まれた奇景・海ほたる

海ほたる（写真提供：NEXCO東日本）

第3章までは、「東京道路奇景」の全体像をご紹介した。これで「東京道路奇景」の概要や、それができた歴史的背景がおおまかにおわかりいただけたであろう。

ここからは「東京道路奇景」の実例を見ながら、さらに掘り下げてみよう。それぞれができた歴史的背景を探ると、ふだんは気づきにくい東京という都市の特徴が見えてくるだろう。

4・1 道路とつながった人工島「海ほたる」

航空機からも見える大型客船のような島

本章で紹介する「東京道路奇景」は、「木《き》更津《さらづ》人工島」、愛称「海ほたる」だ（写真4—1）。海（東京湾）の上にありながら、道路を通じて陸地とつながっている珍しい人工島だ。

「海ほたる」は、航空機の窓から見えることがある。ちょうどこの近くが航空航路になっており、航空機が羽田空港に南側からアプローチするときに高度を下げ、「海ほたる」付近の上空を飛行するからだ。

航空機の窓から「海ほたる」を見下ろしてみよう。それは広い海に浮かんでおり、一部

▶バス
高速バス（木更津〜川崎）
海ほたる

海ほたる
（木更津人工島）

写真4-1　東京湾に浮かぶ「海ほたる」。奥に見える陸地は千葉県木更津市（写真提供・NEXCO東日本）

が大型客船のデッキのような形をしている。陸地とは、まっすぐ延びる長い橋でつながっており、その上にはアスファルト舗装された道路がある。この道路は、海上でほぼ同じ高さを通るが、「海ほたる」の手前では周囲より少し高くなり、そこからまるで海に潜り込むかのように島の深い部分へと沈み込んでいる。

これはかなり不思議な光景だ。「海ほたる」の正体を知らず、初めて見ると、このような巨大建造物をつくった理由はさっぱりわからないだろう。この島には、わざわざ長い橋でつなぐほどの何かがあるのか。なぜ大型客船に似た構造があるのか。なぜ道路が海に潜

海ほたる
公式サイト

り込むような構造になっているのか。考えれば考えるほど、余計に混乱する人もいるだろう。少なくとも外国人には奇異なものに思えるはずだ。

ご存知の方もいるだろうが、ここであらためて説明しよう。

「海ほたる」は、東京湾を横断する道路の途中にある（図4―1）。その道路の名は、「東京湾横断道路」、愛称「東京湾アクアライン」。神奈川県川崎市と千葉県木更津市を結ぶ、全長約15・1㎞の自動車専用道路だ。川崎側には約9・1㎞の海底トンネル（アクアトンネル）があり、木更津側には約4・4㎞が海上を渡る橋（アクアブリッジ）がある。「海ほたる」は、トンネルと橋の境界にある。

航空機から見えるのは、「海ほたる」と「アクアブリッジ」だ。道路が海に潜り込むような構造になっているのは、「アクアブリッジ」と「アクアトンネル」を接続するため、海上から海底に続く坂をつくったからだ。

島全体がパーキングエリア

「海ほたる」は長方形の島で、幅は100m、長さは650mある。第1章で紹介した大橋JCTのコロッセオのような建造物（幅130m×長さ175m）とくらべると、幅はやや狭いが、長さは4倍近くある。

この島は、全体がパーキングエリア（PA）の役割を担っており、「海ほたるPA」と

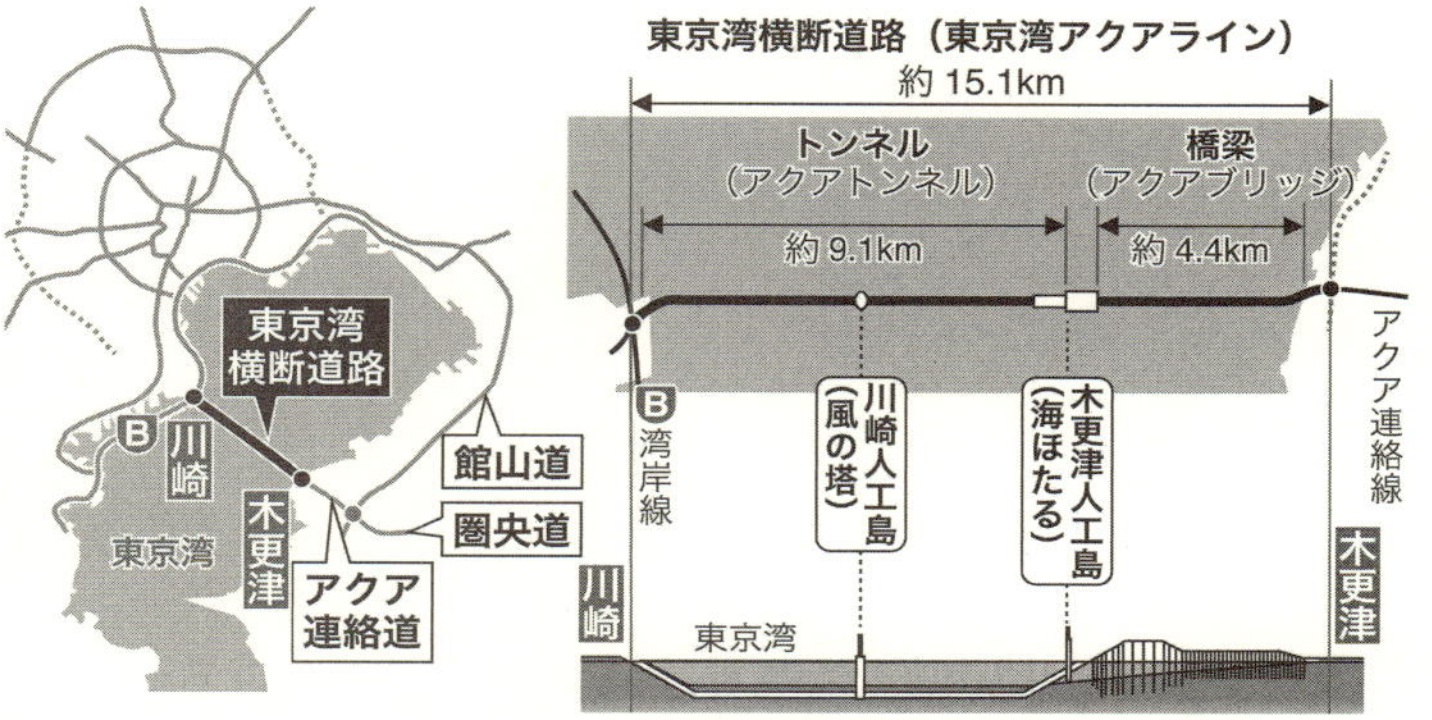

図4-1　東京湾横断道路（東京湾アクアライン）

も呼ばれている。島の限られた面積にＰＡの設備を収めるため、建物は5層構造（地上5階建て）で、地上１～３階に駐車場、地上４～５階に店舗が入っている。駐車場と「東京湾アクアライン」の本線は、緩やかなカーブを描く道路（入出路）でつながっており、車両が全方向から出入りできる構造になっている。

この建物は、豪華客船をイメージして設計されており、最上階の地上5階は船のデッキのような展望台になっている。

この展望台に立つと、あたかも大型客船に乗っているかのように錯覚する。見渡す限り海だからだ。

展望台は周回できる構造になっており、そこに立てば、海の奥に広がる東京・神奈川・千葉のビル群や工業地帯を見渡すこともできるし、天気がよければ富士山も見える。周囲の海上では多くの船が航行しているので、この展望台も

写真4-2　海ほたる展望台から見たアクアブリッジ

あたかも船上であるかのように思えてくる。

ただし、この展望台から東側の木更津方向を見ると、ここが船上でないことがわかる（写真4―2）。その方角を見下ろすと、そこには駐車場や、そこに続く入出路、「アクアブリッジ」に続く「東京湾アクアライン」の本線があるからだ。

「海ほたる」をふくむ「東京湾アクアライン」が建設された背景には、壮大な構想が存在した。東京湾の3分の2を埋め立て、そこに日本の新しい首都をつくるという、途方もないほど規模が大きいアイデアがあったのだ。東京湾を横断する道路をつくる計画は、そこから派生して生まれた。

では、東京湾を埋め立てるという発想は、どのような背景で生まれたのだろうか。1950年代の東京にさかのぼって探ってみよう。

4・2　東京湾に新しい首都を築く構想

膨れ続けて危機に陥った首都

東京では、1950年代にさまざまな都市問題が発生し、都市機能の維持が難しくなった。これまでにも繰り返し述べたように、戦後に人口が急増し、都市化が急速に進んだものの、それを支える道路などの社会基盤の整備が追いつかなかったからだ。

このことは、日本全体にとっても大きな問題だった。東京は、日本の政治・金融・商業の中心地であるだけでなく、軽工業から重工業まであらゆる工業を集積した地域に隣接した都市でもあったからだ。

当時の東京では、都市問題が悪化する一方だった。人口が増える勢いが止まらず、都市が膨れ続けたからだ。また、市街地の多くはすでに建物で埋め尽くされており、人口の受け皿となる住宅地や、戦後息を吹き返した工業を支える工業用地を新たに確保することは困難だった。

東京湾を埋め立てて新しい首都をつくる

そこで、東京湾を埋め立てて新しい首都をつくるという大胆な構想が生まれた。その詳細は、１９５８年から１９５９年にかけて記された「東京湾埋立についての加納構想」に記されている。目先にある数年ではなく、50年後や１００年後を見据えている点が斬新だ。その一部は、次のように要約できる。

東京湾を埋め立てて広い土地を確保できれば、そこで日本の首都をつくりなおすことができる。住宅地や商業地、工業地なども新たに確保できる。周囲の陸地と結ぶ交通路を整備すれば、既存の市街地とも連携できる。

埋め立てに必要な土は、房総半島の山々を削って入手し、船で運ぶ。山々は、地下で核爆発を起こして緩ませ、岩石を掘りとる（地下爆発だから人体に放射線の影響はない）。

まるでＳＦ小説のような構想だ。当時はそれを真剣に考えるほど切羽詰まった状況があったのだろう。ただし、地下での核爆発が本当に人体に影響しないかについては、疑問が

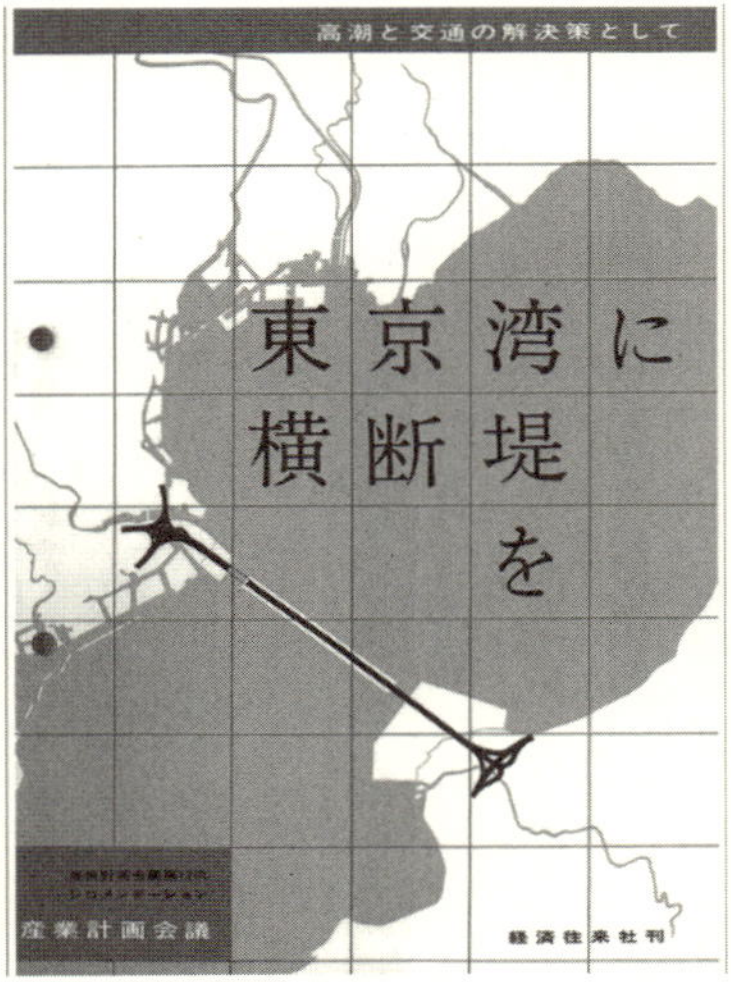

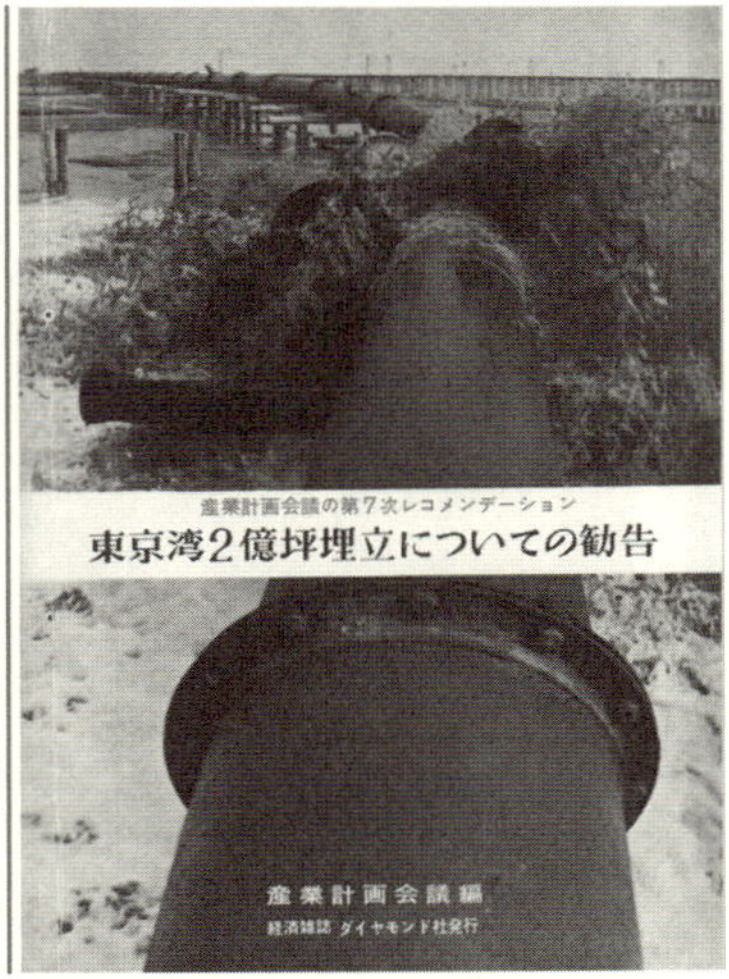

図4-2　産業計画会議の勧告。右は第7次、左は第12次（資料提供：一般財団法人電力中央研究所）

残る。

先ほどの「加納構想」には、海外の実例も記されている。オランダは領土の3分の1を干拓でつくった。インドでは新しい都市（ニューデリー）の建設のため、ヒマラヤ連峰続きの山の岩石を発破し、沼田を埋め、平地をつくった。つまり、突飛に思えるが、前例を踏まえた構想だったのだ。

この「加納構想」を唱えた人物が、加納久《ひさ》朗《あきら》氏（1886―1963）だ。千葉県出身の政治家で、銀行員時代に海外赴任を経験し、国際決済銀行の副会長や、日本住宅公団（現都市再生機構・UR）の初代総裁、千葉県知事を務めた人物だ。「加納構想」は、彼が日

産業計画会議勧告一覧・電力中央研究所

本住宅公団の初代総裁だったときに唱えたものだった。

産業計画会議は、この構想を参考にして１９５９年7月に提言書をまとめ、政府に勧告した。それが『第7次・東京湾2億坪の埋め立てについての勧告』だ（図4―2）。この巻末の付記には、先ほど紹介した「加納構想」が掲載されている。

この勧告をした産業計画会議は、戦後日本の再建を目的に設立された私設シンクタンクで、「電力の鬼」と呼ばれた松永安左《やすざ》エ《え》門《もん》氏（１８７５―１９７１）が主宰し、各界のブレーンが名を連ねていた。当時は政府に対する影響力が大きく、１９５６年から１９６５年までの9年間にまとめられた14の勧告の中には、第5章で紹介する成田空港や、国鉄民営化のように、のちに実現したものがある。勧告は、松永氏が設立した電力中央研究所のウェブサイトで公開されているので、興味がある方はご覧いただきたい。

ここで話を戻そう。

先ほどの『第7次・東京湾2億坪の埋め立てについての勧告』には、東京湾を埋め立てる構想が具体的に記されている。まず東京湾（3億坪）の3分の2にあたる2億坪を埋め立てて、広い土地を確保する。そして、道路・鉄道・港湾・空港やライフラインを整備し、住宅地や商業地、工業地を効率よく配置する。そんな新しい都市づくりの流れが、詳細に書かれているのだ。

また、この勧告には、「ネオ・トウキョウ・プラン」と称する構想の地図が載っており、「8」の字型の高速自動車道路が記されている（図4―3）。この道路は、横須賀から富津まで

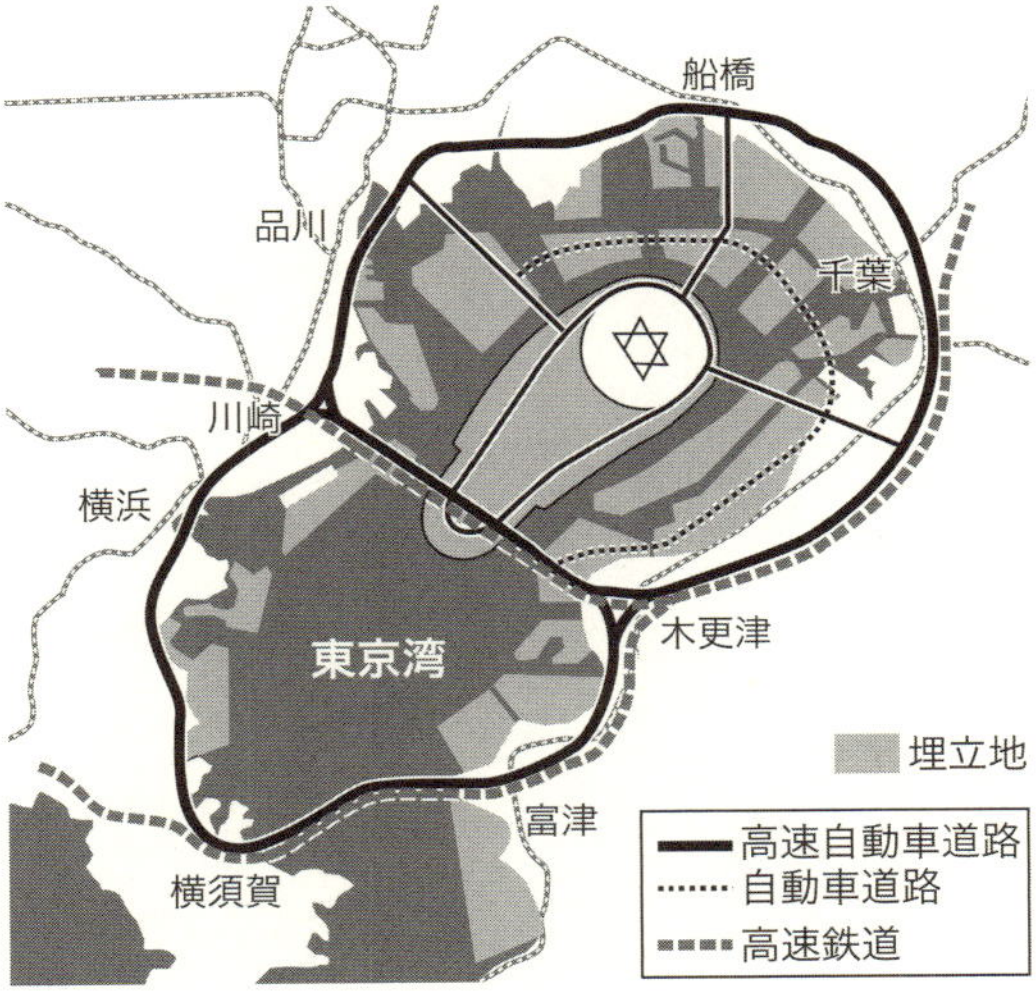

図4-3　ネオ・トウキョウ・プラン

東京湾岸を通るだけでなく、２つのルート（川崎・木更津間と横須賀・富津間）で東京湾を横断している。

東京湾を横断する道路の構想は、この時点で存在していたのだ。

東京湾に海上都市をつくる『東京計画１９６０』

東京湾に新しい都市をつくる構想は、ほかにも存在した。その１つが、東京大学の丹下研究室が１９６１年に発表した『東京計画１９６０』だ（写真４―３）。この研究室のリーダーだった丹下健三氏（１９１３―２００５）は、日本を代表する建築家で、第１章で紹介した東京都庁の設計も手がけた人物だ。

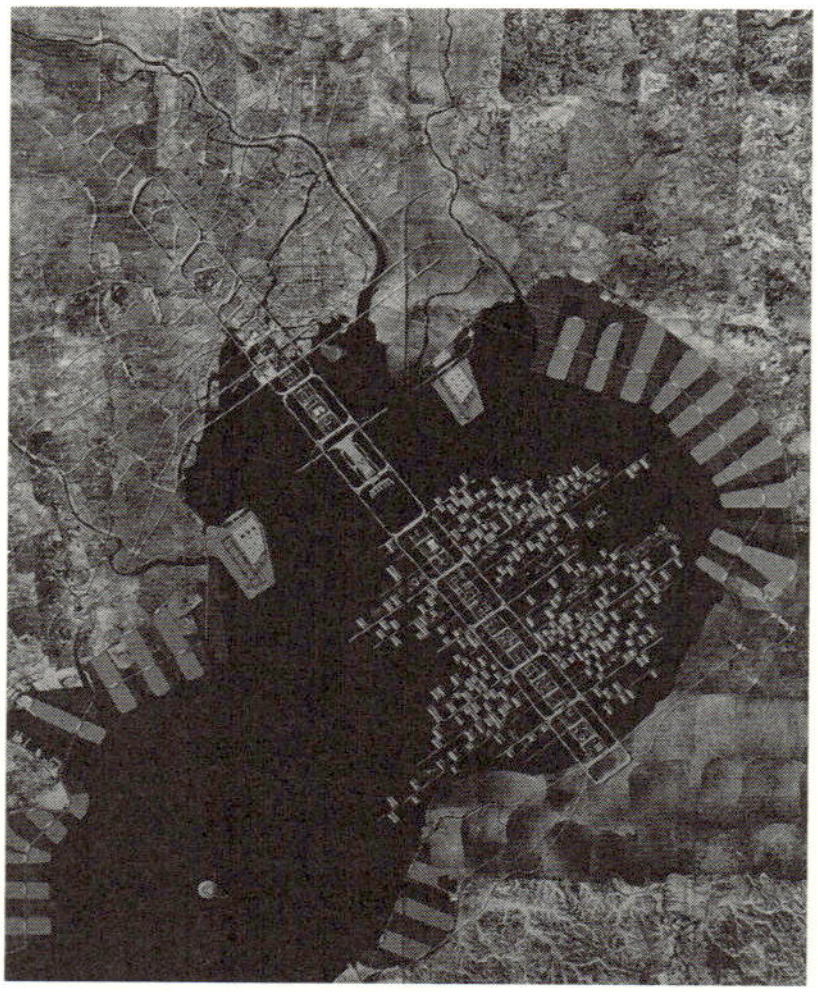

写真4-3　『東京計画1960』（写真提供：丹下都市建築設計、撮影：川澄明男）

『東京計画１９６０』は、東京湾に海上都市をつくる構想だ。東京都心から木更津方面に向かって、東京湾に梯子のような交通路をつくり、都市と建築を有機的につなぐという斬新なものだった。

丹下氏の影響を受けた建築家の中には、「メタボリズム」と呼ばれる建築運動の中心になった人物もいた。「メタボリズム」とは、「新陳代謝」を意味する生物用語が語源で、生物が環境に素早く適応するように、建築や都市も次々と姿を変えながら増殖することをイメージして、理想の都市像を探るものだった。『東京計画１９６０』は、「メタボリズム」の代表例の1つとされる。

筆者は建築や都市計画の専門家ではないので、これはあくまでも筆者なりの解釈であるが、『東京計画1960』で梯子のような構造を採用したのは、おそらく海上都市に「伸びしろ」を持たせるためだろう。必要に応じて交通路を延伸させれば、都市をフレキシブルに拡張できる構造だからだ。

東京湾に横断堤をつくる構想

いっぽう産業計画会議は、1962年の『第12次勧告・東京湾に横断堤を整備せよ』を政府に勧告した。これは、川崎・木更津間に東京湾を横断する防潮堤（横断堤）を設置し、高潮に備えることを提案するものだった。

この勧告は、前の第7次勧告の規模を縮小したものと考えられる。川崎・木更津間は、先ほど紹介した「8」の字型の幹線道路の一部だからだ。

高潮に備えることを提案したのは、伊勢湾台風の影響だ。伊勢湾台風は、第7次勧告の直後の1959年9月に発生し、愛知・三重両県に甚大な被害をもたらした。もし同様の被害が東京に及べば、日本の首都機能が失われて混乱が生じる。それを防ぐために、高潮を防ぐ防潮堤の設置を勧めたのだ。

構想された防潮堤は、東京湾を完全に横断するものではなく、川崎側の一部が切れており、道路が海底トンネルを通ることになっていた。東京湾は、船舶の重要な航路があるだけでなく、漁場でもあるので、それらを妨げないように一部だけ防潮堤を設けないことにしたのだ。

川崎・木更津間の接続は、「8」の字型の道路にふくまれていたもういっぽうの横須賀・富津間の接続よりもメリットが多いことから選ばれた。このルートは水深が30m未満と浅く、埋め立て工事が容易で、京浜と京葉の工業地帯をショートカットする交通路を形成できる。いっぽう横須賀・富津間は、水深が深くて横断堤の設置が難しく、湾口であるゆえに船舶の往来に影響を与える可能性が高かった。

「8」の字型の道路は「東京湾環状道路」へ

これらの構想は、実現に至らなかったものの、その一部は建設省（現・国土交通省）の計画に反映された。「ネオ・トウキョウ・プラン」に記された「8」の字型の道路だけは、ほぼそのまま生き残ったのだ。

建設省は、さまざまな構想が発表される中で計画素案を作成した。この計画素案は、東京湾を中心とした都市総合整備の基幹となるべき幹線道路網のあり方を示したものだった。

この計画素案が出発点となり、「東京湾環状道路」が計画された（図4―4）。建設省は、そのための調査を1962年度から着手した。

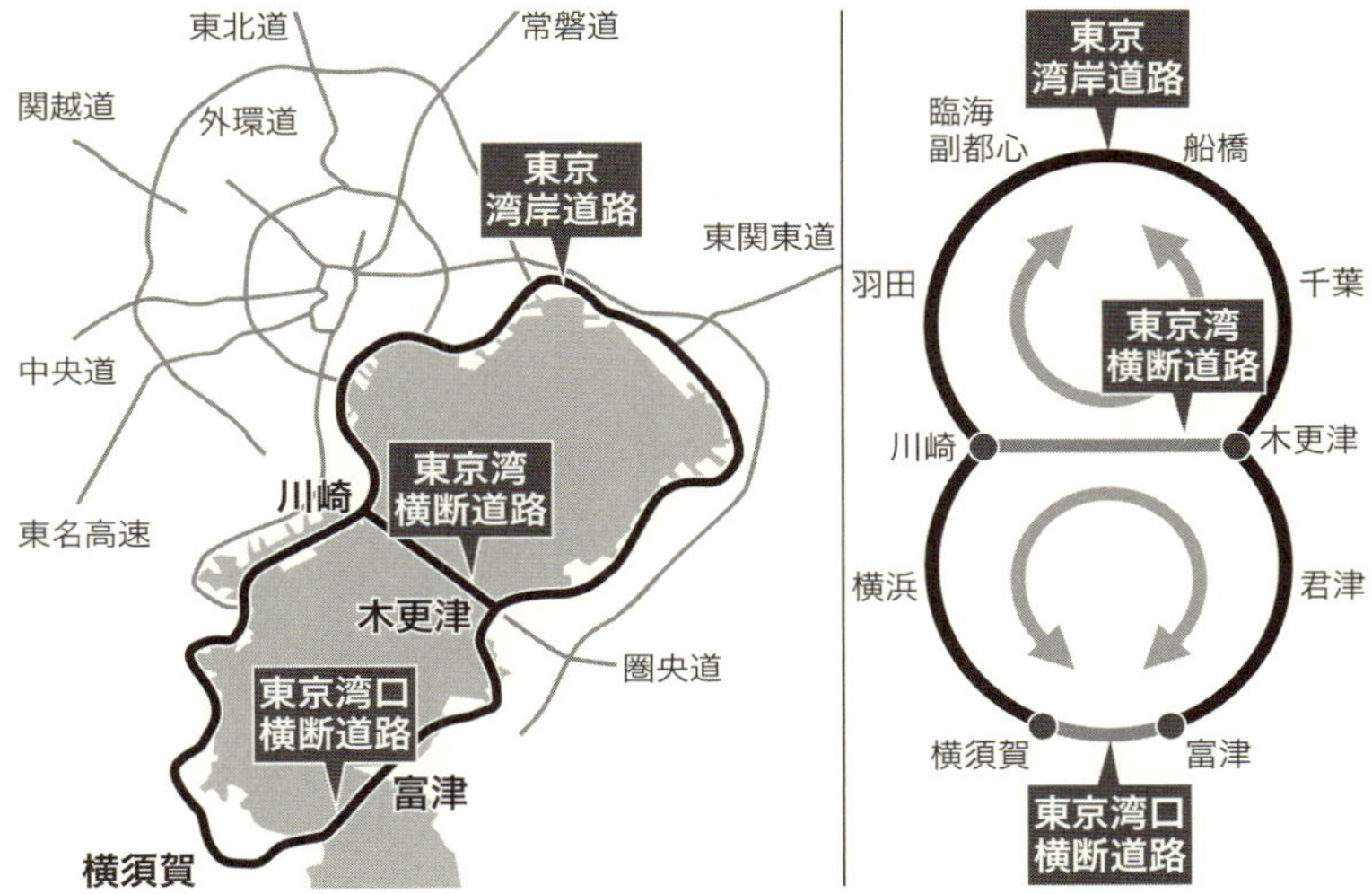

図4-4　東京湾環状道路計画

「東京湾環状道路」は、東京湾岸に「8」の字型の幹線道路を整備し、東京湾の北側と南側にそれぞれ環状ルートを形成するものだった。それには、首都圏の基幹的道路網を構築し、東京湾で隔てられた地域を道路でつなぐことで都市機能の分散や再構成を実現する狙いがあった。

建設省は、計画した「東京湾環状道路」を3つの区間に分け、名前をつけた。湾岸を通る横須賀・富津間を「東京湾環状道路」と呼び、東京湾を横断する2つのルートのうち、川崎・木更津間を「東京湾横断道路」、横須賀・富津間を「東京湾口横断道路」と呼んだ。

このうち、早期に整備されたのが「東京湾岸道路」だ。「東京湾岸道路」

は、おもに埋立地を通る幅員１００ｍの道路だ。現在の開通区間の大部分では、首都高湾岸線や東関東道が一般国道（国道３５７号）と並行している。

「東京湾岸道路」では、１９８０年代後半から工事のスピードが上がった。当時はバブル景気の真っ只中だったこともあり、東京湾の埋め立てが進み、羽田空港の沖合展開や、東京港などの港湾の整備、工場等の移転、３つの新都市（横浜みなとみらい21・東京テレポート・千葉幕張新都心）の開発がほぼ同時並行で進められていた。羽田空港や工場等の移転は、それらを既存の市街地から遠ざけ、環境問題を緩和する狙いもあった。つまり当時は、「ネオ・トウキョウ・プラン」の埋立規模を小さくしたような開発が東京湾沿岸で進められていたのだ。それゆえ、埋立地の空港や港湾、新都市などを結ぶ新たな大動脈として、「東京湾岸道路」を整備する必要があった。

いっぽう、川崎・木更津間の「東京湾横断道路」の整備は少し遅れた。その着工は、１９７３年に石油ショックの影響で延期になったものの、のちの好景気を受け、１９８９年に実現した。

「東京湾横断道路」は、先に紹介した第12次勧告の防潮堤とルートがほぼ同じであるが、木更津側は防潮堤ではなく、橋に変更された。川崎側は羽田空港近辺の空域制限があるため、海底トンネルになった。

この道路は、莫大な建設費（約１兆４４００億円）と8年の歳月をかけて建設され、１９９７年に開通した。それと同時に愛称がつけられ、「東京湾横断道路」は「東京湾アクアライン」、途中にできた2つの人工島（川崎人工島・木更津人工島）は、それぞれ「風の塔」、「海ほたる」と呼ばれた。「風の塔」は、海底トンネル（アクアトンネル）の換気塔として機能している。

現在の「東京湾アクアライン」は、木更津側に「アクア連絡道」と呼ばれる道路があり、それを介して館山道や圏央道とつながっている。「東京湾岸道路」が木更津まで開通していないので、連絡道路をつくり、内陸側を通る自動車専用道路とつなげたからだ。

風の塔
（川崎人工島）

4・3 千葉の交通を変えた「夢の架け橋」

ネックになった通行料金

「東京湾アクアライン」は、開通前まで「21世紀の夢の架け橋」と言われるほど期待された道路だった。その開通によって、湾岸をショートカットするルートができるだけでなく、東京湾の北部に新しい環状ルートができ、首都圏の幹線道路網が充実するからだ。また、それまで地理的に孤立していた房総半島の交通の便が改善され、首都圏の均衡ある発展が促されるとも考えられていた。

ところが開通当初の利用状況は、芳しくなかった。会計検査院平成11年決算検査報告によれば、1日の平均通行台数は、着工直前（1987年）に約3万3000台、開通直前に約2万5000台と推定されたが、実際は1万1000台程度で、推定を大きく下回った。

その大きな要因となったのが、普通車4000円（開通当初）という通行料金の高さだ。この通行料金は、従来の高速道路網の料金体系とは独立に設定されたもので、湾岸経由よりも割高だったため、多くのドライバーに敬遠される要因になった。

そこで、利用を促進するため、通行料金が段階的に引き下げられた。たとえば普通車の現金料金は、開通4年目（2000年）に現在の3000円になった。ETC搭載の普通車に限っては、社会実験として段階的に引き下げられ、2009年からは800円になった。この社会実験は、現在も実施されている（2016年9月時点）。

こうした通行料金の引き下げもあり、「東京湾アクアライン」の通行台数は増加した。2012年には、木更津に大型商業施設（三井アウトレットパーク木更津）が開業したこともあり、東京・神奈川方面から木更津方面に向かう車両が増え、1日の平均通行台数が3万台を超えた。「海ほたる」は休日を中心に混雑し、その入口（本線から見た出口）付近がたびたび渋滞するようになった。

また、「東京湾アクアライン」の開通によって、東京・房総半島間の所要時間が短縮され、高速バスの利便性が向上した。「東京湾アクアライン」を通るバスの路線や運行本数は、「東京湾アクアライン」の開通以来増え続け、今では東京駅・君津バスターミナル間を朝のラッシュ時に最短5分間隔で高速バスが走っている。

いっぽう、バス以外の公共交通機関は、自動車交通の利便性向上の影響を受けて、利用者数が減少した。神奈川県久里浜と千葉県富津を結ぶ東京湾フェリーは、2008年からの3年で利用者が3割減った。房総半島を走る鉄道も利用者数が減少し、2015年にはJRの列車が大幅に整理され、君津以南の内房線では特急列車が消滅した。

圏央道の開通で新しい役割を担う

さあここでもう一度「海ほたる」の展望台に立ち、東側を見下ろしてみよう。

この「海ほたる」や「東京湾アクアライン」という巨大建造物は、これまで紹介した半世紀以上の歴史の中で構想され、計画され、実現に至った。それを知った上で周囲を見回すと、この風景の見え方が変わるだろう。

「東京湾アクアライン」は、今後別の役割も果たすことになる。「アクア連絡道」を介してつながっている圏央道が完成すれば、それとともに、首都圏の一番外側にある環状ルートの一部としても機能することになるのだ。

もしかしたら、こうした道路ネットワークの充実によって、「東京湾アクアライン」の通行台数がさらに増えるかもしれない。

そのような日が来ることを見越して、「東京湾アクアライン」には「伸びしろ」が確保されている。現在の車道は全区間が往復4車線だが、将来往復6車線にできる構造になっているのだ。「アクアブリッジ」では、そのための準備工事が施されており、橋桁を今より左右両側に広げれば、両方向1車線ずつ増やすことができる。「アクアトンネル」の出入口は、3本のトンネルと接続できる構造で、現在は2本のトンネルとつながっており、1本（2車線）分だけスペースが空けてある。本章の扉の写真をよく見ると、それがわかるだろう。

バブル期に着工になり、無駄な公共事業と叩かれた「夢の架け橋」には、東京の未来に柔軟に対応する仕掛けが隠されているのだ。

第5章
計画変更から生まれた奇景[1]・箱崎JCT

箱崎JCT

「東京道路奇景」の中には、計画変更によって生まれたものがある。道路をつくるときに、当初の予定とは異なる構造にせざるを得なくなり、「奇景」になってしまったものだ。

本章では、その一例として箱崎ＪＣＴを紹介する。箱崎ＪＣＴは、首都高のＪＣＴの中でも初期に建設されたもので、高架橋の構造が特殊だ。そうなった背景には、新しい空港のために急な設計変更に迫られた歴史がある。

5・1 キング・オブ・ジャンクション

高架橋が複雑に絡み合う代表的ＪＣＴ

箱崎ＪＣＴは、「ＪＣＴファン」が訪れる定番スポットでもある。「ＪＣＴファン」とは、構造が複雑なＪＣＴを観察したり、撮影するのが好きな人たちのことで、その中には箱崎ＪＣＴを「キング・オブ・ジャンクション」と呼ぶ人もいる。

その理由は、現地に行くとわかる。地下鉄（東京メトロ半蔵門線）の水天宮前駅で列車を降り、２番出入口の階段を上がって地上に出ると、目の前に広がる光景に圧倒される（写真５―１）。地平を通る街路の真上に、空全体を覆うような高架橋があり、カーブを描く

▶地下鉄
半蔵門線
水天宮前駅

箱崎 JCT

写真5-1　下から見た箱崎JCTの高架橋

複数の橋桁が奥から手前に向かって左右に広がり、上下に重なっている。橋桁は上下に重なっており、第1章で紹介した西新宿ＪＣＴよりも構造が複雑だ。

東京都心の一角で、人工的な高架道路が生み出す不思議な風景。まさに「東京道路奇景」だ。

筆者は２０１５年に首都高関連のＴＶ番組に２回出演し、２回ともこの箱崎ＪＣＴでロケ撮影した。２つのＴＶ番組は放送局も制作会社も異なるが、市街地にこれほど不思議な光景が存在することは、双方の制作スタッフにとっても意外だったようだ。

箱崎ＪＣＴは、首都高によくあるＴ字形ＪＣＴだ。６号向島線の途中

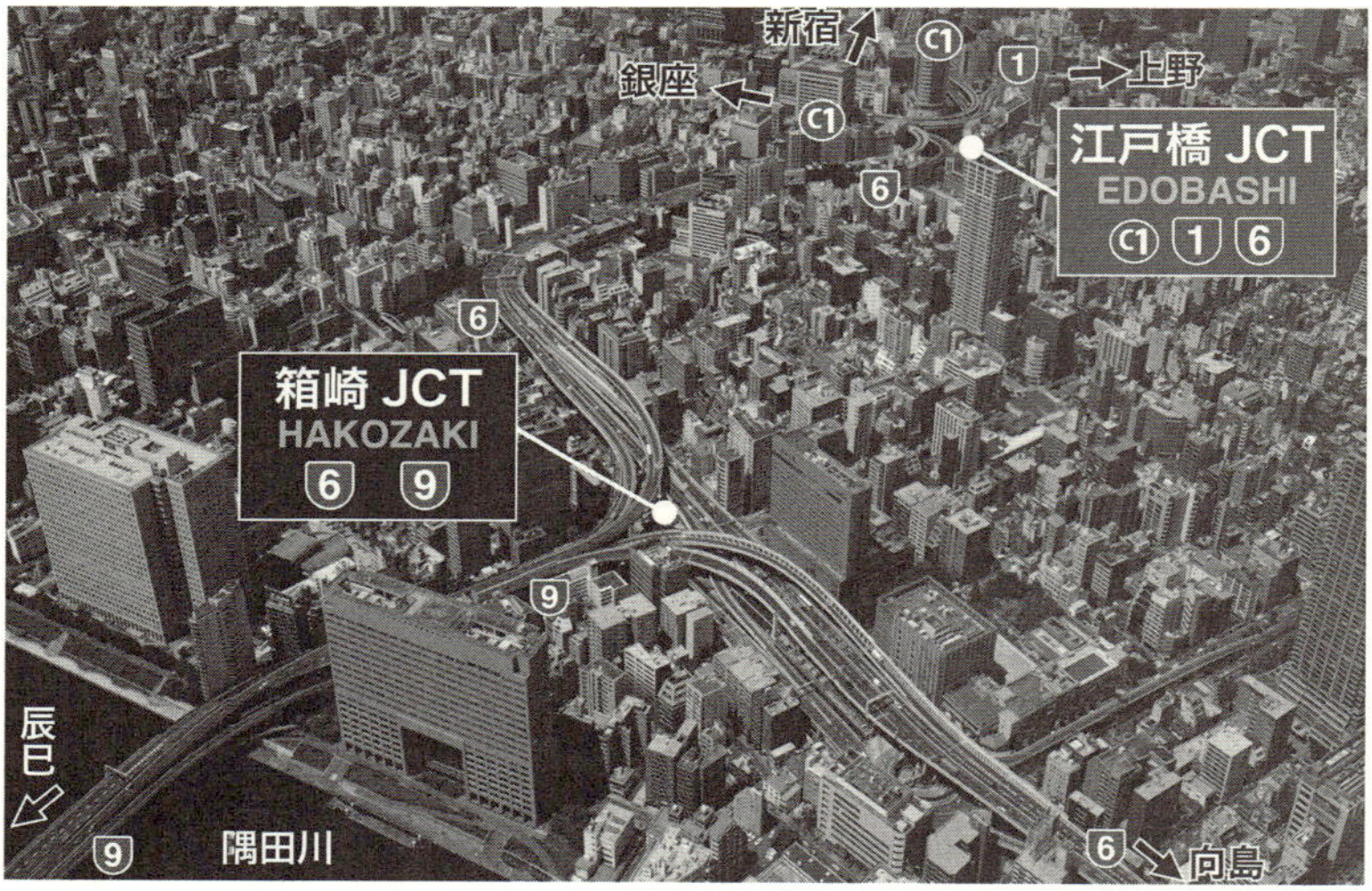

写真5-2　上空から見た箱崎JCT（写真提供・首都高速道路株式会社）

で9号深川線が分岐しているので、本来ならば2路線4方向の本線を4本の連結路でつなげば、各方面にアクセスできるJCTになる。

ところが箱崎JCTは、一般的なT字形JCTよりも連結路が多い。上空から箱崎JCTを見ると、連結路の数が多いのがよくわかる（写真5―2）。先ほどの地下鉄2番出入口付近からは、カーブを描く連結路が6本あり、左右に3本ずつ上下に重なっているのが見えるが、連結路はほかの場所にもある。これが、構造が複雑になった大きな要因だ。

ではなぜこれほどまでに連結路が多いJCTをつくることになったのか。その理由を探ってみよう。

箱崎ＪＣＴに併設されたＴ―ＣＡＴ

箱崎ＪＣＴは、首都高とビルを一体化するために構造が複雑になった。そのビルとは、「東京シティ・エアターミナル（Tokyo City Air Terminal）」、愛称「Ｔ―ＣＡＴ（ティーキャット）」だ（写真５―３）。

Ｔ―ＣＡＴは、高架橋の真下にある（図５―１）。先ほど高架橋を見上げた場所で後ろを振り返ると、そこには直線状になった高架橋があり、その真下にビルがあるのがわかる。その地平部分は、街路と直結しており、バスやタクシーが出入りしている。

Ｔ―ＣＡＴがどのような施設であるかご存知でない人は多いだろう。かつては重要な役割を担っていたが、今ではその役割の多くが失われてしまい、利用する機会も減ってしまったからだ。

そこで、Ｔ―ＣＡＴのことをかんたんに説明しよう。

Ｔ―ＣＡＴは、日本で最初の「シティ・エアターミナル」で、今から40年以上前の１９７２年に仮開業した。「シティ・エアターミナル」とは、市街地にある空港アクセスの拠点のことで、日本ではＴ―ＣＡＴ以外に、横浜のＹＣＡＴ（ワイキャット）や、大阪のＯＣＡＴ（オーキャット）などがある。

Ｔ―ＣＡＴの本館ビルは地上３階・地下１階建てで、３つの交通路（首都高・街路・地

東京シティ・エアターミナル(T-CAT)公式サイト

T-CAT

下鉄）と直結している。地上3階は首都高の高架橋、地上1階は地平の街路、地下1階は地下通路を通じて地下鉄水天宮前駅とつながっている。しかも、地下1階には、404台の乗用車を収容できる駐車場がある。

このビルはバスターミナルでもあり、3方面（成田空港・羽田空港・東京駅）に向かう空港バス（東京空港交通のリムジンバス）が発着している。最短運行間隔は、成田空港方面が10分（9時台着）、羽田空港方面が20分、東京駅方面が15分だ（2016年9月時点）。運行本数は成田空港方面がもっとも多い。

バス乗降場は上下2層に分かれており、地上3階にある上層は首都高、地上1階にある下層は街路とそれぞれ直結している。多くのバスは下層で発着するが、成田空港行きのみは上層から出発する。

ビルの内部には、国際空港のような設備もある。たとえば地上3階には、外貨両替の専門店があり、地上1階には外国人向けの観光案内所がある。

かつては、空港に欠かせない設備もあった。航空会社のチェックインカウンターや、出国・入国審査や手荷物検査などをする場所があり、旅行者を見送ったり、出迎える場所もあった。

「まるで国際空港のようだ」と思う人もいるだろう。そう、T—CATは、国際空港の旅客ターミナルビルをコンパクトにして、東京都心にそのまま持って来たような施設なのだ。

では、なぜT—CATはつくられ、箱崎JCTと直結することになったのか。その経緯

写真5-3　東京シティ・エアターミナル（T-CAT）

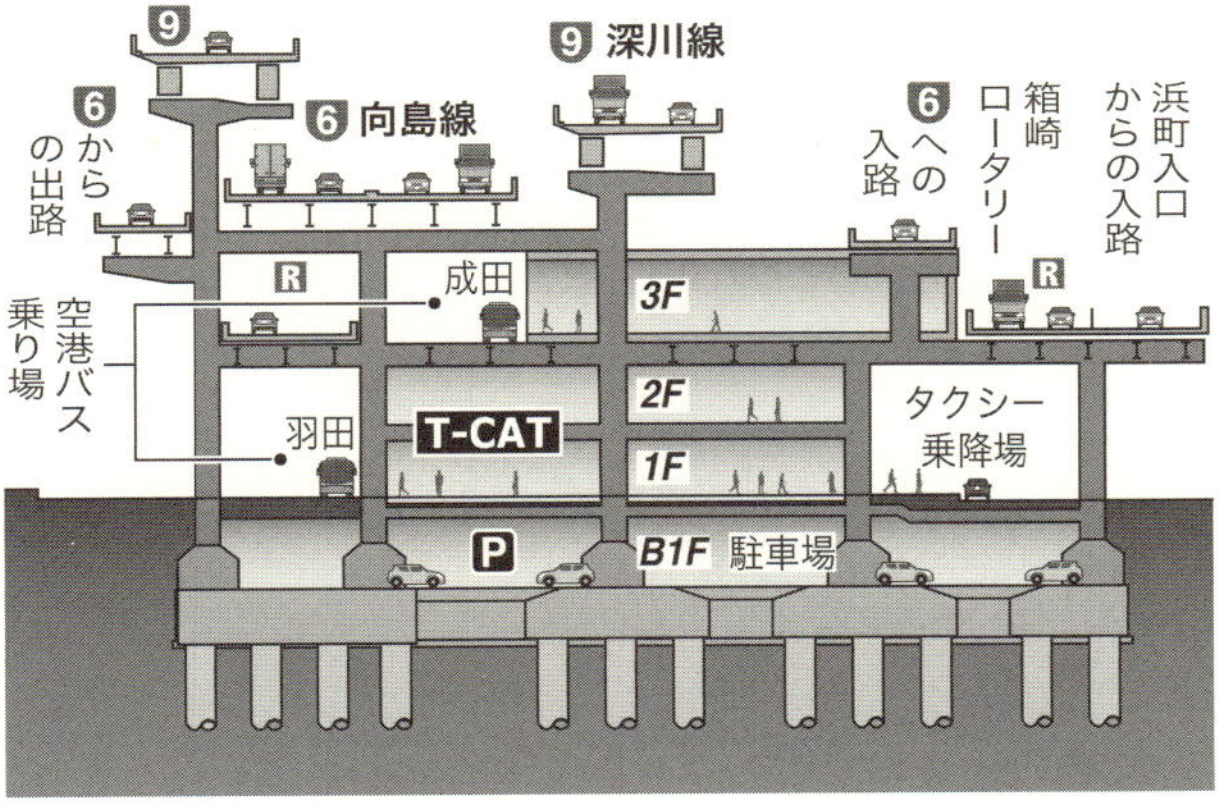

図5-1　T-CATの構造

をたどると、首都圏の空港の複雑な歴史が見えてくる。

5・2 T―CATはなぜつくられたのか

成田空港とともに生まれた施設

T―CATは、成田空港と密接な関係があり、かつては成田空港の分身とも言える存在だった。そのことは、国際空港のような設備があり、成田空港に向かうバスが多く発着していることからお気づきになった人もいるだろう。

その関係を紹介するため、ここで両者の歴史をかんたんにふれておこう。

成田空港の歴史は、１９６６年にその整備が閣議決定したところから始まった。当時は航空需要が急に高まり、羽田空港の処理能力が限界に達することが懸念されたため、運輸省（現国土交通省）が首都圏に新たな空港を建設することを計画し、その位置を複数の候補地の中から千葉県成田市にすることを決めた。

いっぽうT―CATの整備は、１９６８年に決まった。成田空港と東京都心、羽田空港を結ぶ交通手段を提供するため、日本初となる「シティ・エアターミナル」を東京都心に

成田空港第１旅客ターミナル

▶鉄道
JR・京成
成田空港駅
▶バス
成田空港
第１ターミナル

建設することになった。「シティ・エアターミナル」は、先ほど述べたように市街地に設ける空港アクセスの拠点で、かつてはチェックインなどの空港業務ができる施設だった。

空港業務ができる「シティ・エアターミナル」は、当時欧米の主要都市ですでに整備されていた。航空利用者数の増加や、航空機の大型化によって、空港の処理能力が不足したので、市街地に「シティ・エアターミナル」を設け、空港の負担を減らしていた。

東京都心に「シティ・エアターミナル」を整備することになったのは、欧米の主要都市の影響だけでなく、おもに2つの理由があった。1つ目は、成田空港を開設しても、航空需要のさらなる高まりによって、成田空港で旅客や手荷物が混雑することが予想され、空港機能を分散させる必要があったこと。2つ目は、成田空港が都心から60㎞以上離れており、当時「世界でもっとも都心から遠い国際空港」で、より便利で確実なアクセス手段が求められたことだ。また、空港バスを運営する東京空港交通の資料『空港アクセス50年』には、1968年に開催された国際民間航空機関第7回簡易化会議で、「シティ・エアターミナル」の活用を勧告されていたことも記されている。

いっぽう成田空港では、整備決定後の工事が計画通りに進まず、開港が7年2ヶ月も遅れ、施設の規模も縮小せざるを得なかった。それが反対運動の激化によるものであることはご存じの方も多いだろう。

これによってT—CATは、成田空港の空港業務をサポートする存在としてより期待されるようになった。

その経緯は、都市計画協会の機関誌『新都市』に記されている。当時東京都首都整備局施設計画課の職員が寄稿した論文「シティ・エアターミナルの概要」には、次のように記されている（カッコ内は筆者追記）。

なお、新空港の建設は新東京国際空港公団（現・成田国際空港株式会社）が実施することとなっており、昭和46（1971）年3月開港を目標としているが、用地買収が遅れたため、46年3月には、滑走路、管制塔、整備場税関等、航空機の飛行に必要最低限の施設は予定通りできるが、エプロン、ターミナル・ビル、駐車場など乗客用のサービス施設は半分程度にとどまり、当初は極めて窮屈な飛行場になりそうである。この意味からも次に述べる箱崎シティ・エアターミナルが脚光を浴びている。

この「箱崎シティ・エアターミナル」が、現在のT―CATだ。

成田空港の開港時期は、計画では引用した文の通り1971年3月で、実際は1978年5月だった。いっぽうT―CATは、開港にあわせて1971年3月に竣工し、同年7月に仮開業したものの、空港業務は開港までできなかった。

なぜ箱崎を選んだのか

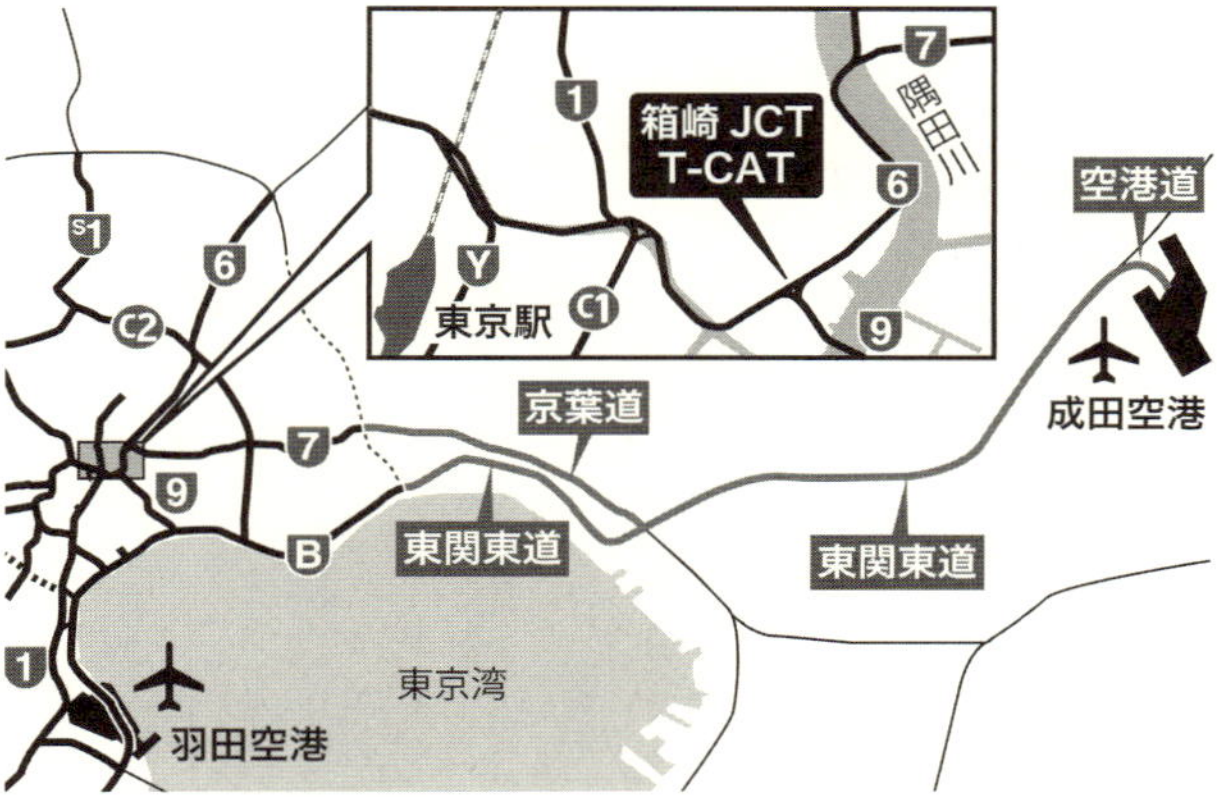

図5-2　T-CATの位置

では、なぜ日本初の「シティ・エアターミナル」を、現在の位置につくったのだろうか。当時の資料をもとに探ってみよう。

T―CATは、「日本橋箱崎」と呼ばれる場所にある（図5―2）。その名の通り日本橋に近く、そこからは直線距離で1㎞ほどしか離れていない。

東京は、鉄道の便がよい場所が多いが、ここはあまりよくない。現在のように地下鉄水天宮前駅と直結したのは1990年だ。それまでは地下鉄人形町駅が最寄駅で、そこから7～8分ほど歩く必要があった。

現在国内には、T―CATよりも鉄道の便がよい「シティ・エアターミナル」がある。たとえば横浜のYCATは横浜駅、大阪のOCATは難波駅に隣接したビルにある。横浜駅と難波駅は、どちらも複数の鉄道路線が乗り入れている。

ではなぜ、T—CATは鉄道の便がよくない位置につくられたのだろうか。これにはおもに次の3つの理由が考えられる。

① バスのアクセスを優先
② 空間の確保が容易
③ 空港アクセスに有利な立地条件

①の「バスのアクセスを優先」は、先に航空が発達した欧米の影響として考えられる。前述した論文には、1968年時点の「シティ・エアターミナル」のリストがあり、欧米の主要都市のほとんどが空港とバスで結ばれていることが示されている。

当時の欧米では、鉄道の斜陽化が日本よりも先に進んでいた。戦後に航空機や自動車が発達したので、バスをふくむ自動車交通が、市街地と空港を結ぶ主要手段と考えられていた。

いっぽう日本でも、いずれは自動車が陸上交通の中心になると考えられていた。道路や自動車の発達は欧米よりも遅れたが、戦後にその遅れを取り戻す動きがあったので、欧米の「シティ・エアターミナル」に倣い、自動車交通を中心に空港アクセスを考えたのは、自然なことだろう。

②の「空間の確保が容易」は、建物が密集する市街地にビルを新設する上で重要な条件

だ。

その点日本橋箱崎では、都合がよい条件がそろっていた。ここにはかつて幅が広い水路があり、その空間を利用して首都高の箱崎ＪＣＴを建設することが先に決まっていた。また、水路を埋め立てれば用地を確保できるし、首都高の高架橋下に「シティ・エアターミナル」のビルを収めたり、そのバスターミナルと首都高を直結させることも、構造的には可能だった。

③の「空港アクセスに有利な立地条件」は、「シティ・エアターミナル」にとって重要な条件だ。とくに成田空港は、東京都心から60㎞以上離れた場所に建設されたので、アクセスのよさを追求するのは当然だろう。

箱崎ＪＣＴは、首都高ネットワークのほぼ中心に位置し、成田空港や羽田空港にアクセスしやすい場所でもあった。

つまり、当時「シティ・エアターミナル」に必要な条件を満たす最適な場所を検討した結果、日本橋箱崎が選ばれ、箱崎ＪＣＴにＴ─ＣＡＴを併設することになったのだ。

首都高で唯一のロータリー

いっぽう箱崎ＪＣＴの構造は、Ｔ─ＣＡＴを組み込むことで複雑になった（図５─３）。もともとはシンプルなＴ字形ＪＣＴになる予定だったが、あとになってＴ─ＣＡＴの建設

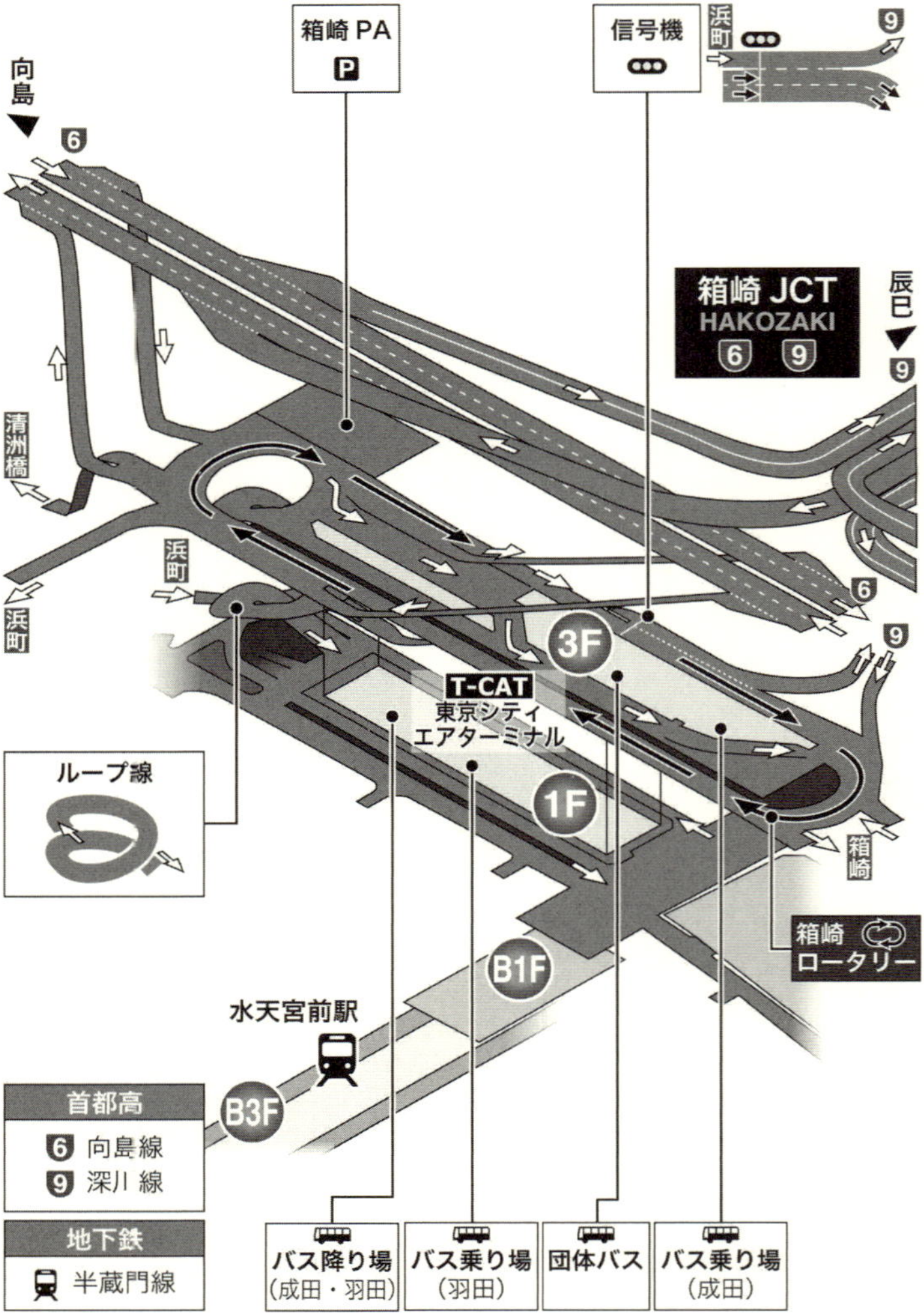

図 5-3　箱崎 JCT と T-CAT

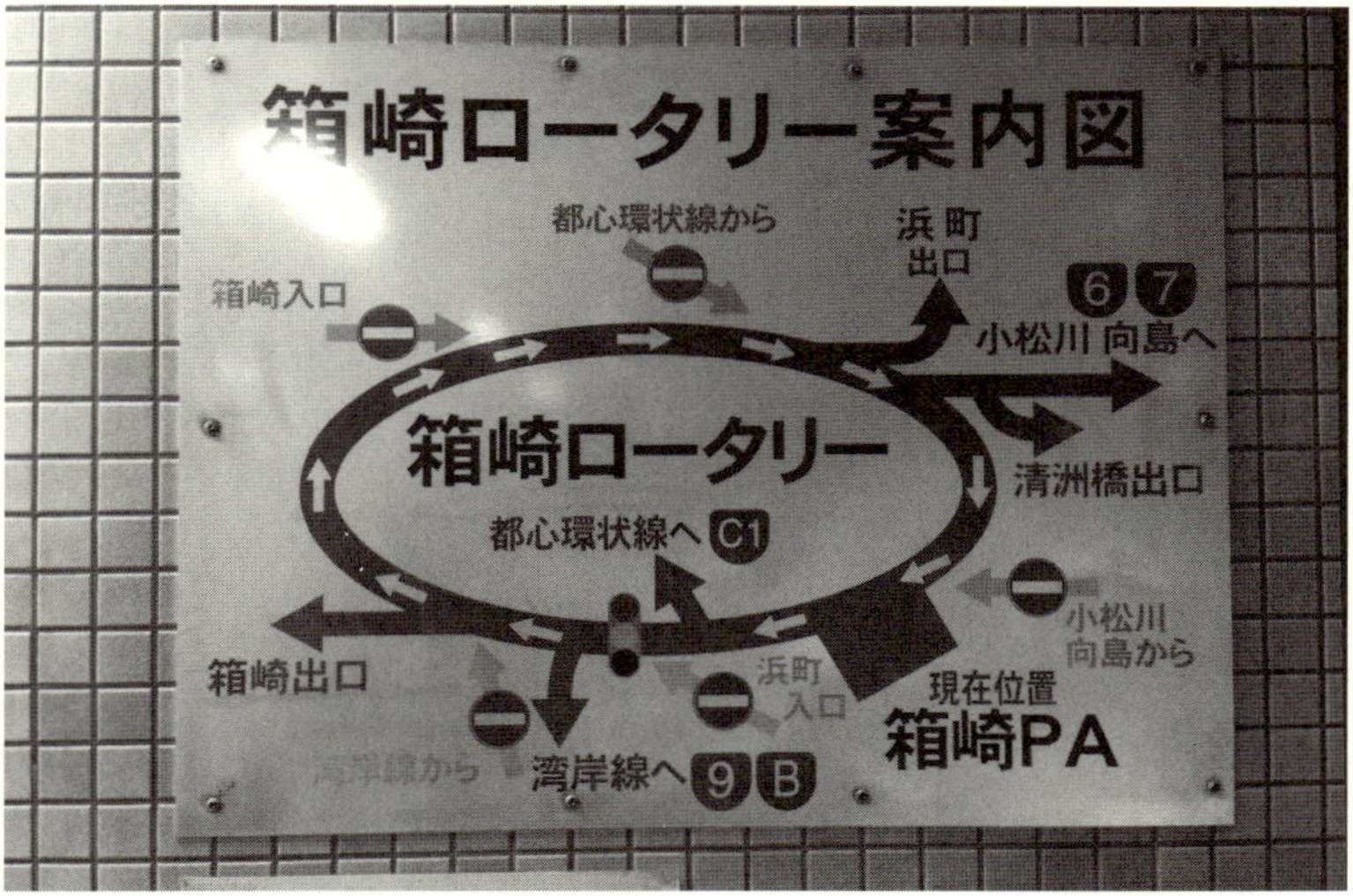

写真5-4　箱崎ロータリーの案内看板（箱崎PA）

が決まり、設計が変更され、前例のない構造となった。

T—CATの上層（地上3階）のバス乗降場は、首都高に直結する構造になった。このため、バスは「首都高→バス乗降場→首都高」と走り、一度も街路に出ずにバス乗降場を出入りできるようになった。

箱崎JCTには、ロータリーが追加された。首都高で唯一のロータリー、箱崎ロータリーだ（写真5—4）。これは、自動車が時計回りで周回する道路で、T—CATの地上3階のバス乗降場や、2路線4方向の本線に出入りする連結路、地平の街路に出入りする入出路ともつながっている。バス乗降場は一方通行で、ロータリーに直結している。

このロータリーのおかげで、地上3階のバス乗降場を発着するバスは、ロータリーを通って方向転換し、2路線4方向の本線に自由に出入りできるようになった。

T―CATにはループ線もあり、バスが地上3階から地上1階まで走りながら移動できる構造になっている。第1章で紹介した大橋JCTの連結路のように、らせん状の通路をつくることで、高低差をカバーしているのだ。

このような構造の「シティ・エアターミナル」は、計画当時世界でも初めてのケースだった。

なお、首都高とバスターミナルが直結した例は、T―CAT以外に、池袋のサンシャインシティがある。ここは、ビルの内部にバスターミナル（池袋サンシャインバスターミナル）があり、首都高5号池袋線の東池袋出入口とつながっている。ただし、バスターミナルが料金所の外側にある点がT―CATと異なる。

信号機やパーキングエリアも

箱崎ロータリーは、一般車も走行できる。首都高の本線と周辺の出入口を行き来するときは、かならずここを通る構造になっているからだ。ただし一般車は、T―CATのバス

T-CATのループ線

サンシャインバスターミナル（池袋）

▶地下鉄
有楽町線
東池袋駅

乗降場には入れない。

実際にクルマで走りながら、箱崎ロータリーを観察すると、その構造がよくわかる。ここにはパーキングエリア（箱崎ＰＡ）や信号機もある。

ロータリーは2車線で、内側が周回ルート、外側が他の道路への接続ルートとなっている。つまり、内側を通れば延々と時計回りで周回でき、外側を通れば首都高の本線や街路に出入りできるのだ。ただし、6号向島線上り本線に合流するスロープ（入路）だけは、内側から入る構造になっている。

ロータリーの外側には、箱崎ＰＡがある。これは、首都高会社のビル内部に食い込んだような構造になっており、駐車場や自動販売機、トイレが同ビルの地上3階部分にある。駐車場は広いとは言えないが、建物が密集した場所でＰＡを設置する空間を確保した珍しい例と言えるだろう。

ロータリーの途中には、高速道路では珍しい信号機が1カ所ある。これは、ロータリーを通行する車両と街路から合流する車両を交互に流し、衝突事故を防ぐ役目をしている。

ここは首都高では珍しい「Uターンできる場所」でもある。日本の高速道路は、基本的に「Uターン」はできない構造なので、ルートや出口を間違えたときに折り返すときは、いったん料金所の外に出なければならない。しかし、箱崎ロータリーをうまく利用すれば、料金所を通らずにUターンして、本線に戻ることができる。途中で箱崎ＰＡに立ち寄ってから、首都高の2路線4方向の本線に入ることも可能だ。

箱崎 PA

信号機（浜町入口入路の合流点）

T―CAT設置にともなう急な仕様変更があったとはいえ、設計者はよくぞこのような複雑な構造をひねり出したものである。

5・3 T―CATでは何をしていたのか

開港当時の様子を再現

では、成田空港が開港した当時のT―CATは、どんな場所だったのだろうか。資料をもとに、東京駅から成田空港に行き、航空機に搭乗するまでの流れを再現してみよう。

さあ、ここからは1978年。成田空港はまだ開港したばかりだ。

スーツケースを持って東京駅八重洲口のバス停で待っていると、T―CATに直行するバスがやってくる。T―CATまでの直線距離は2㎞ほどで、バスの所要時間は約20分だ。

スーツケースはスタッフに預け、バスの車体床下にある荷物室に入れてもらう。

バスは、東京駅八重洲口を出発すると、街路を通り、首都高の高架橋下にあるバスターミナルに入る。ここがT―CATの地平部分（地上1階）だ（図5―4）。ここにはバスだ

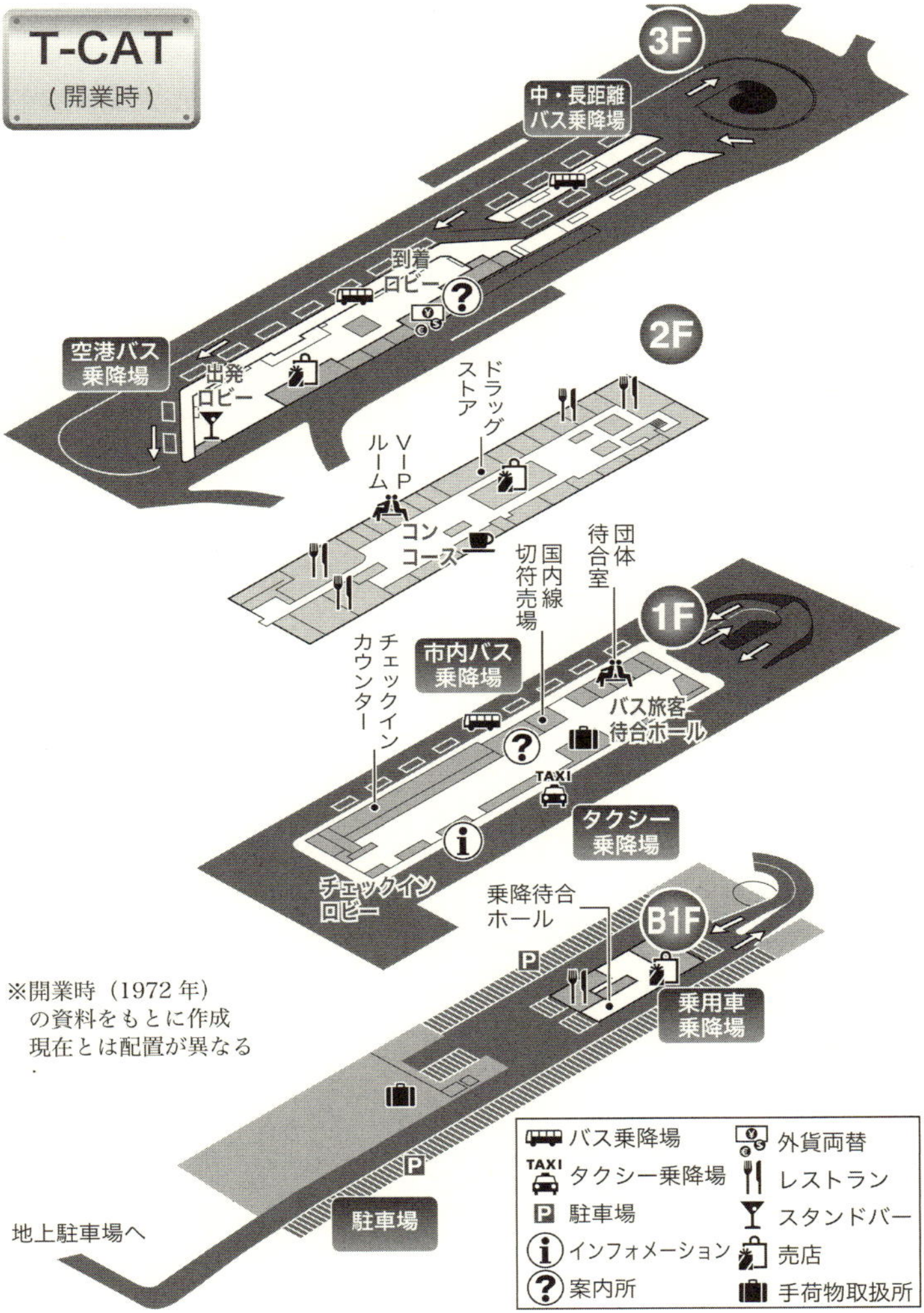

図5-4　開業時のT-CATの構造

けでなく、ハイヤーやタクシーも発着する。

バス降車場で預けたスーツケースを持ち、ビルの中に入ると、航空会社のチェックインカウンターが並んでいるのが見える。まさに空港の出発ロビーのような空間だ。

航空機の利用者は、チェックインカウンターで搭乗手続きを済ませ、スーツケースを預けてから、エスカレーターで地上3階のバス乗降場まで上がる。スーツケースは、荷物用エレベーターで地上3階に運ばれる。

その途中にある地上2階には、一般送迎ロビーがある。その名の通り、旅行者を送迎する場所だ。この上の地上3階には基本的に航空機の利用者しか入場できない。同じ階には、食堂や売店、フラワーショップなどの店舗や、VIPルームなどがある。

一般送迎ロビーからエスカレーターで地上3階に上がると、目の前に広いロビーが見える。ここは空港バスの乗降場だ。

地上3階のバス乗降場は2つに分かれており、空港バス用と中・長距離バス用（現在閉鎖）がある。バスが停車できるスペースは、空港バス用が10バース、中・長距離バス用が8バースある。

空港バスの乗降場には、広いロビーと店舗がある。ロビーは出発ロビーと到着ロビーに分かれている。店舗には、外貨両替店や旅行案内所、ホテル予約受付、免税店売店、スタンドバーがある。まさに空港のようだ。

出発ロビーの待合室にある座席に座っていると、出入りするバスが見える（写真5—5）。

写真5-5　現在のT-CATの地上3階。ガラス窓の外側に成田空港行きバスが停車している

ガラス張りになった壁の外側にはプラットホームがあり、そこでバスが発着しているのだ。

成田空港に向かうバスは、航空便ごとに運行するフライトミート方式を採用している。乗車するバスや、その発車時刻は、搭乗する航空便によって決まっている。たとえば成田空港で「日本航空○○便」に搭乗するなら「○時○分発のバス」というように、搭乗客によって乗るべきバスがあらかじめ決まっているのだ。

バスは、基本的に航空機1便あたり1運行だ。バスの定員は30人なので、1運行に複数台が走る。定員が多いジャンボ機の場合は、2運行することもある。

利用する航空便のバスがやってきた。ガラスドアの外にあるプラットホームで、バスに乗り込む。このとき、スタッフがバスの車体床下にある荷物室を開け、荷物を出し入れする。地上1階で預けたスーツケースは、この荷物の中にふくまれており、旅行者とともに成田空港に向かう。

発車時刻を迎えると、バスはプラットホームを出発し、首都高の箱崎ロータリーに合流して方向転換すると、6号三郷線の下り本線に合流し、7号小松川線や京葉道、東関東道(開港当初は新空港道もふくまれていた)を経由して、成田空港に直行する。

T―CATから成田空港までは、走行距離が約66㎞で、所要時間は70分前後だ。欧米のおもな国際空港は、都心の「シティ・エアターミナル」から10~30㎞の場所にあるので、それらとくらべると遠い。

成田空港に到着したら、あとは搭乗口に向かうだけだ。バスは、成田空港の旅客ターミナルビル(現在の第1旅客ターミナルビル)の出発階に到着するので、降りれば階段を上り下りせず、そのまま出発ロビーに入場できる。搭乗手続きや出国審査、手荷物検査などはすでにT―CATで受けているので、ここで受ける必要はない。

ここまで再現したのは、あくまでも一例だ。実際は利用する航空会社や搭乗便によって手続きが異なり、搭乗手続きや手荷物扱いをT―CATでできず、成田空港でしていたこともあったようだ。

一般送迎ロビーがある日本ならではの理由

先ほど紹介したように、T—CATの地上2階には一般送迎ロビーがあり、その先は基本的に搭乗者しか入れないようになっていた。つまり、この一般送迎ロビーが、海外に行く人を見送ることができる最後の場所だったのだ。

なぜT—CATにわざわざ一般送迎ロビーを設けたのだろうか。T—CAT関連の論文には、次の2つの文が載っており、その理由をかいま見ることができる。

特に送迎の風習が強いわが国では66キロの遠方に空港を設けた場合、手軽に市内で出迎え、見送りを済ませることが、国民経済のロスを防ぐうえからも絶対必要であり、それには航空駅たるの体裁を備えること、すなわちチェックインすることが必要である。(「シティ・エアターミナルの概要」より引用)

このシティ・エアターミナルのシステムが完成すれば、送迎の人々は半日がかりで成田詣をしなくても済むことになり大変好都合となる。ただ、飛行機に乗り、飛び立つのをわが目で見なければ満足できない人々だけが空港に行けばよいことになる。(「シティ・エアターミナルの概要」より引用)

ここからは筆者の解釈だが、これらの文をもとにすると、次のように要約できるだろう。

日本では、遠くに旅立つ人を見送る風習があるので、成田空港にも多くの送迎者が集まる可能性がある。しかし、開港当初の成田空港は手狭で、多くの送迎者を受け入れる余裕はない。そこで、T―CATに「駅」のような機能を持たせ、一般送迎ロビーを設け、旅行者も送迎者も儀礼を尽くせるようにした。

成田空港に送迎者が来ることが開港当時に懸念されたのは、見送る風習が今以上に残っていたことだけでなく、海外旅行そのものが今ほどメジャーではなかったことも関係しているだろう。法務省の資料によれば、日本人の年間出国者数は、成田空港が開港した1978年は352万人で、2014年（1690万人）の2割程度にすぎなかったので、海外旅行に行く人が今より珍しかったはずだ。

また、送迎者が旅行者に花束を渡す光景は、現在はあまり見かけないが、かつては空港や駅でよく見られた。地上2階にかつてフラワーショップがあったのは、おそらくそのためであろう。なお、現在の成田空港では、第2旅客ターミナルビルのみにフラワーショップがある。いっぽう各旅客ターミナルの出発ロビーでは、旅行者に花束を渡す光景をほとんど見かけない。

なぜ空港機能がなくなったか

先ほど再現した開港当時の面影は、現在のＴ―ＣＡＴにはあまり残っていない。空港業務を行っていた設備が消え、各階のレイアウトが大幅に変更されたからだ。

現在の姿をざっと見てみよう。地上１階では、チェックインカウンターがあった場所は家具店（インテリアショップ）になり、団体待合室があった場所は貸会議室になっている。地上２階では、飲食店やコンビニのほかに歯科やネイルサロン、医療事務製品のショールームなどが入居している。地上３階では、中・長距離バス乗降場が閉鎖され、空港バス乗降場からは成田空港行きのバスのみが出発している。

なぜＴ―ＣＡＴでは、空港業務を行っていた設備が消えたのだろうか。それには、成田空港のアクセス手段の多様化と、空港業務の変化が関係している。

成田空港行きバスとＴ―ＣＡＴの関係は、開港以降大きく変わった。成田空港行きバスは、開港当初は羽田空港からの直行便を除き、すべてＴ―ＣＡＴを発着しており、出発便はフライトミート方式で運行されていた。ところが、１９８１年に新宿や池袋から成田空港に直行するバスの運行が始まってからは、都内各所からＴ―ＣＡＴを経由せずに成田空港に直行するバスが増え、フライトミート方式で運行するバスが減った。

この背景には、成田空港のアクセス手段の変化と多様化が関係している。

開港当初の成田空港では、一般車の立ち入りが制限されたため、バスがおもなアクセス手段だった。

ところがこの制限は開港翌年に緩和された。一般車も成田空港に立ち入りできるようになり、一般車で空港にアクセスする人が増え、バスの利用者が減った。

そこで、空港バスを運営する東京空港交通は、先ほど紹介した直行便の運行を始め、バスの利用促進を図った。これによってバスの利用者は年々増えた。

ところが1992年にJRと京成が成田空港の旅客ターミナルに直接乗り入れると、鉄道の利用者が増え、バスの利用者が減った。これによって東京空港交通のバス事業は赤字に転落し、バス路線を統合・廃止する必要に迫られた。また、第2旅客ターミナルの開業で成田空港の処理能力に余裕ができると、経費削減のため、T―CATでの空港業務が簡略化された。

2001年にアメリカで同時多発テロが起こると、ついにT―CATでの空港業務ができなくなった。テロを機に北米便のセキュリティがきびしくなり、空港以外での搭乗や出入国審査の手続きが制限されたからだ。

そしてT―CATでは、2002年にすべての空港業務が終了し、バスターミナルの機能が残った。それから10年以上経つので、T―CATで空港業務をしていたことを知らない人は多いだろう。

地上3階で「出発」のみするバス

さて、先ほどの地上3階のバス乗降場の説明で疑問を感じた人もいるだろう。ここでは、現在成田空港行きのバスのみが出発している。つまり、「出発」はするが、「到着」はしないのだ。

成田空港方面のバスの発着階は、開港当初と現在では異なる。開港当初は、地上3階に「到着」し、「出発」していた。現在は地上1階に「到着」し、地上3階から「出発」する。

なぜ現在は、「出発」と「到着」の階を分けているのだろうか。前述した『空港アクセス50年』によれば、それはT―CATの構造や首都高の渋滞と関係があるようだ。

T―CATのバス乗降場には構造的な弱点があった。首都高と直結する画期的なものだった反面、箱崎JCT付近が渋滞すると、バスの遅延が発生しやすい構造でもあったのだ。

箱崎JCTは、かつては渋滞の名所の1つと言われるほど渋滞が頻発する場所だった。中央環状線などの迂回路が未完成だったころは、都心から東北道や常磐道、京葉道、湾岸線などに向かう車両が箱崎JCTに集中したからだ。

箱崎JCTが渋滞すると、T―CATを発着する空港バスで遅延が頻発した。そこを通らないと、地上3階のバス乗降場に出入りできない構造がネックとなったのだ。

たとえば成田空港から来たバスが、首都高の渋滞区間を避けて街路を走ってから地上3

階のバス乗降場に入るには、その手前の入口でふたたび首都高に入らなければならなかった。

このため1992年から、成田空港から来たバスは、街路と直結する地上1階のバス乗降場に到着することになった。つまり、箱崎JCT付近が渋滞していないときは、箱崎JCTの手前、渋滞したときは少し離れた出口で首都高から街路に出ることで、渋滞回避を可能にして、遅延を最小限に抑えたのだ。

現在の箱崎JCTでは、到着階が変更になった1992年ほど渋滞が発生していない。

5・4 進化する空港アクセス

ここでいったんT—CATから離れ、首都圏の空港アクセスの全体像を俯瞰してみよう。

近年首都圏では、空港アクセスの状況が大きく変わり、全体的に利便性が向上した。そのおもな要因には、次の6つが考えられる。

[A] 首都高の渋滞緩和
[B] 羽田空港の国際線旅客ターミナル開業
[C] 成田空港を発着する格安バスの運行開始

［D］深夜・早朝バスの運行開始
［E］「バスタ新宿」の開業
［F］タクシーの利便性向上

それぞれかんたんに説明しよう。

［A］首都高の渋滞緩和

これは、バスの定時性を高め、自動車交通の利便性を向上させる上できわめて重要な要因だ。なぜならば、首都高の渋滞が遅延の主因となっていたからだ。その遅延を避けるため、空港アクセスに鉄道を利用していた人もいるだろう。

今は大きな遅延が起こりにくくなった。たとえば首都高では、近年ネットワークの充実で渋滞が緩和され、「渋滞の名所」とされた浜崎橋ＪＣＴや箱崎ＪＣＴの渋滞もほぼ解消された。

これによって、空港を発着するバスの定時率も上がった。たとえば東京空港交通は、ＧＰＳを使ってバスの位置を検知しており、過去１ヶ月の所要時間計測値のグラフを公開している（同社ウェブサイト「定時運行はリムジンバスの使命です」、２０１６年9月時点）。これを見ると、多くの路線で、計測値が予定された所要時間を下回る確率が90％を超えていることがわかる。

［B］羽田空港の国際線旅客ターミナル開業（２０１０年）

これは、「国際線は成田、国内線は羽田」という役割分担が崩れ、空港アクセスのあり方が変わるきっかけにもなった。

羽田空港では、２０１０年に新しい国際線旅客ターミナルが開業して以来、発着する国際便の就航都市が年々増え、成田空港に行かなくても海外旅行に行ける機会が増えている。また、深夜の離着陸は、成田空港では制限されているが、羽田空港では可能であるため、深夜早朝帯に発着する国際便が増えている。

たとえば第2章で紹介したニューヨーク、パリ、ロンドンへは、羽田空港から直行便が運航されている。現在はベルリンに向かう直行便はないが、建設中の新空港（ブランデンブルク空港）の開港を機に実現させる動きはあるようだ。

［C］成田空港を発着する格安バスの運行開始（２０１２年）

これは、成田空港や格安航空会社（ＬＣＣ）の利便性を高めるために始まった。「東京シャトル」と「ＴＨＥアクセス成田」の２種類があり、東京駅・成田空港間をそれぞれお

成田空港第３旅客ターミナル

▶バス
成田空港第３ターミナル
▶鉄道
JR・京成
空港第２ビル駅

おおむね20分間隔で運行している。片道運賃はともに1000円で、ネット予約による割引もある。従来の空港バス（3100円）やJRの特急「成田エクスプレス」（普通車指定席3020円）よりも安いので、その分LCCの割安さを生かすことができる。

この背景には、成田空港におけるLCCの利用者数の増加がある。LCC専用の第3旅客ターミナルビルが開業してからは、LCCの発着便数が増えた。また、訪日外国人観光客が増えたこともあり、成田空港でのLCC利用者数は今も増加傾向にある。

〔D〕深夜・早朝バスの運行開始

これは、羽田空港と成田空港の双方の利便性を高めるためにはじまった。深夜早朝には、羽田空港では国際便、成田空港ではLCCの発着便が増えたので、それらの利便性を高めるためのバスが運行されるようになったのだ。

たとえば新宿駅（バスタ新宿）や池袋駅では、それぞれ深夜1時台に成田空港に向かうバスが出発する。これらのバスは深夜3時台に成田空港第3旅客ターミナル（ビルは24時間営業）に到着するので、余裕を持って早朝6時台に出発するLCCを利用できるメリットがある。

【E】「バスタ新宿」の開業（2016年）

これは、バスやタクシーによる空港アクセスの利便性を高める上でも大きな出来事だった。「バスタ新宿」では、成田空港と羽田空港の両方にアクセスするバスだけでなく、タクシーが発着しており、鉄道との乗り換えも容易になっている。先ほど紹介した空港にアクセスする深夜・早朝バスもここを発着する。空港バスが到着する降車場の目の前には、観光案内所があり、外国人に日本らしさをアピールするかのように、和服姿のスタッフが案内役を務めている。都心にある空港アクセスの拠点であるという点では、ここは「現代版T―CAT」とも言えるかもしれない。

【F】タクシーやマイカーの利便性向上

これは、空港を、1日24時間いつでもアクセスできる場所にする上で重要だ。タクシーやハイヤー、マイカーは、バスや鉄道の便がない深夜帯でも移動でき、スーツケースなどの大きな手荷物もふくめてドア・トゥ・ドアで移動できるメリットがあるからだ。

タクシーは、定額運賃サービスや、配車アプリの導入などで利便性が向上している。定額運賃サービスは、利用区間ごとに運賃をあらかじめ定めたサービスで、羽田空港と東京23区を中心とした地区のアクセスで導入されている。配送アプリは、スマートフォンでタクシーを呼び出せるというものだ。アメリカ生まれの「UBER（ウーバー）」がよく知られているが、日本で開発された「全国タクシー配車」などもある。

海外では、配車アプリを使ったライドシェア（相乗り）のサービスも始まっている。日本では、このサービスはまだ本格的に始まってなく（２０１６年9月時点）、タクシーの脅威になると報道されているが、国内に広がるのも時間の問題であろう。

マイカーは、各空港内の立体駐車場の充実でより利用しやすくなった。利用者が多い時期に満車になることがあるので、事前に予約するサービスもある。

羽田空港の国際線旅客ターミナルでは、昼夜問わずマイカーが出入りしている。深夜早朝でも国際便が発着しており、ビルが24時間営業しているからだ。ビルに直結した立体駐車場に行くと、深夜でも外国人の姿を見たり、さまざまな国の言葉を聞くことができる。外国人は公共交通を利用するイメージがあるが、マイカー利用者も少なからずいるのだ。

半世紀の歴史を凝縮した「奇景」

Ｔ―ＣＡＴが計画された約半世紀前は、成田空港や羽田空港がこのような状況になるとは、おそらく誰も想像していなかっただろう。ただ、当時予想できないほど航空網や道路網、そして空港アクセス手段が発達し、東京という都市の利便性が高まったのは事実だ。

さあ、ここであらためて冒頭で紹介した地下鉄2番出入口付近に立ち、箱崎ＪＣＴの高架橋を見上げてみよう。ここまで複雑な構造になったのは、約半世紀前に人々が空港アクセスの将来像を模索した結果だが、現在はその将来像を超えた状況が実現している。

そうした視点で見ると、この「東京道路奇景」に東京の空港アクセスの歴史が凝縮されていると筆者は思うのだが、いかがだろうか。

環状2号と虎ノ門ヒルズ

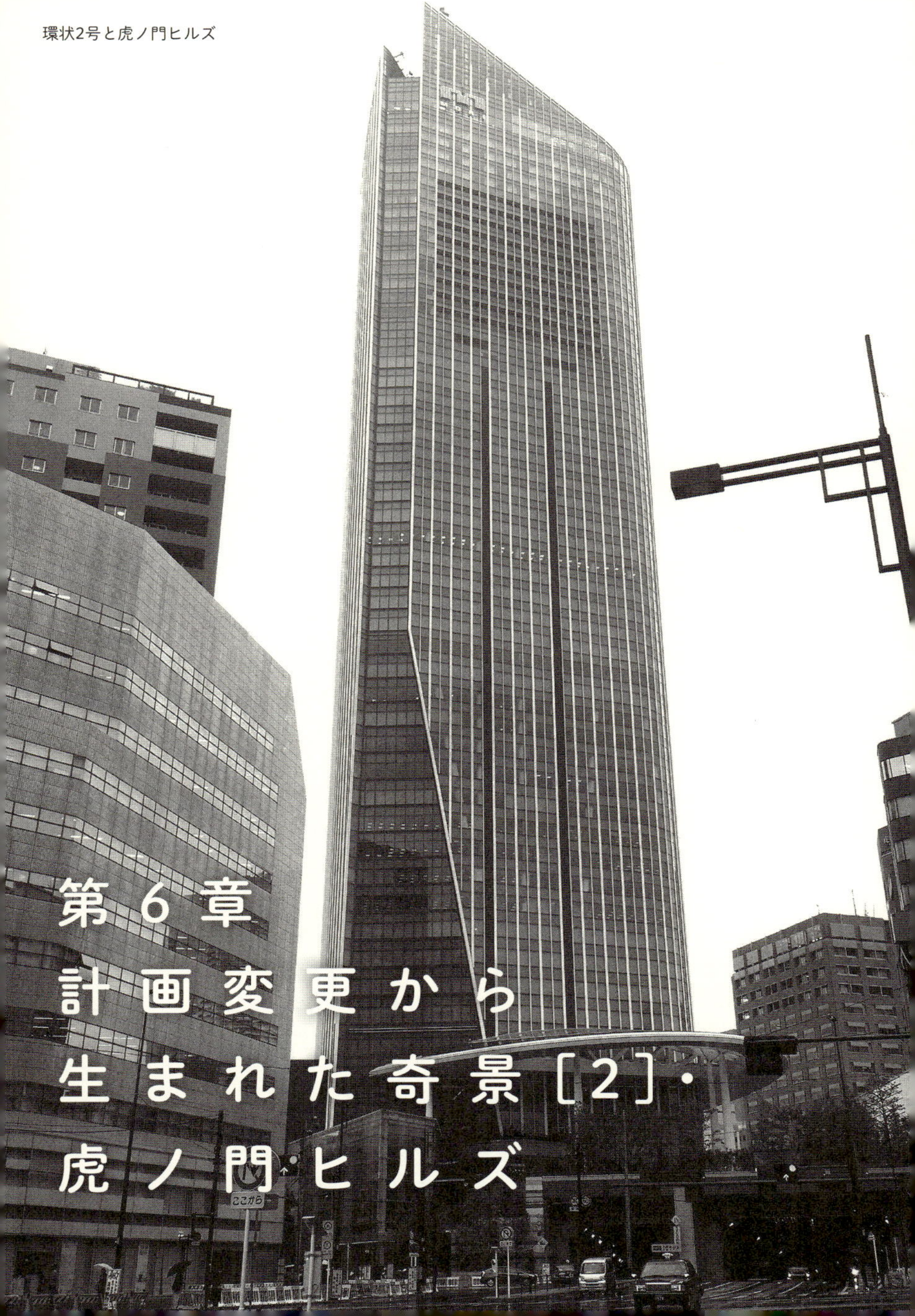

第6章
計画変更から生まれた奇景［2］・虎ノ門ヒルズ

計画変更から生まれた奇景の中には、現在も姿を変え続けているものがある。その代表例は虎ノ門にあり、第2章でもかんたんにふれたように、街路の真上に超高層ビルが建っている。しかも、その周囲の景色は、再開発によって刻々と変化している。そう、東京にまた新しい景色ができようとしているのだ。

なぜこのようなことが虎ノ門で起きているのか。第2章で紹介した立体道路制度の制定や、第3章で紹介した街路整備の遅れから探ってみよう。

6・1 トンネルの真上にある虎ノ門ヒルズ

超高層ビルの下に吸い込まれる自動車

まずは本題に入る前に、虎ノ門という街を紹介しよう。

虎ノ門は、東京の代表的なオフィス街で、新橋駅や霞が関の官庁街に近くに位置している。その中心とされる虎ノ門交差点付近には、かつて江戸城の南門（虎ノ門）があり、周辺に武家屋敷があった。現在は賃貸ビルが建ち並んでいるので、それらの面影はほとんど残っていない。

ここが森ビルの創業の地であることは、ご存知の方も多いだろう。森ビルは、東京を拠点とする不動産会社で、虎ノ門を中心に多くの賃貸ビルを運営しており、六本木ヒルズなどの複合施設の建設や運営、都市開発などを国内外で行った実績がある。

虎ノ門の人の流れは、虎ノ門ヒルズの完成で大きく変わった。虎ノ門ヒルズは、森ビルが運営する複合施設で、２０１４年6月に開業した。

冒頭で紹介した道路の真上の超高層ビルは、虎ノ門ヒルズの核となる建造物だ。この内部には、オフィスや会議室以外に、ホテルやスパ、レジデンス、飲食店など多種多様な施設がある。

本章で紹介する「東京道路奇景」は、虎ノ門ヒルズのすぐ西側にある虎ノ門二丁目交差点から眺めることができる。この交差点は、道路の真上に超高層ビルが建つ様子がよくわかる場所だ。

虎ノ門ヒルズからこの交差点まで歩き、そこで後ろを振り返ると、正面に虎ノ門ヒルズの超高層ビルが見える（章扉写真）。視点をその下に移すと、そこには2つの四角い穴が左右に並んでおり、自動車が左の穴に次々吸い込まれ、右の穴から次々出てくるのが見える。そう、街路はトンネルになっており、その真上が虎ノ門ヒルズの敷地になっているのだ。その敷地の西端（トンネル出入口の真上）に立つと、真下の街路を見下ろすことができる。（写真６—１）

この街路は、東京都が管理する幹線街路で、森ビルが管理する虎ノ門ヒルズとセットで

▶地下鉄
銀座線
虎ノ門駅

虎ノ門ヒルズ

虎ノ門ヒルズ
公式サイト

虎ノ門二丁目交差点

写真6-1　虎ノ門ヒルズから見た虎ノ門二丁目交差点

整備された。つまり、立体道路制度を利用して、公共の道路と民間の建物が同時につくられたのだ。

先ほどの交差点から街路のトンネルをよく観察すると、トンネル内部が坂になっており、路面が地平より低くなっているのがわかる。自動車はここからトンネルに入り、坂を下って地下深くを通るのだ。

なぜ虎ノ門では、このような「東京道路奇景」ができたのだろうか。その理由を、第3章で紹介した幹線街路の整備の歴史から探ってみよう。

環状2号は幅100mになる予定だった？

虎ノ門ヒルズの真下を通る街路は、

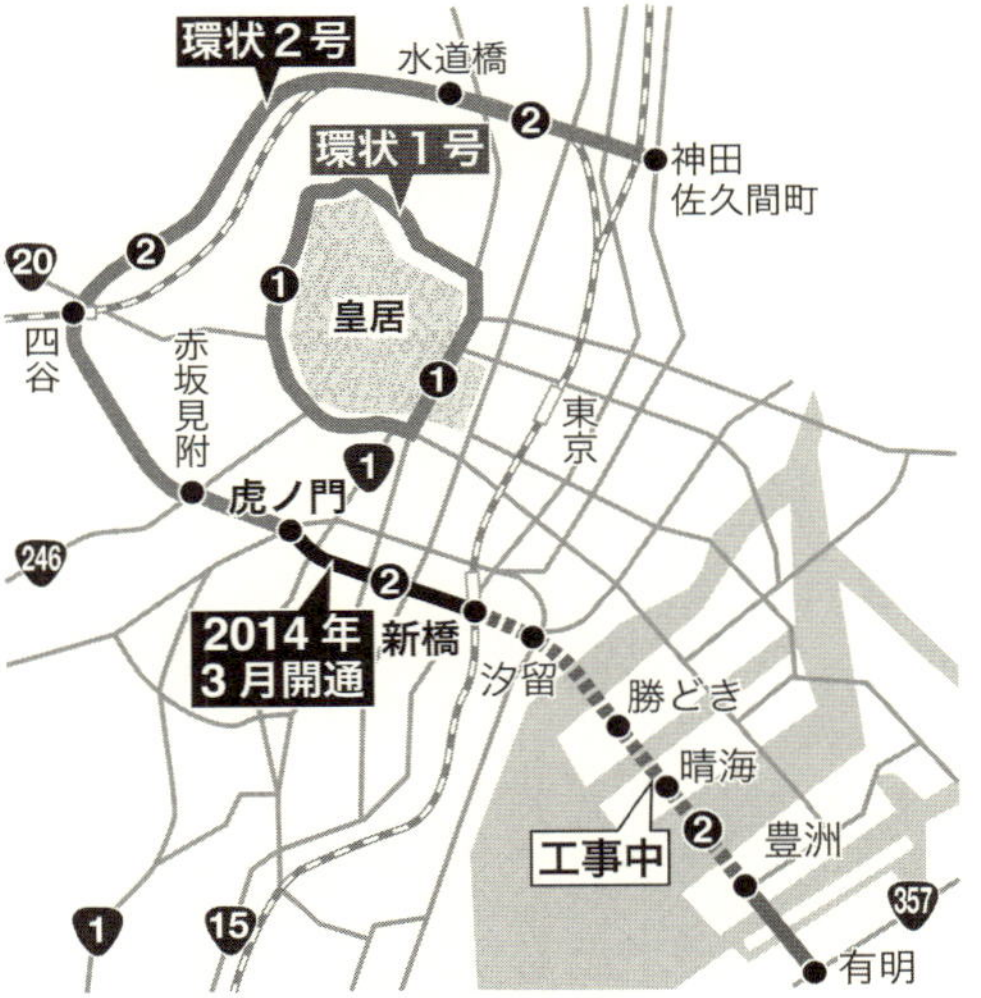

図6-1　環状２号（2016年8月時点）

環状2号と呼ばれる幹線街路だ（図6―1）。皇居を中心に同心円状に広がる環状線の１つだ。その大部分は、「外堀通り」という通称で呼ばれている。

　環状2号を整備する計画は、今から90年ほど前に存在した。第3章で紹介したように、現在の幹線街路網のベースとなる計画は、戦前の１９２７年に決定していた。環状2号は、関東大震災後の帝都復興計画第一案で計画されていた（越澤明著『東京都市計画の遺産』１０８ページより）。

　ところが環状2号の一部である虎ノ門・新橋間は、戦後になっても長らく開通しなかった。この区間は、ダグラス・マッカーサーが率いる連合国軍総司令部（GHQ）がその整備を求めたとする俗説をもとに「マッカーサー道路」とも呼ばれていた。ただし、これは環状2号の整備計画が戦前に存在した事実に反する。

この未開通区間は、終戦後に幅員が最大100mの街路になるはずだった。東京の戦災復興街路が1946年に都市計画決定され、幅員が最大100mの街路を7本整備することになり、環状2号の未開通区間をふくむ区間がこの1本に選ばれていたのだ。

国内で幅員が100m以上ある代表的な街路には、札幌の大通や、名古屋の若宮大通と久屋大通、広島の平和大通りがある。これらと同程度の幅員を持つ街路を、東京で整備する計画があったのだ。

ところがこの整備計画が実現しなかった。1950年の計画変更で、先ほどの7本の幅員は縮小され、環状2号の幅員は40mに変更された。

反対運動から生まれた地下道路

その後も虎ノ門付近では、環状2号の整備がしばらく進まなかった。地域住民に反対されたからだ。

のちに環状2号は地下を通り、立体道路制度を利用してその上を再開発することになり、地域住民はこれに合意した。港区芝地区総合支所地区政策課発行「芝地区地域情報誌」(平成19年9月20日付)には、整備に関する交渉に関わった人物のインタビュー記事が載っており、その合意に至った経緯が述べられている。これによれば、街路付近の土地利用の不公平さが要因となり反対運動が起こり、最終的に道路空間を立体的に使った再開発を行うことになったようだ。

この合意によって、未開通区間の整備は大きく進んだ。地下を通る街路は、2005年に工事が始まり、虎ノ門ヒルズの開業直前に開通した。また、東京都は街路上にビルを建設する構想を発表したあと、森ビルがその計画に参画し、虎ノ門ヒルズができあがった。

虎ノ門ヒルズの真下を走る

環状2号は、一般的に通称で呼ばれている。その大部分は、前述したように、「外堀通り」と呼ばれているのに対して、虎ノ門以西の区間は、2014年に開通したときに「環二通り」と名付けられた（図6―2）。

では、環二通りを経由して、虎ノ門ヒルズの真下を走ってみよう。紹介するのは2016年9月時点の様子だ。トンネル区間は自動車専用道路となっており、歩行者や自転車では通行できないので、ここからはマイカーやタクシーに乗った気分で楽しんでいただきたい。

環二通りを西（都心部）から東（臨海部）に向かって走ると、正面に虎ノ門ヒルズの超高層ビルが見え、その真下にトンネルの入口が見える。このトンネルは、「築地虎ノ門トンネル」と呼ばれており、その名の通り虎ノ門から築地まで続いている。ただし、現在は新

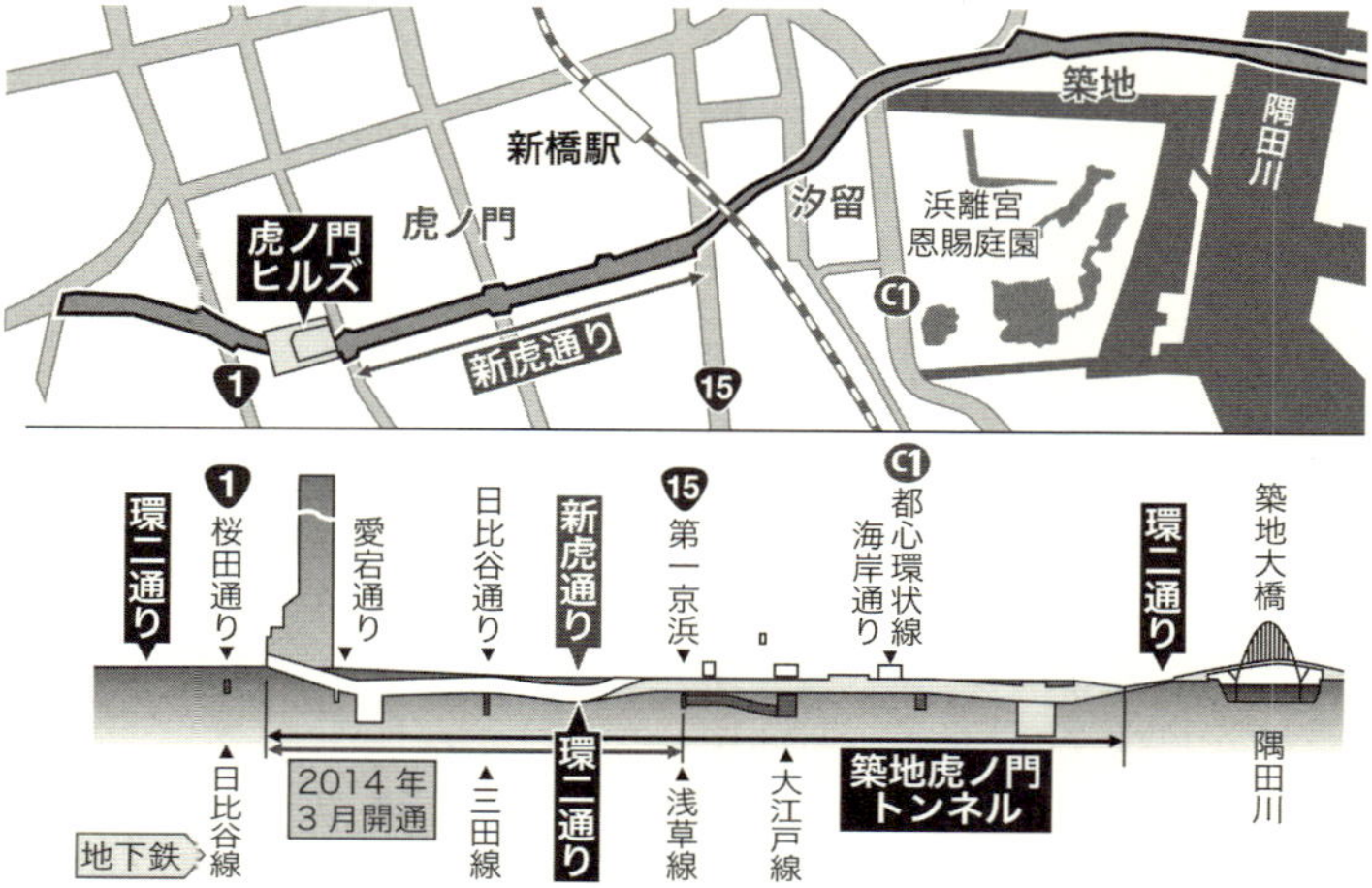

図6-2　環二通りと新虎通り

橋で終わっており、その先は工事中だ。

冒頭で紹介した虎ノ門二丁目交差点（桜田通り）を通過すると、いよいよトンネルに入る。この入口の真上は虎ノ門ヒルズの庭園で、芝生を敷き詰めた憩いの場となっている。

環二通りは、ここまで平坦だったが、トンネルの先でジェットコースターのようにアップダウンする。まず入口から急な下り坂が始まり、左カーブを通過しながら地下深くまで一気にすべり降りる。この下り坂が、ちょうど虎ノ門ヒルズの真下を通る部分だ。トンネルの壁の向こうには、多くの杭が打ち込まれており、超高層ビルを下から支えている。

トンネル内の緩やかな上り坂を駆け上がると、虎ノ門ヒルズの敷地から離れ、平坦な区間に入る。この真上の地平には、「新虎通り」と呼ばれる街路が並行に通っている。つまり、街路が地平（新虎通り）と地下（環二通り）の2層構造になっているのだ。トンネルをさらに東に進むと、築地まで続く工事区間に差し掛かり、車道が狭くなり、強制的に急な上り坂に誘導される。そこを駆け上がり、地上に出ると、そこは東新橋一丁目交差点。新橋駅のすぐ南にあり、第一京浜（国道15号）と交差する場所だ。この先の街路は汐留の再開発地区で終わっている。現在建設中のトンネルは、東新橋一丁目交差点から先も地下を通り、築地まで続く。

6・2　今後も変わる新虎通りと環二通り

新虎通りと環二通りは、どちらも未完成で、これから着々と姿を変える。両者は、環状2号の一部として、今後も整備が進められているからだ。ここでは、今後起こるおもな変化として、新虎通りの整備や環二通りの延伸についてふれておこう。

新虎通りを東京のシャンゼリゼ通りに？

新虎通りは、環二通りと同様に２０１４年に開通したばかりだ。東京都は、ここをパリ

新虎通り

東新橋一丁目交差点

写真6-2　開通直後の新虎通り。歩道の幅員が広い

のシャンゼリゼ通りのような賑わいのある場所にすることを計画している。シャンゼリゼ通りがパリを象徴するシンボルストリートであるように、新虎通りを次世代の東京を象徴するシンボルストリートにしようという動きがあるのだ。

新虎通りの大きな特徴は、歩道の広さだ。道路全体の幅は、環状2号のほかの区間と同じ40ｍであるが、車道の幅を14ｍに縮小して車線数を2車線に減らし、左右両端の歩道の幅をそれぞれ13ｍに拡大してある。これは、シャンゼリゼ通りの歩道の幅（20ｍ）には及ばないが、オープンカフェのテーブルや椅子を並べるには十分な空間がある。都内では、歩道の幅をここまで広げた例は珍しい。

ただし、開通直後の新虎通りは、シャンゼリゼ通りのイメージとは程遠い状況だった（写真6―2）。街路樹はなく、全体的に殺風景で、昼間でも人通りがほとんどなかった。歩道には赤いパイロン（カラーコーン）や工事用の柵がずらりと並び、沿線には、背の低い古いビルや、空き地を利用したコインパーキングが並んでいた。

そんな新虎通りも、今では新しい街が着々と形成されつつあり、街並みが刻々と変化している。たとえば沿道のオープンカフェやバーは、開通当初に2店舗しかなかったが、その後増え、その分だけ古いビルやコインパーキングが減った。2016年夏には街路樹が植えられ、見た目の印象が大きく変わった。

もちろん、シャンゼリゼ通りのような賑わいが実現するのは、まだまだ先だ。ただ、今では開通当初にはとても想像できなかったほど、飲食店が集まり、そこに集う人が増えた。殺風景だった場所でも、六本木や銀座のような雰囲気がわずかながら感じられるようになった。5年後、10年後の姿が楽しみな通りだ。

環二通りは臨海副都心へ

環二通りは、将来は臨海副都心の有明へと延伸し、都心部と臨海部を結ぶ重要なルート

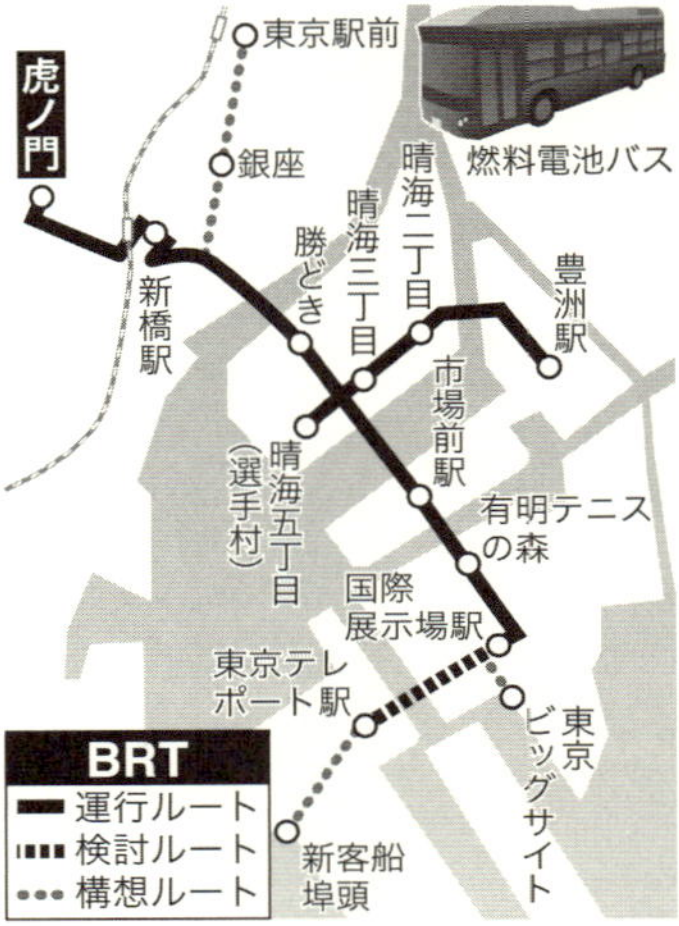

図6-3　BRTの運行ルート（五輪選手村再開発後）

になる予定だ。環二通りは、環状2号の虎ノ門～有明間を指し、現在は虎ノ門～汐留間のみが開通している。

現在工事中の汐留～有明間は、東京都により1993年に環状2号の計画に追加された区間であり、これが開通すると、環状2号が完成する。

環二通りは、2020年の東京五輪会期中に、選手村や競技会場を結ぶ重要なルートとなる。選手村は、沿線の晴海に設けられる。

ここは、東京五輪閉幕後も重要な輸送ルートとなる。都心と臨海副都心を結ぶメインストリートになるだけでなく、選手村跡に形成される居住地と都心を結ぶルートにもなるからだ。

このため環二通りでは、バスの専用レーンがつくられ、2019年からBRTの運行が始まる予定だ（図6—3）。BRTとは、Bus Rapid Transit の略で、日本では「バス高速輸送システム」と訳されることが多い。かんたんに言うとバスを使う大量輸送システムで、バス専用レーンを通ることで定時性が確保でき、鉄道よりも整備費が安いなどの利点がある。

ただし、環二通りの延伸工事は、築地市場（図6—4）の移転を巡って揺れている。築

晴海五丁目
（選手村）

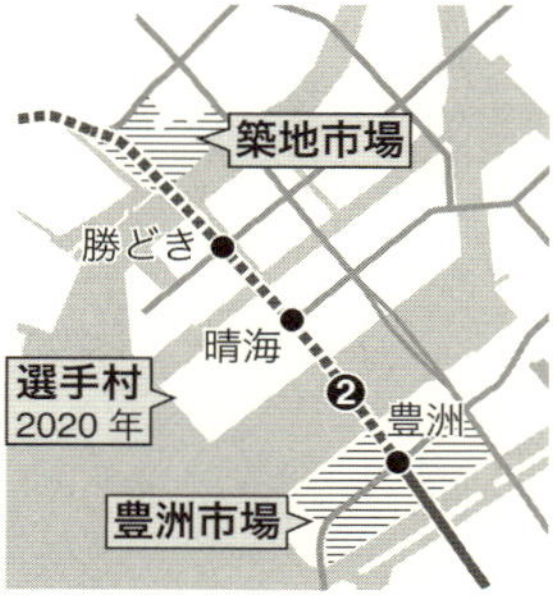

図6-4　築地市場と豊洲市場

地市場は、おもに水産物を扱う日本最大規模の市場で、施設の老朽化にともない、環二通り沿いに新設された豊洲市場に2016年11月に移転し、その跡地の一部が環二通りになる計画だ。ところが、豊洲市場で利用する地下水の水質調査の結果が出ていないなどの問題があり、小池百合子都知事が2016年8月末に移転の延期を正式表明した。これによって環二通りの延伸工事も遅れることが懸念されており、次回の東京五輪までに間に合うかは微妙な状況だ。

6・3　変貌する虎ノ門

国家戦略特区とバスターミナル

変わるのは、新虎通りや環二通りという街路だけではない。虎ノ門ヒルズがある虎ノ門という街そのものも、これから変わろうとしている。

▶地下鉄
都営大江戸線
築地市場駅

築地市場

▶鉄道
ゆりかもめ
市場前駅

豊洲市場

虎ノ門は、これからたんなるオフィス街ではなく、国際的なビジネスの拠点になる予定だ。ここは、東京都が進める再開発地区であるだけでなく、政府が定めた国家戦略特区にも指定されている。

また、虎ノ門をビジネス拠点として発展させるため、今後は交通の便が大幅に改善される。たとえば虎ノ門ヒルズは、現在地下鉄の駅と直結していないが、2020年までに銀座線の虎ノ門駅と地下通路でつながり、日比谷線に新設される駅と直結する。

今後は地下鉄だけでなく、バスの利便性も向上する。2019年末には、虎ノ門ヒルズの北側に大規模なバスターミナル（虎ノ門バスターミナル）が新設され、先ほど紹介したBRTや、空港バスなどが乗り入れる予定だ。これによって、臨海副都心や東京駅、そして成田空港や羽田空港へのアクセスが容易になる。隣接する環二通りでは、今後バスが行き交うことになるだろう。

重なった2つの要因

さあ、ここでもう一度、本章の冒頭で紹介した虎ノ門二丁目交差点に立ってみよう。そこから見える虎ノ門ヒルズ側の景色は、これから変わる。今は正面に見える虎ノ門ヒルズと環二通りだけが真新しいが、左側（北側）に見えるビルはこれから取り壊され、真新しい超高層ビルやバスターミナルへと変貌する。虎ノ門ヒルズの奥にある新虎通りの沿線は、シャンゼリゼ通りの賑わいを目指した街並みになる。

現在の虎ノ門は、新橋駅に近い昔ながらのオフィス街で、会社員が男性中心だった時代の雰囲気が残り、「おじさんの街」と称されることもある。ただ、先ほどのような変化が起きると、その雰囲気も過去のものになるだろう。

東京は、日本でも街並みの変化がとくに激しい都市であるが、それでも虎ノ門ほどの大きな変化が起きている街は珍しい。

なぜこれほどまでの変化が虎ノ門で起きたのだろうか。それは、2つの要因が偶然重なったからだろう。つまり、環状2号を整備する時期と、高度経済成長期ごろに建設されたビル群の更新時期がちょうど重なったことで、区画整理をふくめた大規模な再開発が進めやすくなったのだろう。

このことは、「弱み」を「強み」に変えたとも言えるだろう。環状2号などの幹線街路の整備が遅れたことは、都市全体にとっては大きな弱点だ。ただし虎ノ門においては、その遅れが「伸びしろ」として残り、街を大きく変える起爆剤にもなったとも考えられる。

もしそうだとすれば、道路整備の遅れは、案外悪いことばかりではないのかもしれない。

第７章
未来を先取りした
奇景・永田町

赤坂見附交差点付近

半世紀以上前から存在する未来都市の風景

永田町は、国会議事堂や首相官邸などの国の中枢機関が集中する街として知られているが、未来を先取りしたような「東京道路奇景」が半世紀以上前から存在する街でもある。

永田町付近では、街路と首都高が東西方向に並行する区間があり、両者が立体的に複雑に絡み合いながら、多くの「東京道路奇景」を生み出している（写真7―1）。この区間はわずか1㎞弱にすぎないが、首都高のトンネルや高架橋、半地下区間だけでなく、街路のオーバークロスが存在し、位置によって立体構造が変化する。つまり、この1㎞弱に数々の「東京道路奇景」が凝縮されているのだ。

自動車でこの区間を走ると、車内から見える景色が目まぐるしく変化する。とくに首都高を走ると、その変化が顕著だ。

自動車は、この区間の首都高を、混雑や渋滞がなければ2分ほどで通過してしまうが、その間に高度を頻繁に変えながら、都市空間を立体的に通り抜ける。

建ち並ぶビルを横目に見ながら、地平よりも高い中空を通ったあと、一気に高度を下げて、地平よりも低い地中に潜り込み、等間隔で並ぶ白い光を浴びたあと、半地下区間でわずかに地上に顔を出し、日光を浴びる。

そう、地平だけを走るドライブとは一味ちがう、非日常的で、SF世界のようなドライ

▶地下鉄
有楽町線
半蔵門線
南北線
永田町駅

永田町
（国会議事堂）

写真7-1　上空から見た永田町。三宅坂交差点から赤坂見附交差点までの1㎞弱に「東京道路奇景」が凝縮されている（写真提供・首都高速道路株式会社）

ブができる道路が、永田町付近には実在するのだ。しかも半世紀以上も前からだ。

それゆえ、永田町付近の首都高は、ＳＦ映画の舞台にもなった。「はじめに」で紹介した映画『惑星ソラリス』では、首都高が登場するシーンがあり、その多くが、永田町付近の首都高を通る自動車から撮影した前面展望の映像だ。未来都市という設定なので、前衛的な電子音がＢＧＭとして流れる。

ただし首都高のシーンの映像は基本的に実写のままで、一部がモノクロになっている。この映画を制作した旧ソ連のスタッフにとっては、それだけ未来を先取りした風景がここに実在するように見えたのだろう。

『惑星ソラリス』が公開されたのは１９７２年だが、永田町付近を通る首都高の高架橋やトンネルはその前に完成し、１９６４年の東京五輪の会期中には、空港と競技会場を結ぶアクセスルートにもなった。

なぜこれほど非現実的で、未来を先取りしたような道路が、永田町付近につくられたのか。本章ではその理由を探ってみよう。

永田町という小高い丘と高低差

本題に入る前に、まずは永田町の地形についてかんたんにふれていこう。

永田町は、小高い丘にある。標高がもっとも高い頂点は、国会議事堂あたりにあり、その周囲の街路が坂になっている。このような地形の起伏は地図ではわかりにくいが、実際に永田町を歩くとよくわかる。

先ほど紹介した１㎞ほどの区間は、永田町を東西方向に横断しており、地平部分に大きな地形の起伏がある。その頂点は自民党本部が近い平河町交差点付近にあり、それ以外の地点の標高が低くなっている（図７―１）。

この区間では、青山通り（国道２４６号）と首都高の４号新宿線が並行している。青山通りは、幹線街路の放射線の１つで、幅員が広く、車道が最大８車線ある。その起点は、皇居の周囲を通る内堀通り（環状１号）と接続する三宅坂交差点で、そこから平河町交差点や、地下鉄の赤坂見附駅に隣接する赤坂見附交差点を経て、渋谷方面に延びている。

４号新宿線は、三宅坂交差点近くにある三宅坂ＪＣＴから新宿方面に向かう路線だ。東の三宅坂交差点から西の赤坂見附交差点までは、青山通りと並行している。これが、前述した１㎞弱の区間だ。

この区間の地平部分には、最大約20ｍの高低差が存在する。標高は、頂点に近い平河町交差点が約30ｍであるのに対して、三宅坂交差点が約18ｍで、赤坂見附交差点は約10ｍだ（国土地理院・電子国土Ｗｅｂより）。平河町交差点と赤坂見附交差点の間は水平距離で３０ｍほどしか離れていないが、そこに約20ｍの高低差がある。これで、どれほど急な坂がここにあるかおわかりいただけるだろう。そう、多くの人が徒歩や自転車で登るのを避け

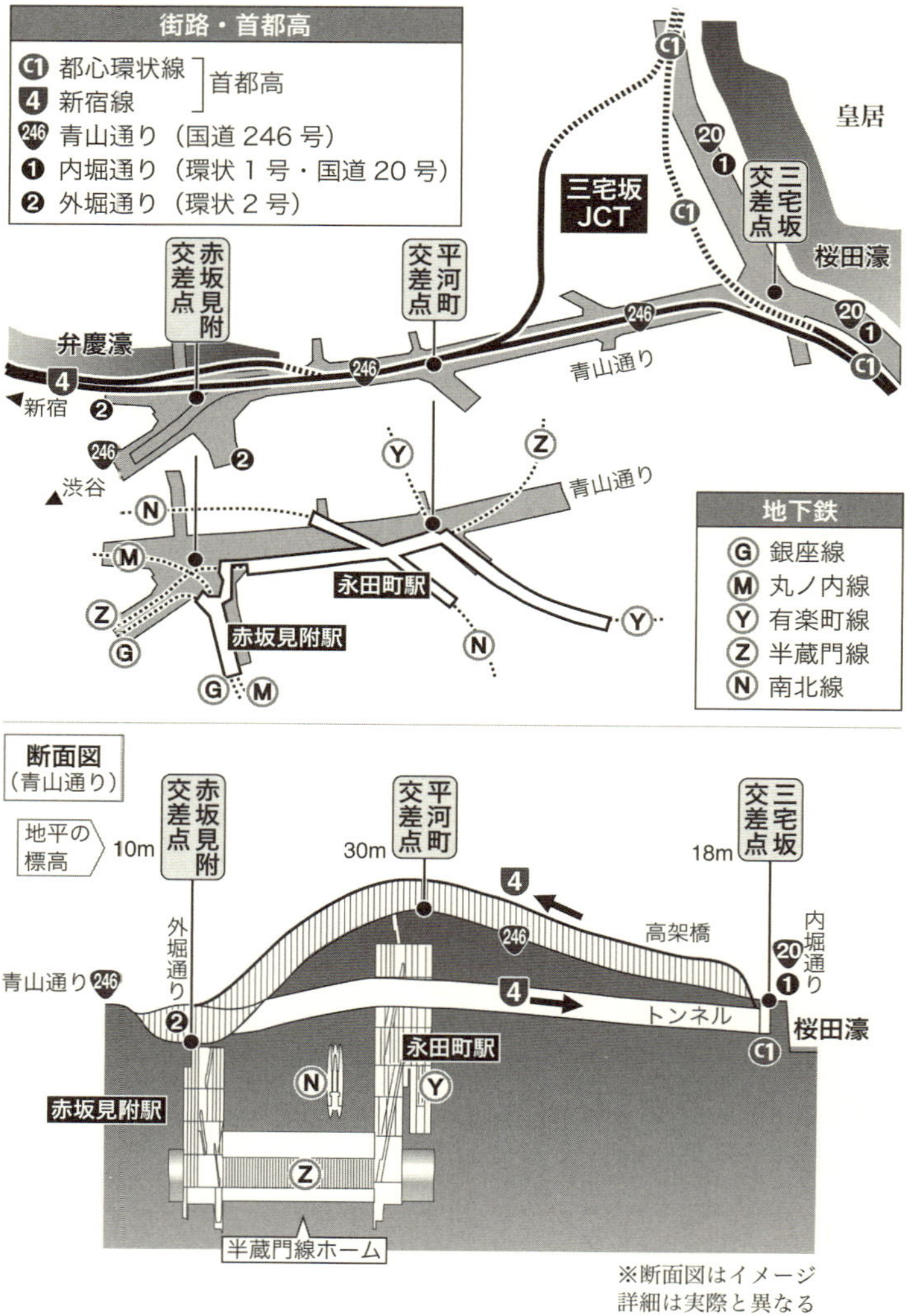

図 7-1　永田町付近の構造

たくなるような坂が、永田町にあるのだ。

この区間の立体構造が複雑になった要因は、おもに3つある。1つ目は、首都高を整備するにあたり、この地に路線の分岐点（三宅坂JCT）を設ける必要があったこと。2つ目は、景観を重視する風致地区ゆえに、首都高の一部を地下や半地下にしなければならなかったこと。3つ目は、先ほど紹介した地形の起伏や高低差があることだ。

つまり、これらをすべてクリアするように首都高をつくった結果、複雑な立体構造ができあがったのだ。

では、どのようにしてクリアしたのだろうか。赤坂見附交差点、平河町交差点、三宅坂交差点の順に見ていこう。

3本の高架橋が中空を通る（赤坂見附交差点）

最初に紹介する赤坂見附交差点は、永田町の西側にある5叉路で、都内でも交通量が多い交差点の1つだ（図7―2）。地平では、青山通りと外堀通り（環状2号）が平面交差している。

ここにも「東京道路奇景」と呼べる不思議な風景がある。

赤坂見附交差点の歩道から見上げると、中空を通る3本の高架橋が見える。このうち、2本は首都高の4号新宿線で、1本は青山通りのオーバークロスだ。

▶**地下鉄**
銀座線
丸ノ内線
赤坂見附駅

赤坂見附交差点

図7-2　赤坂見附交差点。3本の高架橋が中空を通る

4号新宿線の高架橋が2本に分かれているのは、この先の三宅坂JCTで車道が分岐しやすい構造にするためだ。上り線（三宅坂JCT方面）と下り線（新宿方面）を切り離して、青山通りの上と下に配置し、y字型の高架橋とトンネルをつくれば、街路空間を利用しながら構造がシンプルな分岐点をつくることができる。

赤坂見附交差点では、4号新宿線の2本の高架橋が異なる高さを通る。下り線の高架橋が青山通りの高架橋へと続くのに対して、上り線の高架橋は三宅坂JCTに向かって高度を下げ、青山通りの下を通るトンネルへと続くからだ。

青山通りのオーバークロスは、交通処理能力を高めるために、戦後の青山通りの拡幅とセットで整備された。赤坂見附交差点は、かつて路面電車の結節点でもあり、混雑しやすい場所だったので、オーバークロスを設け、青山通りを直行する車両がノンストップで通過できるようにしたのだ。

赤坂見附交差点付近は、道路の構造が特殊であるだけでなく、北側と南側の景色にギャップがある場所でもある。北側には、緑豊かな弁慶濠があり、その周囲にホテルニューオータニなどの高級ホテルが建ち並んでいる。南側には、赤坂の繁華街がある市街地が広がり、背が高い超高層ビルもある。つまり、落ち着いた場所と賑やかな場所の境界に、赤坂見附交差点があるのだ。

先ほど紹介した3本の高架橋が交差点上を通る風景だけでも、十分非現実的に見えるが、それが景色にギャップがある場所にあるとなると、ますます非現実的に見える。

ただ、首都高と青山通りの整備は、半世紀以上前に実施されたので、この風景もそのときから存在する。当時の東京には今ほど背の高いビルはなく、交差点の中空を通る高架橋もほとんどなかったので、人々の目には、今よりもはるかに非現実的で、インパクトがある風景に見えただろう。

そのためか、映画『惑星ソラリス』では、高い場所から赤坂見附交差点を俯瞰した映像が2回登場する。1回目は昼で、2回目は夜だ。とくに夜のシーンは印象的で、交差点の地平部分や高架橋を自動車のヘッドライトやテールライトが絶え間なく流れる様子が映し出される。写真7―2は、その映像とほぼ同じ角度から撮影したものだ。

道路と地下鉄の5層構造（平河町交差点）

次に、平河町交差点を見てみよう。先ほどの述べたように、並行区間でもっとも標高が高い頂点が近い場所だ。

平河町交差点の歩道を歩くと、すぐ近くにy字型に分岐した高架橋が見える。ここが、前述した首都高の分岐点であり、三宅坂ＪＣＴの西端だ。この高架橋の真下の地下には、y字型に分岐したトンネルがあるが、残念ながら地平からは見えない。

平河町交差点付近は、複数の交通路が立体交差する場所でもある（図7―3）。地上では、道路が2層になっており、地平を通る青山通りの上に、4号新宿線下り線の高架橋がある。

平河町交差点

y字型の高架橋

写真7-2　高台から見た赤坂見附交差点
（写真提供・首都高速道路株式会社）

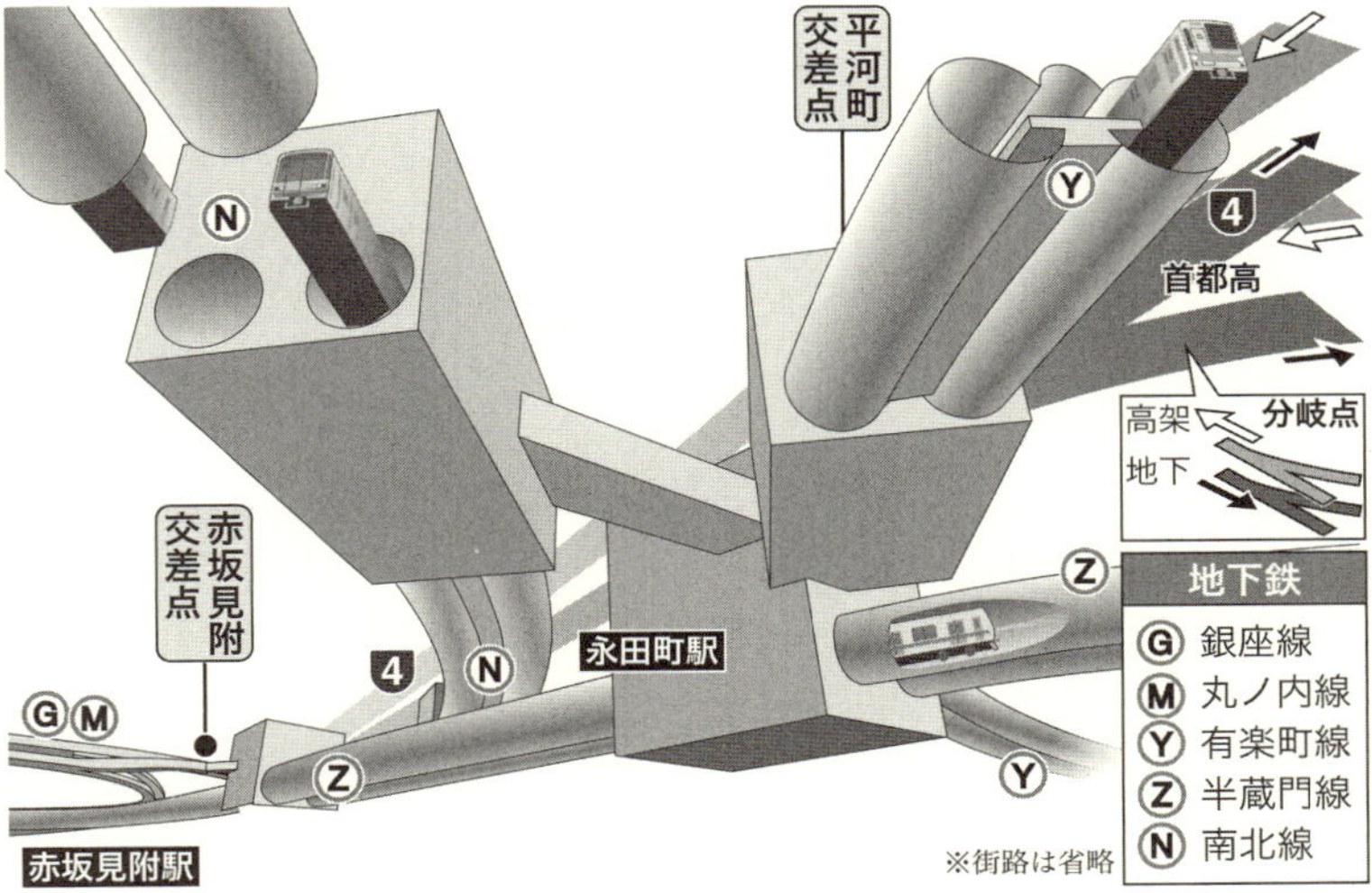

図7-3　永田町駅の構造

いっぽう地下では、道路が1層（4号新宿線上り線のトンネル）があるが、その下に地下鉄3路線（開業順に有楽町線・半蔵門線・南北線）が乗り入れる永田町駅があり、それぞれのトンネルが立体交差している。なお、有楽町線と南北線のトンネルは、半蔵門線のトンネルの上でほぼ同じ高さを通るので、ここでは3路線のトンネルが2層重なっているとカウントしよう。

以上のことから、平河町交差点付近の空間全体で見ると、上下に5層（道路3層と地下鉄2層）の交通路が重なり、立体交差していることになる。層の数では、第1章で紹介した初台交差点の8層には及ばないものの、地下の立体構造の複雑さでは負けていないだろう。

もちろん、こうした交通路の5層構造は、地平から観察することはできない。ただ、地図や永田町駅の構内図を手がかりにして、自分なりに立体構造を想像するのも面白いだろう。

道路とは関係ない余談だが、ここで永田町駅についてふれておこう。

永田町駅のホームは、地下深くにあることで知られるが、その理由はおもに2つある。1つ目は、地下鉄のトンネルの坂を緩くする必要があったこと。2つ目は、先に首都高のトンネルができたあとに、地下鉄を整備したことだ。

1つ目は、前述した地形の起伏と関係がある。永田町駅の真上にある平河町交差点は、丘の上にあり、周囲よりも標高が高い。そのため、浅い位置に駅をつくると、そこに至るトンネルの坂が急になる。ところが地下鉄をふくむ鉄道では、道路のように急な坂を設けることができないので、坂が緩いトンネルをつくった結果、駅のホームを深い場所につくらざるを得なかったのだ。国の中枢機関が集まる場所ゆえに、地下シェルターの機能を持たせるために地下深い場所にホームを設けたというのは、あくまでも都市伝説だ。

世界初の地下ＪＣＴ

最後に、三宅坂交差点付近を見てみよう。三宅坂交差点は、皇居の内濠に面したＴ字路だ。

この付近には、首都高や街路の高架橋はない。三宅坂交差点の歩道に立ち、周囲を見回しても、立体構造が複雑な道路は見当たらない。

それは、ここが風致地区だからだ。それゆえ首都高は、景観に配慮して、地下または半地下を通っている（写真７―３）。三宅坂ＪＣＴの分岐点は、先ほどの平河町交差点近くだけでなく、三宅坂交差点付近の地下や半地下にもある。

三宅坂ＪＣＴは、世界で初めて地下に建設されたＪＣＴであり、その大部分がトンネルになっている（図７―４）。１９７９年に発行された『首都高速道路公団二十年史』には、ここが「世界で唯一の地下インターチェンジ」（56ページ）であると記されている。ここで言うインターチェンジは、現在はＪＣＴと呼ばれている。

三宅坂交差点

半地下区間
（都心環状線）

写真7-3　三宅坂JCTの半地下区間。右に皇居、左に国会議事堂がある

それまで地下ＪＣＴが存在しなかったのは、それをつくる必要性がなかっただけでなく、複数のデメリットがあるからだろう。

そもそもＪＣＴは、分流点や合流点があるので、もともと事故が起こりやすいが、それをトンネル内部に置くと見通しが悪くなり、かえって事故が起こりやすくなる可能性がある。また、道路を地下化するには、トンネルをつくるだけでなく、自動車の排気ガスをトンネル外に排出する換気装置や、防災設備などを設ける必要があるので、建設や維持に多額の費用がかかる。となれば、ＪＣＴの地下化を避けるのは当然だろう。

ところが三宅坂ＪＣＴは、前例のない地下ＪＣＴとして建設された。

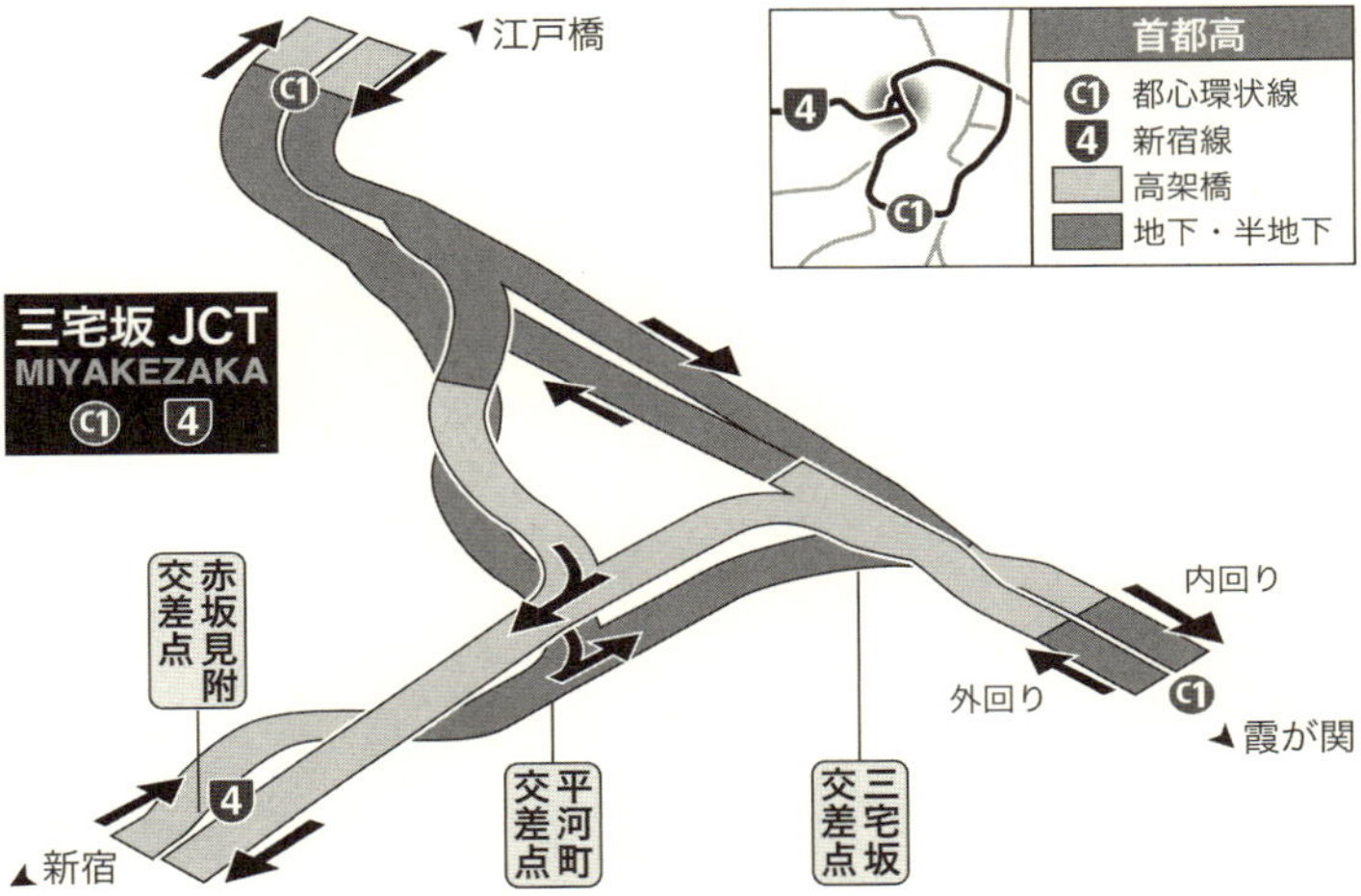

図7-4　三宅坂JCTの構造（イメージ）

風致地区につくる必要があったとはいえ、当時としてはかなり思い切ったことだっただろう。

この三宅坂ＪＣＴも、映画『惑星ソラリス』に登場する。車道がトンネル内部で分岐するシーンや、トンネルの間にある掘割で上から光が差し込むシーンもある。

現在首都高では、地下に分流点や合流点があるＪＣＴや出入口は珍しいものではなくなった。たとえば第１章で紹介した山手トンネルでは、そのようなＪＣＴや出入口が連続している。

ただしそれらの原点は、三宅坂ＪＣＴにある。そう考えると、そこにある薄暗いトンネルや、やや長めにしてある合流車線などが、いつもとちがって見えるだろう。

1964年の東京五輪を支えた首都高

ここまで紹介した並行区間の首都高は、前述したように、1964年の東京五輪のアクセスルートにもなった（図7―5）。当時は成田空港がまだなかったので、首都高では空の玄関口である羽田空港と、競技会場や選手村（現在の国立オリンピック記念青少年総合センター）を結ぶ区間を優先して整備された。その一部が、この並行区間だったのだ。

1964年の東京五輪の会期中は、海外から多くの選手や報道陣などが羽田空港に集まり、首都高を通って競技会場や選手村に移動したはずだ。

彼らや彼女らには、車窓からの風景はどう見えたのだろうか。羽田空港から選手村まで走るバスの様子を再現してみよう。

羽田空港を出たバスは、空港（現・空港西）入口から首都高に入り、高架橋を通って大手町のオフィス街を抜け、千鳥ケ淵で水面のすぐ上を通り、三宅坂ＪＣＴのトンネルに入る。ここから赤坂見附交差点までが先ほどの並行区間だ。白や黄色の光が等間隔で並ぶ地下空間を抜けると、地上に出て高架橋に上がり、赤坂見附交差点の上空を通る。その後は並走する電車（中央線）を横目に見ながら、トンネルや掘割を通り、外苑前出入口を通過する。ここを出れば、メイン会場である国立競技場や、東京体育館などの競技会場は目の

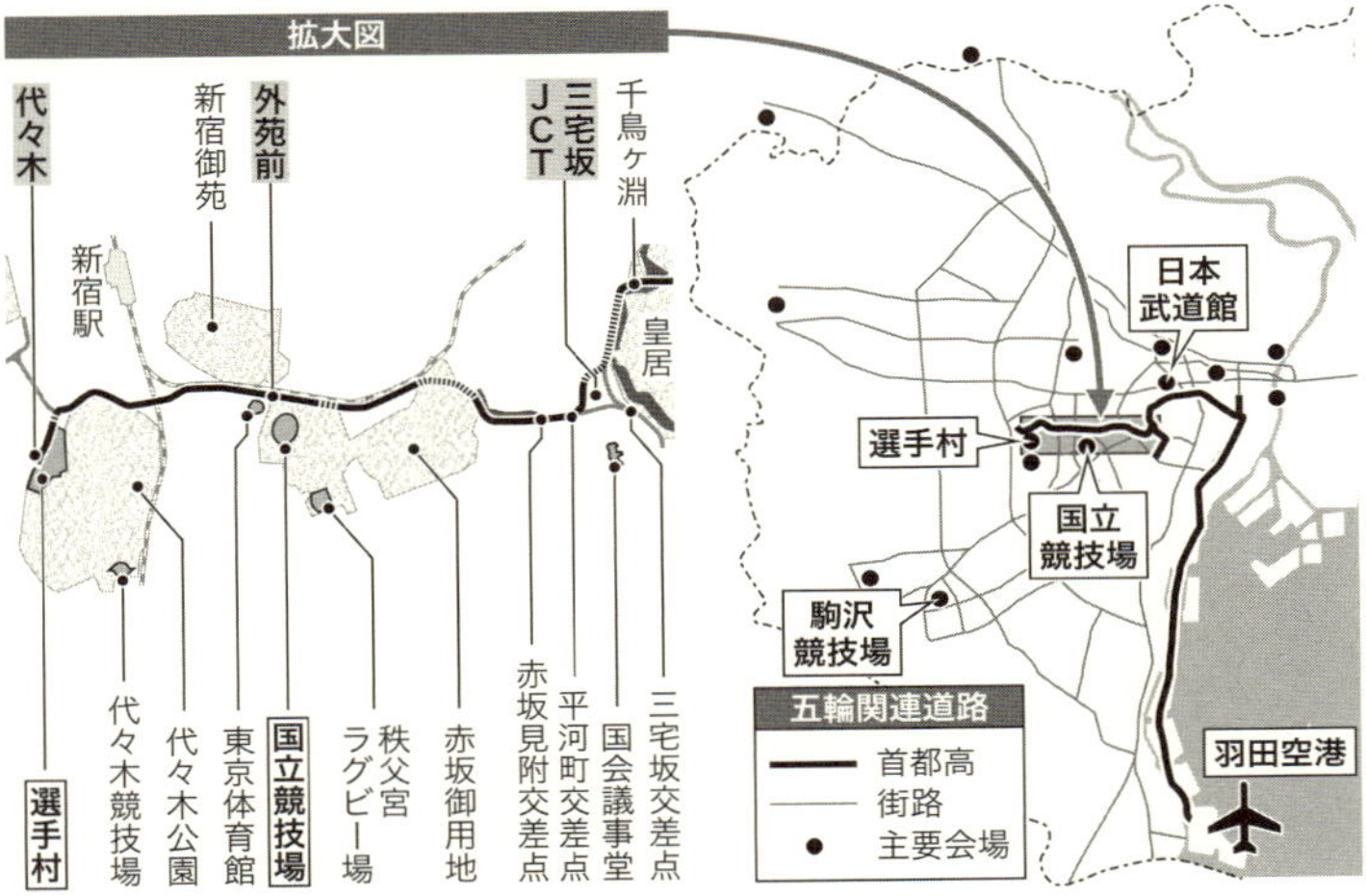

図7-5　おもな五輪会場と五輪関連道路（1964年）

前だ。バスは、その先の代々木出口で本線から離れ、緩やかな左カーブを描く坂を下り、街路に入って選手村に到着する。

この間バスは、市街地の地平をほとんど通らず、中空や地中を通り、３次元的に移動する。羽田空港から選手村まで、街路を除く約22・８kmを一度も止まらずに走り続ける。その間に通る首都高では、さまざまな土木構造物が連続し、バスの車窓の外側には、未来を先取りしたような非現実的な風景が次々と展開される。

まるで、敗戦から立ち直った日本の姿や技術力を海外にアピールするかのような道路だ。もちろん、首都高はそれを主目的にして整備されたのではないが、さまざまな条件をクリアした結果、世界的に珍しい立体道路ができたのはたしかだ。

それゆえ、当時この風景を見て、日本の印象が変わった外国人がいても、不思議ではないだろう。

第8章
道路の使い方が生んだ奇景

谷町JCT

「東京道路奇景」の中には、これまで紹介したような「道路の構造による奇景」のほかに、「道路の使い方が生んだ奇景」がある。前者を生んだのがハード面の条件とすれば、後者を生んだのはソフト面の条件と言える。

東京の道路網は、繰り返し述べたように未熟だが、それでも使い方を工夫して暮らしを便利にする試みがされてきた。その中には、よい効果が得られた例とそうでない例がある。前者の代表例には宅配便による生鮮食料品の輸送、後者の代表例には公共交通の24時間化があり、それぞれ東京に珍しい風景を生み出してきた。

本章では、これらの珍しい風景が生まれた背景をたどりながら、東京の道路の使い方で広がる可能性を探ってみよう。

8・1　豊かな「食」と宅配便

新鮮な魚介類が繁華街に集まる不思議

東京は、多様な「食」が楽しめる街でもある。繁華街には、多くの飲食店が建ち並んでおり、和食・洋食・中華・エスニックなど、驚くほど多様なジャンルの「食」が楽しめる。

そのことは、東京にいると気づきにくいが、海外旅行をしてから東京に戻り、あらためて街を観察するとよくわかる。こんな街は、海外にありそうでなかなかない。

外国人向けの東京のガイドブックやガイドサイトを見ると、「食」にまつわる情報が多く載っている。それだけ「食」に期待して東京を訪れている人が多いのだろう。

多様な「食」が楽しめる繁華街の一つに、新橋がある。テレビ番組で酔っ払いがインタビューを受けるのは、たいていＪＲ新橋駅前の「ＳＬ広場」だ。

新橋の繁華街は、おもにＪＲ新橋駅の西側と南側に広がっている。西側は、第6章で紹介した虎ノ門のオフィス街で働く人の通勤経路でもあり、夕方になると帰宅途中のビジネスパーソンで賑わう。

この繁華街を歩くと、新鮮な魚介類を仕入れていることをアピールする看板やホワイトボードをよく見かける。「北海道○○漁港から毎日直送！」などと仕入先を示したり、その日に水揚げされた魚が食べられることを売り文句にしているのは、高級店だけでない。低価格を売りにした居酒屋や回転寿司店にもある。

これが、本節で紹介する「東京道路奇景」だ。数百㎞離れた漁港で水揚げした魚介類を、その日のうちに仕入れ、低価格で提供する飲食店がずらりと並ぶ。そんな不思議な通りが、東京には多数存在する。

東京では、魚介類のように鮮度が求められる食材が容易に手に入る。これが、多様な「食」が楽しめる街になった大きな要因であろう。このような都市は、日本には多く存在するが、

▶**鉄道・地下鉄**
新橋駅

SL 広場
（新橋駅前）

海外では少ない。

宅配便が変えた東京の「食」

東京に多様な食材が集まるようになったのは、冷凍・冷蔵の技術の発達で食材の鮮度を保ちやすくなっただけでなく、宅配便の発達で仕入れが容易になったからだ。

宅配便は、小口の荷物を運ぶサービスだ。これを個人が気軽に利用できるのは、世界広しと言えど、日本だけのようだ。宅配便は海外にもあるが、日本よりも料金が高く、配達に時間がかかることが多いし、到着時間を細かく指定できないことも少なくない。

なぜ日本では宅配便が利用しやすくなったのか。宅配便の歴史から探ってみよう。

日本で最初の本格的な宅配便のサービスは、１９７６年に始まった。このとき大和運輸（現・ヤマト運輸）が「宅急便」のサービスを関東限定で開始した。

それまでは、個人が小口の荷物を発送できるサービスは、郵便局に持ち込む郵便小包か、駅に持ち込む鉄道小荷物しかなかった。これらは現在の宅配便よりも重量などの制限がきびしく、利便性も高いものではなかった。

その後宅配便は、１９８０年代から国内で急速に発達した。コンビニでの発送が可能になっただけでなく、高速道路網の発達で輸送時間が短縮されて利便性が向上し、利用者が増えたからだ。これにともない、ヤマト運輸以外の輸送業者も宅配便事業に参入し、サービスを競い合った。

1998年には、ヤマト運輸が「クール宅急便」の全国展開を始め、個人が冷蔵品や冷凍品を宅配便で発送できるようになった。これによって、生鮮食料品が入った小口の荷物を生産地から消費地まで鮮度を保ちながら運ぶことが可能になった。

この「クール宅急便」の誕生が、日本や東京の「食」を大きく変えたようだ。ヤマト運輸のウェブサイトには、「クール宅急便」が普及した1990年代から、格安居酒屋で新鮮な刺身が注文できるようになり、かつては高級寿司店でしか食べられなかった寿司ネタが、回転寿司店で提供されるようになったと記されている。

「クール宅急便」というサービスが始まった背景には、日本ならではの食文化と贈答文化があったようだ。同ウェブサイトには、日本では、もともと魚を生で食したり、お世話になった人にお中元やお歳暮を贈る文化があり、冷凍品や冷蔵品を運ぶニーズがあったと記されている。

つまり、日本独自の文化が、冷蔵品や冷凍品を運べる宅配便を実現させた結果、東京に多様な食材が集まり、多様な「食」が楽しめるようになったようだ。

とはいえ、宅配便の発達には道路網の発達も不可欠だ。宅配便は、輸送量の9割以上をトラック運送に依存しているので、それが通る道路網が充実しないと、スムーズな輸送が実現しないからだ。

その点東京は、本来宅配便のスムーズな輸送が実現しにくい都市だ。道路網の整備が不十分で、渋滞が頻発するという、輸送に不利な条件がそろっている。

にもかかわらず、東京では宅配便が機能しており、毎日生鮮食料品が繁華街に運ばれている。それはおそらく、道路網の未熟さをカバーする物流システムが存在するからだろう。

見える物流拠点「羽田クロノゲート」

残念ながら、宅配便の物流システムは、通常はわれわれ利用者の目には見えない。ところが、羽田空港の近くには、その一端を見学できる施設がある。それが、ヤマト運輸の「羽田クロノゲート」だ（写真8―1）。

「羽田クロノゲート」は、国内最大級の物流拠点であり、幹線街路（環状8号・環八通り）や羽田空港に隣接し、首都高や東京港、ＪＲ貨物の貨物ターミナルにもアクセスしやすい場所にある（図8―1）。つまり、陸・海・空の輸送をつなぐ結節点でもあるのだ。

ここでの輸送の主役はトラックで、1日のべ約2000台のトラックが発着する。地上1階には、最大104台のトラックを停められる駐車スペース（バース）があり、ここで積み荷を上げ下ろししている。

建物の内部には、集荷した「宅急便」の荷物を仕分けるフロアがある。その周囲はガラス張りになっており、見学ルートから内部の様子を観察できる。このフロアには人はほとんどおらず、機械が荷物に貼られたバーコードを読み取り、自動的に仕分け、1時間に最

▶鉄道
京急空港線
穴守稲荷駅

羽田クロノゲート

羽田クロノゲート
公式サイト

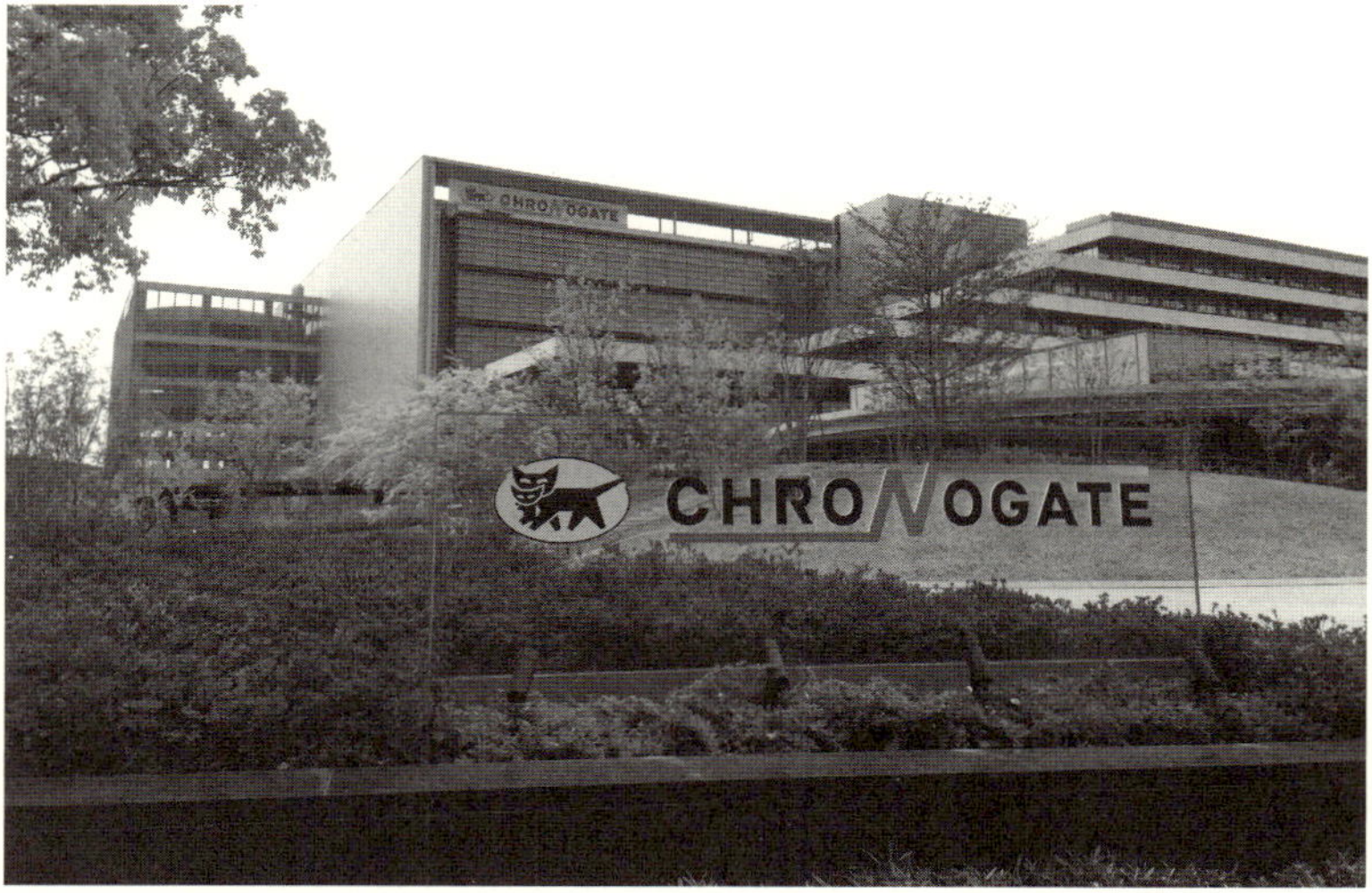

写真8-1　羽田クロノゲート（ヤマト運輸）

大4万8000個の荷物を処理する。

荷物はここで複数の搬送ルートを通り、分流・合流を繰り返しながら流れていく。それは、あたかも個々の荷物が意思を持ち、目的の場所を目指して自ら移動しているかのようだ。

もっとも速い搬送ルートでは、荷物が時速9・6㎞で移動する。やや速くジョギングする程度の速度だが、室内で荷物がその速度で移動すると、異様なほど速く流れているように見える。

「羽田クロノゲート」を見学すると、「宅急便」を支える多くの作業が自動車工場のように自動化され、システム化されていることがわかる。また、ここを出入りするトラックの流

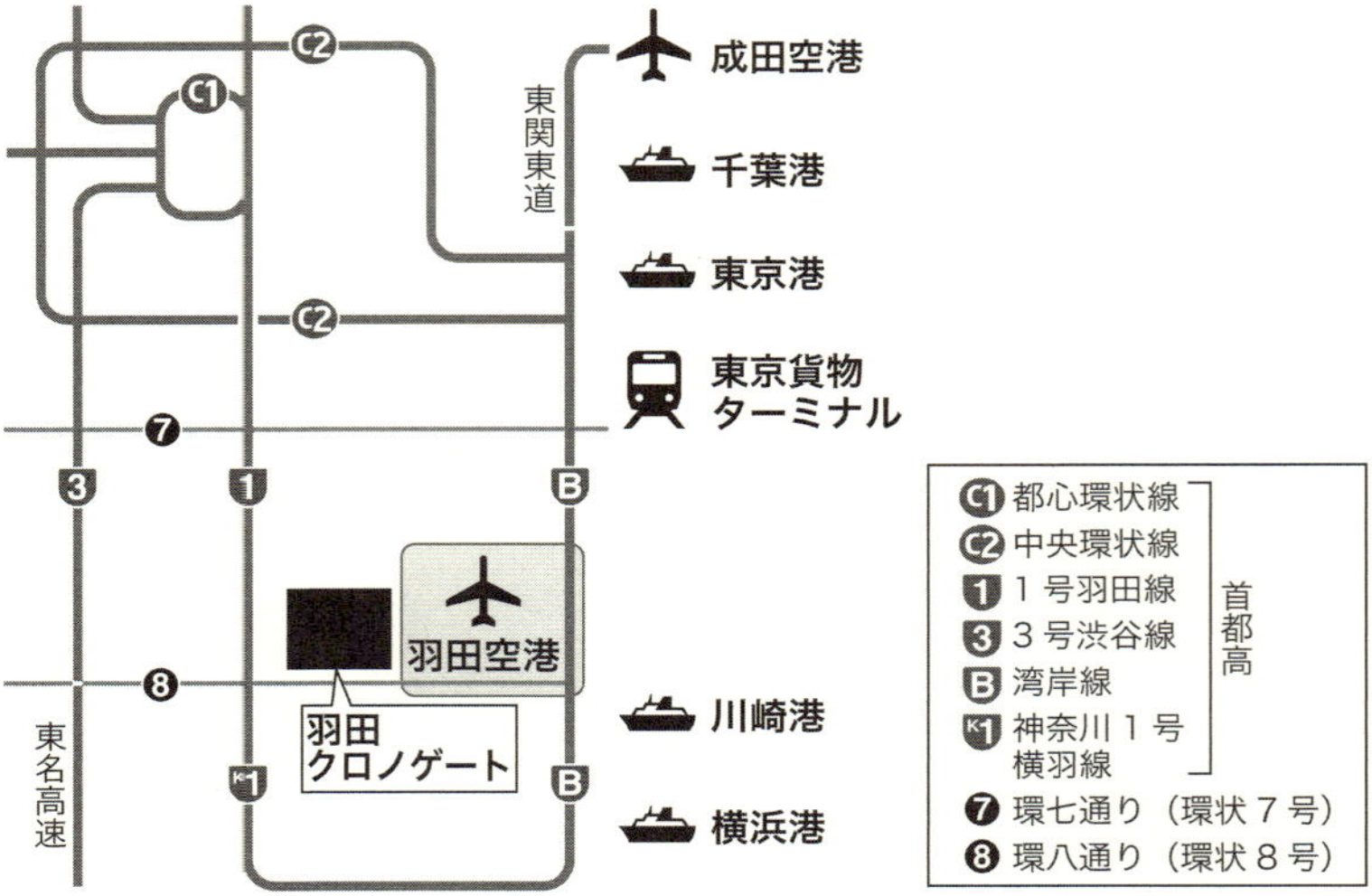

図8-1　羽田クロノゲートとおもな物流拠点

れを見ると、この物流拠点が道路網と直結して機能しているのがわかる。

東京では、たとえ道路網が未熟でも、こうした物流システムの支えがあり、世界的に珍しい宅配便サービスが実現しているのだろう。

発達する道路網と物流

いっぽう首都圏の道路網も着々と発達しており、スムーズな物流が徐々に実現するようになった。首都圏の代表的な物流の動脈には、第4章で紹介した東京湾岸道路などがあるが、今は第3章で紹介した圏央道もそれに加わっている（図8―2）。

現在の東京湾岸道路は、首都圏を代表する産業道路だ。神奈川・東京・

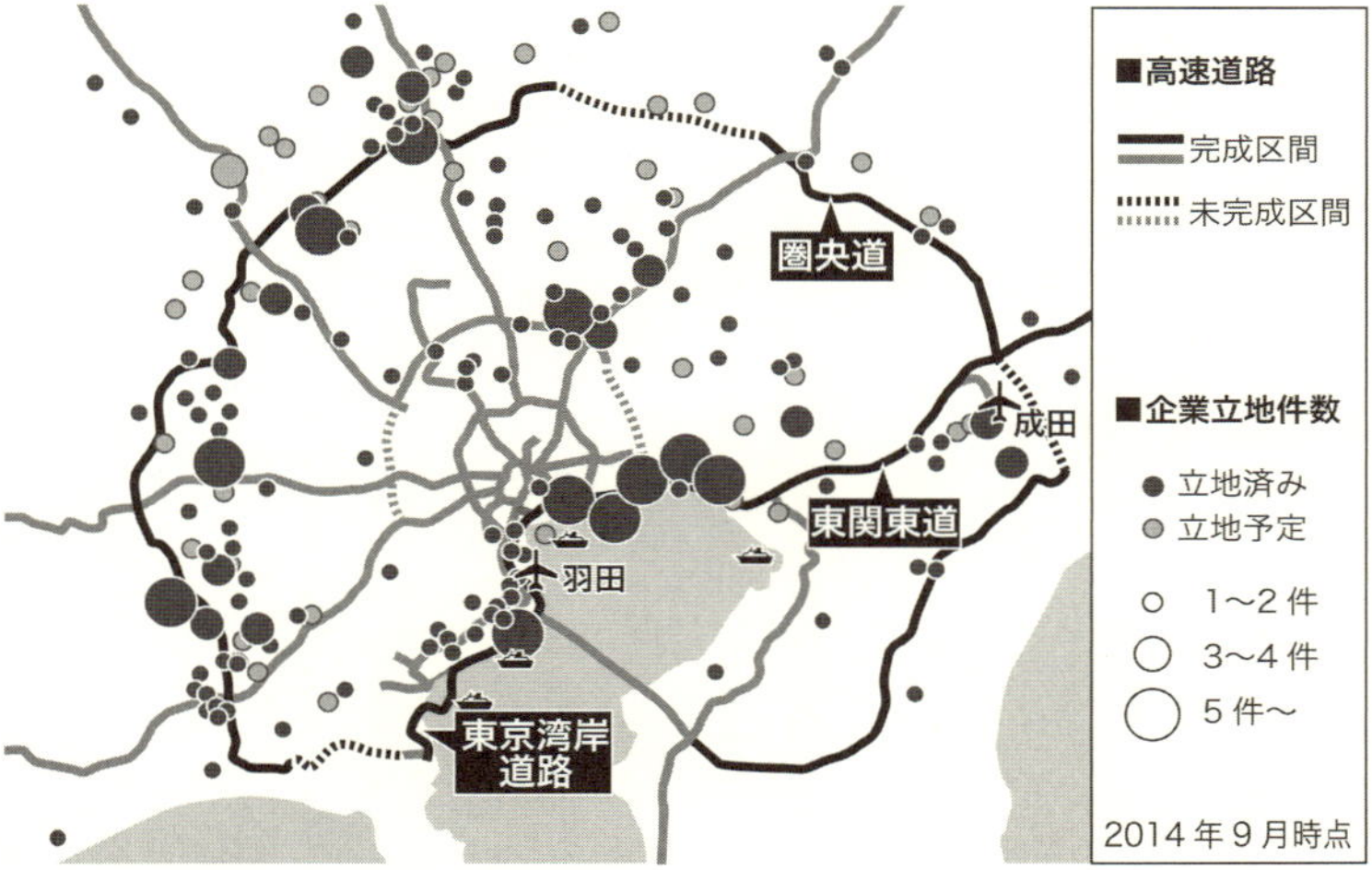

図8-2　道路網と企業立地（物流施設・工業団地・工場）

千葉の１都２県を結んでおり、その沿線には工業地域などの生産地や、交通拠点、物流拠点が数珠つなぎになっている。

その沿線の交通拠点には、港湾や空港、貨物駅、トラックターミナルなどがある。港湾は、横浜港や川崎港、東京港、千葉港のように、国内最大級のものがある。沿線にある空港は羽田空港だけだが、東京湾岸道路は東関東道を介して成田空港ともつながっている。

このうち東京港と成田空港は輸入魚介類をとくに多く扱う交通拠点だ。東京港には水産物専用のふ頭や倉庫がある。成田空港は、海外から輸入する冷凍マグロを多く扱っており、「成田漁港」とも呼ばれる。

沿線の物流拠点には、先ほどの「羽

東京港・大井水産物ふ頭

田クロノゲート」や、日本郵便の新東京郵便局などの運送業者の拠点だけでなく、第6章で紹介した豊洲市場や大田市場などの東京都中央卸売市場や、アマゾンジャパンなどの通販業者の物流センターなどがある。

いっぽう圏央道も、近年は新しい物流の動脈になりつつある。

圏央道の沿線では、物流拠点が増加傾向にある。圏央道は、東京から放射状に伸びる都市間高速道路と直結しており、全国各地にアクセスしやすいだけでなく、首都圏の郊外を通るため、沿線で広い敷地を確保しやすいからだ。

たとえばヤマト運輸は、圏央道の相模原相川ＩＣの近くに「厚木ゲートウェイ」と呼ばれる大規模拠点を設けている。将来は同様の施設を愛知県や大阪府にも設け、３大都市圏で「宅急便」の当日輸送を可能にする構想も発表している。

圏央道や、その内側の外環道はまだ完成していないので、道路ネットワークの充実による自動車交通の改善は今後も起こるはずだ。

それは今後東京の「食」にどう反映されるだろうか。そう考えると、道路の開通が待ち遠しく思えるだろう。

8・2 東京で実施されていない公共交通24時間化

厚木ゲートウェイ

道路をうまく活用すると、宅配便のように世界的に珍しいサービスを実現することができるのに対して、残念ながらうまく活用できず、実現できていないものもある。その代表例が、本節で紹介する公共交通24時間化だ。

公共交通24時間化は、海外では複数の都市ですでに実施されている。東京ではまだ実施に至っていないが、もし実現すれば、交通や都市の可能性を広げられるかもしれない。

眠らない六本木と深夜の移動手段

さあここで、第2章で紹介した六本木にもう一度行き、深夜に周囲を見回してみよう。六本木は代表的な「24時間眠らない街」だ。「不夜城」と称される新宿歌舞伎町でも、深夜は静かになる時間があるが、六本木では深夜でも通行する人や車が絶えない（写真8―2）。

また、六本木は「外国人が多い街」でもある。戦後に米軍基地ができてから、外国人向けの飲食店が増えたのがきっかけとなり、外国人でも住みやすい環境が徐々に整い、今では多くの国の大使館や外資系企業が集まる街になった。たとえば六本木ヒルズには、ゴールドマン・サックスやグーグル、アップル、フェラーリなど、名だたる外資系企業が多く入居している。

六本木では、深夜になると外国人の比率が高まる。「ここは日本か？」と思うほど外国

▶地下鉄
日比谷線
都営大江戸線
六本木駅

六本木ヒルズ

写真8-2　六本木交差点。深夜でも通行する人や車が絶えない

人が集まる場所もできる。まるで昼と夜が完全に逆転したかのように、深夜のオープンカフェで談笑している外国人もいる。

深夜に歩いている外国人の中には、普段着でナイトライフを楽しんでいる人の他に、働いている人もいる。外資系企業の社員の中には、生活時間を本国に合わせている人もおり、真夜中でも昼間のようにスーツを着て歩いたり、スマートフォンやノートパソコンに向かってテレビ会議に参加している人もいるのだ。

このような街は、おそらく東京でも六本木ぐらいだろう。

そのためか、六本木を24時間活動できる街にする動きがある。六本木は、第6章で紹介した虎ノ門などとともに、政府が指定する国家戦略特区になっている。また、東京都が2014年7月11日に公表した資料「世界で一番ビジネスのしやすい国際都市づくり特区（国家戦略特区提案書）」には、実現を目指すものとして「24時間活動する国際都市としての環境整備」が記されている。

にもかかわらず、六本木では、地下鉄やバスの運行が深夜1時ごろから早朝5時ごろまで止まる。深夜に活動する人が多いのに、移動手段が大幅に制限されてしまうのだ。それゆえ、深夜には周囲からの人の出入りが減り、おもに六本木だけで人が流れる。この奇妙な光景が、本節で紹介する「東京道路奇景」だ。

ここは、まさに公共交通24時間化をもっとも必要としている街と言える。それゆえ東京都は、過去に社会実験として渋谷・六本木間に週末限定で終夜バスを走らせたことがあるが、長続きはしなかった。

なぜ東京では、六本木という「24時間眠らない街」がありながら、公共交通24時間化が実現していないのか。その可能性は本当にないのか。海外の事例を見ながら、あらためて考えてみよう。

ニューヨークで始まった地下鉄24時間運行

世界で最初に公共交通の24時間化を実現した都市は定かでない。ただし、地下鉄の24時間運行においては、ニューヨークが最初だったようだ。

ニューヨークでは、世界で唯一地下鉄の24時間運行を「通年」で実施している。つまり、曜日に関係なく、毎日列車が24時間走り続けているのだ。

地下鉄の24時間運行は、今から１００年以上前の１９０４年に始まった。この年、民間の鉄道会社（インターボロー・ラピッド・トランジット：ＩＲＴ）がニューヨークで最初の地下鉄を開業させ、その初日から24時間運行を始めていた。

その目的は、労働者の輸送にあったようだ。アメリカの技術史記録誌「Historic American Engineering Record」で１９７８年に掲載された論文「ニューヨークでのＩＲＴの衝撃（The Impact of the IRT on New York）」には、当時港湾地区で１日10〜14時間働く労働者がおり、彼らの多くがスラムと呼ばれる家賃の安い住宅地に住み、片道１〜１・５時間かけて通勤していたことが記されている。つまり、労働時間と通勤時間が長すぎる労働者がいたので、深夜でも移動できる地下鉄が必要とされたようだ。

では、どのようにして地下鉄の24時間運行を実現したのだろうか。その秘密は、線路の構造とその使い方にある。

地下鉄の線路は、基本的に２本の複線だ。毎日深夜から早朝まで運休するのは、その時間帯の利用者が少ないだけでなく、線路のメンテナンスをする時間を確保する必要があるからだ。

いっぽうニューヨークの地下鉄では、主要区間の線路が４本の複々線だ。昼間は急行と各駅停車が2本ずつ使い、深夜は各駅停車が2本使い、残り2本は運休にして線路のメンテナンスを行っている。つまり、深夜に運休にする線路を切り替えて、4本すべてのメンテナンスをしているので、24時間列車を走らせることができるのだ。

ニューヨークの街路（とくにマンハッタンの南北方向）は幅員が広く、4本の線路が横に並行に並ぶ幅広いトンネルを真下に建設する上でも好都合だった。

ロンドンのバス24時間運行

いっぽうロンドンでは、1913年から「ナイト・バス」と呼ばれる終夜バスの運行が始まった。ロンドン交通博物館のウェブサイトには、その理由を「レジャーのあとに帰宅する人のためというよりは、郵便職員や交代勤務する労働者のためだった」と記されている。

これが、世界最初のバスの24時間運行だったかどうかは定かでない。ただ、ヨーロッパの主要都市の中では、ロンドンは終夜バスの運行開始が早かったようだ。

現在は、欧米やアジアの主要都市でバスの24時間運行が実施されている。たとえば欧米では、ロンドンだけではなく、第3章で紹介したニューヨークやパリ、ベルリンでもバスが24時間走っている。アジアでは、香港やソウルなどでもバスの24時間運行が実施されている。

24時間活動できるニューヨーク

地下鉄やバスといった公共交通の24時間化を実現した都市が海外にこれだけあるのは、それに大きなメリットがあるからだろう。当初の終夜運行の主目的は労働者の輸送だったが、今では都市の可能性を広げる上でも役立っているようだ。

たとえばニューヨークでは、地下鉄やバスが24時間走り、人々が24時間活動しやすい環境が整ったことが、都市の発展につながっているようだ。つまり、働こうと思えば、時間をフルに生かして仕事をこなしたり、複数の職業を掛け持ちできる環境がこの街にはあるのだ。

筆者はニューヨークに行き、これらを実感したことがある。

この街では、深夜でも働いている人が多い。街路の人通りが少なくなっても、周囲のビルで人が活動しているので、夜通し明かりが消えないビルも少なくない。

中心地のタイムズ・スクエアに近いホテルに泊まったときは、客室から隣のオフィスビルが見えた。そこには深夜0時を過ぎても窓際の机でパソコンに向かう人たちがおり、朝6時になってもまだいた。

オフィスビルの地平階には、「デリ」と呼ばれる軽食販売店や、「ダイナー」と呼ばれる軽食レストランがあり、深夜0時過ぎでも昼間のように賑わっていた。マンハッタンでは、

「デリ」や「ダイナー」の多くが24時間営業だ。

いっぽうタイムズ・スクエアでは、23時ごろからミュージカル劇場から出て来た人で賑わい、「これからナイトライフを楽しむ」という感じの人が多く集まっていた（写真8―3）。その雰囲気は深夜の六本木に近かったが、地下鉄やバスでいつでも帰ることができるためか、人々に落ち着きがあり、六本木で見られるような帰宅ラッシュはなかった。深夜の地下鉄は日中よりも空いていたが、どの車両にも絶えず人が乗っており、深夜4時ごろからは出勤する人で賑わっていた（写真8―4）。

現在のニューヨークは、港湾地区としては衰退したものの、経済やエンターテインメントなどの中心として発展を遂げている。それには公共交通の24時間化が少なからず関係しているだろう。たとえばミュージカルの公演は、東京では基本的に夜に1回しかないが、タイムズ・スクエアでは夜に2回あることが多い。

渋谷・六本木間での試験運行

となれば、東京でも公共交通の24時間化が検討されるのは当然であろう。この街には、消防隊員や警備員のように交代勤務で深夜に働いている人は多数いるし、六本木のような「24時間眠らない街」も存在するからだ。

また、東京の、国際都市としての競争力を維持する上でも、公共交通の24時間化は必要

写真8-3　夜のタイムズ・スクエア。深夜も人通りが絶えない

写真8-4　深夜4時の地下鉄車内。ヘルメットをかぶった労働者もいる（ニューヨーク地下鉄）

とされている。東京はこれまで人口が増え続け、世界最大規模の国際都市に成長したが、東京都は東京五輪・パラリンピックが開催される２０２０年に人口が減少に転じると予測している。それゆえ、ニューヨークのように24時間活動でき、深夜でも働きやすい環境を整え、都市全体の国際競争力を高めることが求められているのだ。

バスの24時間運行に関して具体的な話が出たのは、２０１３年だ。当時都知事だった猪瀬直樹氏が、視察でニューヨークを訪れたときに、都営バスの24時間運行の実施を表明した。その直後には、東京都ウェブサイトに次のような文が掲載された。

ニューヨークでは地下鉄・バスをふくめた24時間運行が行われていますが、東京も24時間都市になるよう考えていきます。まずは、渋谷から六本木の都バスを終夜運転すると発表しました。そして海外から多くの企業が来て、東京がより経済的に豊かになるようにしていきたいと思います。（「知事の部屋」平成25年４月19日更新）

この運行計画は、発表直後からたびたび批判を受けたが、的外れとは言えない。

まず、渋谷・六本木間が運行区間に選ばれたのは、理にかなっている。この区間は、都営バスの中でもとくに利用者数や運行本数が多い都01系統（図８―３）の一部で、ラッシュ時には最短３分間隔でバスが走るドル箱だ。また、渋谷と六本木はともに「24時間眠らない街」なので（深夜の渋谷は六本木ほど賑やかではないが）、双方の間に終夜バスを走らせ

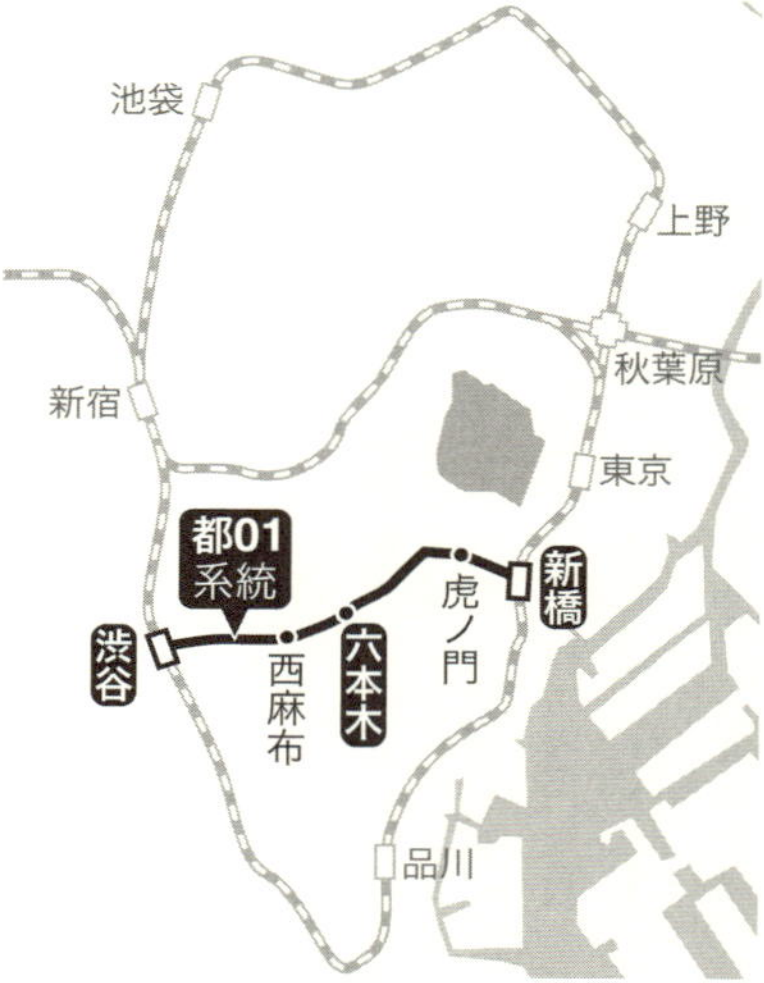

図8-3　都営バス「都01系統」

る意味はあると考えられる。

また、この区間では、過去に臨時の終夜バスが走った実績もある。２００９年からほぼ毎年六本木で開催されているアートイベント「六本木アートナイト」では、毎回会期中の22時から翌朝5時まで、渋谷・六本木間を都営の無料シャトルバスが15～20分間隔で走り、来場者を輸送した（写真8―5）。

つまり、昼間や臨時の輸送実績から考えると、渋谷・六本木間は終夜バスの運行を始める上でとくに適した区間と言えるのだ。

そこで東京都交通局は、２０１３年12月から渋谷・六本木間で終夜バスの試験運行を毎週金曜の深夜限定で始めた。

ところが試験運行は、１年足らずで終わった。東京都交通局は、利用者数の低迷を理由に、２０１４年10月にその運行を打ち切った。

このことは当時、都政の失策と批判された。これは、実施を表明した猪瀬氏が、試験運行の開始直後に不祥事で都知事を辞職したことも関係しているだろうが、これをたんなる

写真8-5 「六本木アートナイト」会期中に走った終夜バス。渋谷・六本木間でピストン輸送した

失敗と片付けてよいのだろうか。改善の余地はなかったのだろうか。

２０１４年9月30日の東京新聞朝刊によれば、東京都交通局が発表した終夜バス１便あたりの平均利用者数は、運行を開始した２０１３年12月は36人で、翌月以降は9人に落ち込み、採算ライン（27～28人）を下回った。同記事には、東京都交通局の担当者が「都営バスが終夜動くだけでは（利用拡大は）難しかった」と釈明したことや、他の鉄道やバスと連携できなかったことが利用者数低迷の要因ととらえていることが記された。

いっぽう筆者は、実際にこの終夜バスを利用してみて、その不便さが気になった。終夜バスは金曜日の深夜限定で4往復（8便）運行されたが、運行間隔が70分と長く、時刻が覚えにくかった。

渋谷駅前のバス停の位置もわかりにくかった。昼間は、東側の宮益坂口にあるのに、深夜は再開発工事の関係で西口に移動していたのだ。西口では、終夜バスが発着することをわかりやすく示す案内看板も見当たらなかった。

それゆえ筆者は、深夜の渋谷駅前でバス停を探した。他の利用者とバス停の位置を確認し合い、無事終夜バスに乗車できたが、もしバス停を間違えて乗れなかったら、70分も待たされるところだった。

こうした不便さも、利用者数低迷の大きな要因ではないだろうか。

地下鉄24時間運行に踏み切ったロンドン

いっぽう同じころ、ロンドンでは「ナイト・チューブ」と称する地下鉄の24時間運行計画が発表された。これは、毎週金曜日と土曜日の夜に地下鉄5路線で終夜運行を行うもので、「ナイト・バス」の利用者数が2000年と比較して170％に増加したのを機に計画された。

ロンドン交通局（TfL）は、「ナイト・チューブ」の必要性を市民に説明するため、2014年9月にレポート「地下鉄の終夜運行がロンドンの経済に与えるインパクト

(Impact of the Night Tube on London's Night-Time Economy)」を公開した。これは、47ページに及ぶ詳細なレポートで、「ナイト・チューブ」の実施によって1965人の雇用が創出され、30年間以上で36億ポンドの経済効果が見込まれ、1ポンドの投資で2・7ポンドの利益が得られると記されている。導入による効果の示し方が具体的で、その根拠となるデータも明示しており、説得力がある。

この「ナイト・チューブ」の運行開始は、2015年9月の予定だったが、地下鉄で働く労働者から反対されて延期になり、約1年の交渉期間を経て、2016年8月にようやく始まった。ロンドン交通局が緻密な論理でていねいに説明し、理解を得ようとする姿勢からは学べるところが多いだろう。

いっぽう東京都交通局は、終夜バスの試験運行に関する詳細なレポートをまだ公表していない。これではなぜ運行終了に至ったかがわからないし、失敗を次の試みに生かすことも難しいだろう。

もちろん、ロンドン交通局のやり方は、東京に馴染まない場合もあるだろう。ロンドンと東京では、文化や歴史などが異なるからだ。

また東京では、長時間労働が常態化した特殊な労働環境で働く人も多く、「終電が帰宅の口実になっている」という人もおり、終夜バスの運行が労働環境の悪化を助長するという意見もある。それゆえ、必要性の説明には東京ならではの工夫も必要になるだろう。

ただ、もし今後、東京都交通局が都民などの理解を得られるように、論理的で説得力がある説明をして、東京で終夜バスの運行を実現できたら、ニューヨークのように終電を気にせず、ミュージカルやコンサートを楽しめる街になるかもしれない。

また、市街地を走る終夜バスと、第5章で紹介した羽田空港や成田空港を発着する深夜早朝バスがリンクできれば、海外旅行の利便性が高まり、ビジネスの可能性も広がるだろう。

東京の道路を通る自動車交通には、それができる可能性が秘められているのだ。

第9章
可能性を秘めた道路と都市

大橋JCT（上：工事中　下：開通直後）

最後となる本章では、これまで紹介した「東京道路奇景」を振り返りながら、東京の道路に残された「伸びしろ」を探ってみよう。また、その「伸びしろ」を利用して東京という都市が今後どう変化するかも展望してみよう。

9・1 道路と都市に残る「伸びしろ」

東京は、道路だけでなく、都市全体が未完成という珍しい都市だ。言い換えれば、他の都市とはちがい、今後の発展の余地、つまり「伸びしろ」を多く残した都市でもある。では、道路や都市全体には、どのような「伸びしろ」が残されているのだろうか。それぞれ探ってみよう。

道路に残る「伸びしろ」と「イカの耳」

東京の道路は、これまで繰り返し述べたように未完成だ。

まず、街路が未完成だ。「はじめに」でもふれたように、都市計画に基づいて計画された都市計画道路は約６割しか完成しておらず、残り約４割は未開通となっている。

首都高もまだ完成したとは言えない。その整備は、現在３区間（晴海線・横浜環状北線・

横浜環状北西線の各路線の一部）で進められており、まもなく一段落するが、今後整備される可能性がある「検討段階の路線」は複数存在する。

これらの未完成区間は、道路の「伸びしろ」だ。その一部は目に見える形で現れている。街路では、行き止まりや空き地などとして現れている。第2章で紹介した池袋駅の西側で行き止まりになった街路は、今後その先に延伸することを示唆している。第5章で紹介した虎ノ門付近の環状2号では、かつてはその大部分が空き地で、柵に囲まれていた。このような場所は、23区だけでも多数存在する。

首都高では、「イカの耳」として現れている（図9―1）。「イカの耳」とは、おもに高架橋の一部が外側に広がった三角形の突起部分を指し、イカの耳（エンペラ）の形に似ていることからそう呼ばれている。これは、将来高架橋が分岐することを想定した準備であり、合流車線や分流車線になる場所にある。

「イカの耳」は、23区だけでも複数存在する。たとえば秋葉原に近い岩本町交差点に立つと、真上を通る1号上野線の高架橋の両側に「イカの耳」があるのが見える。これは、内環状線が分岐する予定だった部分だ。内環状線は、都心環状線の北側を通る路線で、計画されたものの、建設されることなく現在に至っている。

街路や首都高以外にも「伸びしろ」を残した道路がある。その代表例が第3章で紹介した外環道と圏央道だ。その整備は一時期停滞したものの、近年は着々と進められており、未開通区間も少しずつ減っている。

▶地下鉄
都営新宿線
岩本町駅

イカの耳
（岩本町交差点）

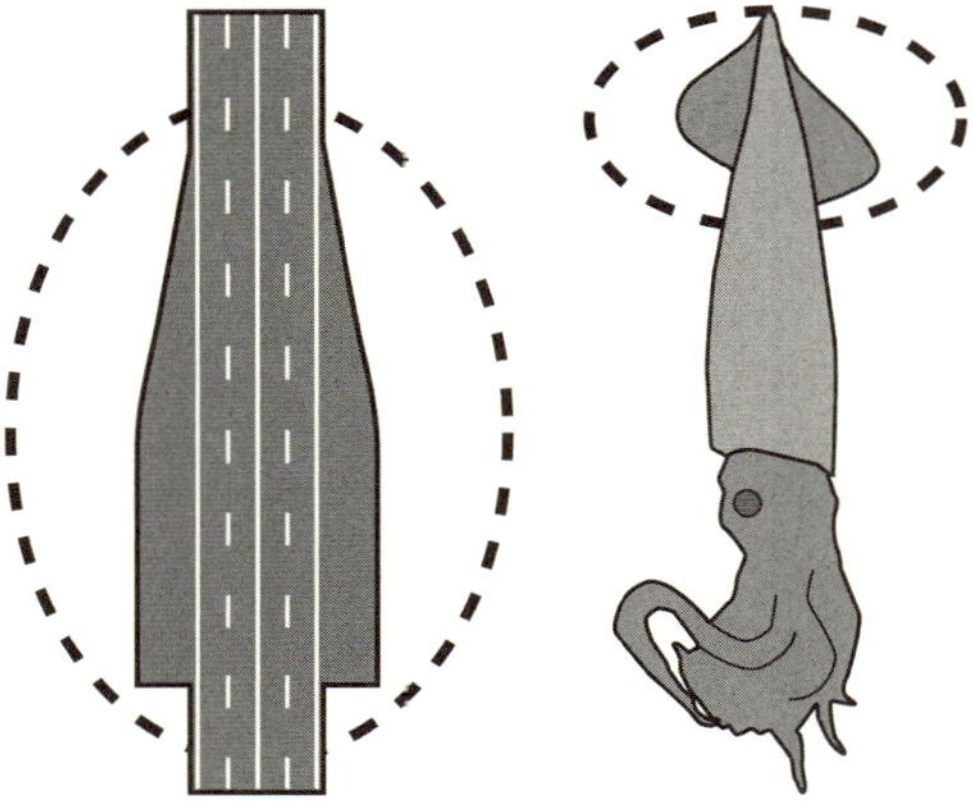

図9-1　イカの耳

東京や首都圏の鉄道には、これほどの「伸びしろ」はない。もちろん延伸や新設の構想はあるが、鉄道のネットワークそのものはすでにほぼ完成の域に達している。この傾向は、新幹線を除けば、日本全体でも見られる。

　いっぽう東京や首都圏の道路には大きな「伸びしろ」があり、今後は東京や首都圏のみならず、日本の交通を変える可能性も秘めている。道路の開通によって交通量が分散し、自動車交通がスムーズになれば、その影響は東京や首都圏にとどまらず、全国に広がる高速道路ネットワークにも波及する。

　日本の交通体系は、かつては鉄道偏重で、第3章で紹介したように、ワトキンス調査団から「鉄道の支配的地位」が批判されるほどいびつだった。

　それも、今後の自動車交通の改善で変わるだろう。鉄道という「部分」で見れば、それが利用者数の減少などにつながるかもしれないが、交通の「全体」で見れば、利便性の向上につながるだろう。

東京という未完成都市と魅力

東京の道路に「伸びしろ」があることは、東京という都市にも「伸びしろ」があることになる。なぜならば、道路が未完成であることは、その沿線の街並みが変わり、発展する余地があることを指すからだ。

東京に「伸びしろ」があるのは、都市として未完成だからだ。しかも、いつ完成するかわからない。

まるでサグラダ・ファミリアのような都市だ。サグラダ・ファミリアは、スペインのバルセロナにある大聖堂で、「永遠に未完成」と言われたが、設計した建築家ガウディの没後100年にあたる2026年に完成することが発表されている。いっぽう東京という都市の完成時期は、今も未定だ。

このような未完成都市は、経済成長が著しい新興国にはあるだろうが、成熟した先進国では珍しいだろう。第3章で紹介した欧米の4都市や、国内の主要都市は、いずれもほぼ完成の域に達しているのに、東京だけが未完成のまま残っているのは不思議だ。

何が人々を惹きつけるのか

東京が世界的に珍しい未完成都市であるならば、そのことは東京が持つ希少価値であり、人々を惹きつける要因にもなるだろう。

東京は実際に、国内のみならず海外からも多くの人々を惹きつけている。それは東京に魅力を感じる人が多いからだろう。そうでなければ、東京は世界最大級の都市にはならなかったはずだ。

では、東京の何が人々を惹きつけているのだろうか。それを一概に言うのは難しい。人々が都市に求めるものは、雇用や生活、観光、レジャーなど多岐にわたっており、重視するものも人それぞれ異なるからだ。その中には、他の都市と共通するものもあるだろう。ただ、もし東京だけにある要因があるとすれば、それは何だろうか。筆者はおもに次の3つあるのではないかと考えている。

① 多様なものを受け入れる懐の深さ
② 変わり続けて飽きない街並み
③ 混沌の中に秩序があること

①は、未完成ゆえのもので、本書で紹介した「東京道路奇景」とも関係がある。一般的には、「東京道路奇景」の多くは、都市の景観を破壊するものとして受け入れられないもののはずなのに、東京では日常風景に溶け込んでおり、多くの人がその異様さに気づかなくなるほど自然に馴染んでいる。それを柔軟に受け入れる懐の深さがあるからだろう。

②は、「いつも何かが起こりそう」と人々を期待させる要因だ。東京では、新陳代謝が激しい街と、歴史ある風景を残した街が混在しており、全体で見ると常に変わり続けている。それゆえ、しばらく行かなかった街に行くだけで、新鮮な風景に出会える。そこに面白さを感じているのは、おそらく筆者だけではないだろう。

③は、東京という都市の特徴を端的に表した言葉の一つで、英語でも「Order in chaos（混沌の中の秩序）」という言葉で東京が語られることがある。「はじめに」でもふれたように、東京ではありとあらゆるものが満ち溢れ、不規則に混じり合い、ゴチャゴチャしているのに、なぜかまとまっている。それはまさに混沌の中に秩序がある状態と言える。

この状況は、おそらく西洋の近代都市が避けてきたものだろう。あまりにも自然発生的で、街そのものを人為的に整理する上で妨げになり得るし、論理では説明しがたい部分があるからだ。

それは、東京ならではの珍しさであり、希少価値でもあるので、海外から注目されることもある。

たとえばフランス国鉄は、近年新宿駅をモデルとした駅の再開発を行っている。この再開発は、「プロジェクト・シンジュク」というコードネームで呼ばれており、パリのターミナル駅の構内にショッピングモールを新設して、駅の新たな賑わいやテナント料による増収を実現した。

新宿駅は、駅という交通拠点でありながら、その地の利を生かしたショッピングモールであり、構内や周囲に多様な店舗が凝縮されており、全体的にゴチャゴチャしている。それは、新宿駅を利用する人には当たり前のことでも、パリから見れば珍しく、ビジネスのヒントになったのだろう。

また東京では、新宿駅のようにさまざまな店舗が凝縮された珍しい場所が、ジャンル別に複数存在する。その代表例には、秋葉原の電気街や、ファッション・ブティックが密集する原宿の竹下通りがあり、どちらも近年外国人観光客をよく見かける場所になっている。東京を訪れた外国人観光客が何を見て驚き、何にカメラを向けるか。それを観察すると、東京には珍しいものが案外多くあることに気づかされることがある。

人間には不思議な傾向がある。無駄を削ぎ落とし、きれいに整理され、効率が高いものを求めるいっぽうで、無駄が多く、混沌として、非効率なものに、なぜか強く惹かれるところがある。

東京は、前者を求めた西洋の近代都市をモデルにしたものの、結果的に後者が多く残った。おそらくそのことが、海外から見た珍しさや、魅力につながっているのだろう。

東京が未完成のままになった理由

では、なぜ東京は現在まで未完成のまま残ったのだろうか。

そのおもな理由としては、短期間で急に変わりたくても、変わりきれなかったことが考えられる。

東京は、明治維新後に短期間で近代化された。第3章で述べたように、西洋の近代都市をモデルとして、封建都市から近代都市へと改造された。

ところが短期間で近代化するのが難しい部分もあった。その代表例が交通だ。もともと車両交通を排除していた都市を、車両交通に適した都市へと急にシフトすることは容易ではなかった。

そのことは、結果的に鉄道偏重の交通体系を生み、道路整備が進まない要因にもなった。交通の近代化を短期間で効率よく実現するため、鉄道整備を優先した結果、鉄道だけが特異的に発達し、道路整備の必要性が軽視されてしまったことは、第3章でも述べた。

筆者は、こうした東京ならではの要因に加えて、日本全体に共通する要因があり、都市計画や道路整備が進みにくかったと考えている。東京の都市計画や道路整備の当事者が記した資料を読むと、それらの必要性が都民になかなか理解されなかったり、妨げられることもあったことを示す記述によく出会うからだ。おそらく日本人の思考として、論理よりも感情を優先したり、「全体」よりも自分に近い「部分」を重視する傾向があり、西洋の都市計画のような全体主義でシステマティックな考え方が通じにくいこともあったのだろう。また、高度経済成長期からバブル期にかけては、日本全体が熱気を帯び、今以上に人々が個々に豊かさを追い求めた時代なので、都市全体を俯瞰する話は関心の対象になりにくかったのだろう。

ただ、その結果、東京やその道路が計画通りに完成しなかったことを「伸びしろ」が残されたと考えれば、かならずしもネガティブな状況とは言えないだろう。

東京は、明治維新から現在までの150年ほどの間に、大きな変化にたびたび遭遇し、そのたびにしなやかに姿を変えながら発展してきた。西洋の都市をモデルにして急ピッチで近代化を果たしたあと、関東大震災と戦時中の東京大空襲で市街地が壊滅的な被害を受け、戦後に人口急増や急激な都市化、都市交通の混乱に直面しながらも、今では世界最大級の国際都市になった。東京がそのような激しい変化に振り回されても発展できたのは、世界の他の都市にない「伸びしろ」があり、変化に柔軟に対応できる潜在能力があったからとも考えられる。

9・2 渋滞解消で改善が進む自動車交通

最大の弱点とその克服

いっぽう、東京という都市やその道路が未完成のままで終わっていることは、東京の最大の弱点を生んだ。

それが渋滞だ。

東京都建設局のウェブサイトには、「道路の建設」の冒頭に「東京の最大の弱点である交通渋滞を解消し、国際競争力を高めるとともに、快適で利便性が高く、環境負荷の少ない都市を実現する上で、道路整備は非常に重要です」と記されている。

渋滞の解消が国際競争力を高めることにつながるのは、スムーズな輸送が実現し、渋滞による都市全体の経済損失が減るからだ。渋滞によって人や物の輸送が妨げられると、遅延が発生し、ドライバーの拘束時間は長くなり、バスの定時率が下がり、宅配便の到着は遅れる。それらは、人々から時間を奪い、経済活動の妨げになり、東京が他の都市と競争する上で大きなマイナス要素となる。

少し古いが、各高速道路会社における渋滞による経済損失を比較したデータがある（図9―2）。2004年の首都高会社の調査によれば、首都高は年間の渋滞損失時間（渋滞で失う時間と影響を受けた台数をかけた値）が2970万台時、それによる年間の経済損失は1260億円で、それぞれ各高速道路会社の中でもっとも高かった。首都高の渋滞で1年

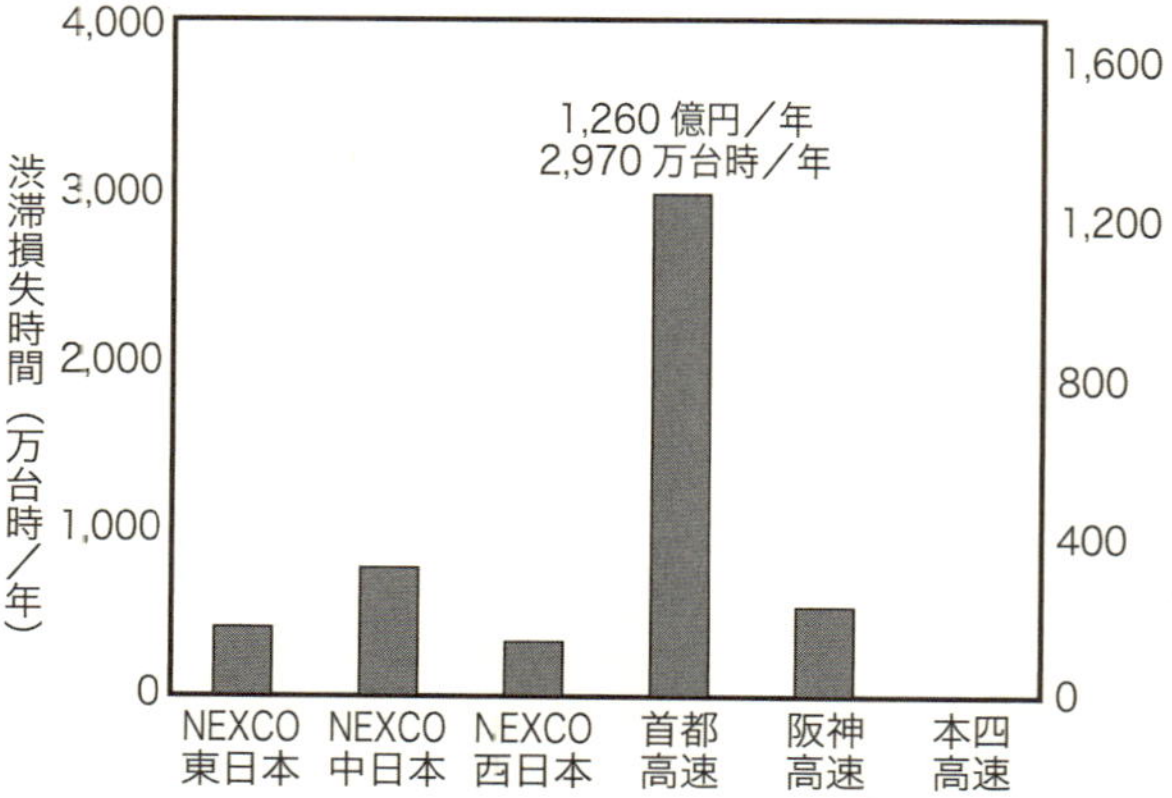

図9-2　渋滞で損失する時間と金額（2004年）

間に1260億円が消えているとなれば、これは東京という都市全体にとっても大きな損失だ。

このため東京都や国土交通省、高速道路会社などは、渋滞の緩和に長年にわたって取り組み、東京の道路の渋滞を徐々に緩和させてきた。

その効果は、すでに現れている。

たとえば首都高では、2015年3月に渋滞が大幅に減少した。首都高会社の調査（同年7月30日発表）によれば、同月に中央環状線が全線開通したことで、都心を迂回するルートが完成し、同線の内側の都心部で渋滞損失時間（1日平均）が約5割減った。こうした渋滞緩和は、首都高に止まらず、街路にも波及したことも確認された。

こう見ると、あたかも急に渋滞緩和が実現したかのように思える。ただこれは、長年にわたってハードとソフトの両面で渋滞対策が行われ、その積み重ねによって、ようやくわかりやすい効果が出たと言えるだろう。

ネットワーク充実とジグソーパズル

これまで行われた渋滞対策の中でもっとも大きな効果を発揮するのが、道路の延伸や新設によるネットワークの充実だ。これは交通量を分散させる大きな要因になるからだ。

ネットワークの充実は、ジグソーパズルと似た部分がある。ジグソーパズルでは、1つ1つピースを組み上げる最中に、中途半端な状態が延々と続く。ところが、最後の1ピースを組み込んだ瞬間に突然中途半端さが消え、1枚の絵が完成する。

道路のネットワークも、これと同様に、延伸や新設を繰り返して欠損部分を埋めている間はなかなか効果が出ないことがある。ところが、最後の欠損部分が埋まり、路線が完成した途端に大きな効果を発揮することがあるのだ。

中央環状線が全線開通する瞬間

中央環状線が全線開通をした瞬間は、まさにジグソーパズルが完成したときのようだっ

写真9-1　中央環状線全線開通の瞬間（大橋JCT付近，2015年3月7日）

た。

このとき開通した区間は、わずか8・9kmだった（大井JCT・大橋JCT間）。中央環状線の総延長（46・9km）の約19％であり、300kmを超える首都高の総延長3％に満たない短い区間だ。

しかし、その開通による効果が大きかった。

筆者はその瞬間に、開通区間の北端（大橋JCT）でハンドルを握っていた。そこは山手トンネルの途中で、多くの車両が数珠つなぎになって停車し、開通を待っていた（写真9―1）。そこにいた車両の中には、筆者のように走り初めを目的にしたような乗用車だけでなく、大型トラックも多数あった。運送業者にとっても、待ちに待った瞬間だったのだろう。

開通時間（2015年3月7日16時）を過ぎると、通行止めが解除され、車両たちが群れになってゆっくりと動き出した。速度は見る見るうちに上がって制限速度に達し、山手トンネルをあっと言う間に抜け、開通区間の南端（大井JCT）に到着した。

開通日には、この区間を2回往復したが、開通時刻まで通行止めだった面影はすでになく、すっかり日常的に使う道路になっていた。

この日、開通後にスマートフォンで道路交通情報を見て驚いた。週末の土曜日で、行楽地から戻る車両で混雑し始める日没あたりでも、首都高の路線図に混雑を示すオレンジや、渋滞を示す赤の表示がほとんどなかったのだ。それまで混雑や渋滞が頻発していた首都高を知る者としては、にわかに信じがたいものだった。

全線開通を控えた外環道や圏央道

こうした開通による渋滞緩和は、今後も起こる。「3環状」のうち、中央環状線はこの日に全線開通を遂げたが、残る外環道と圏央道は、これから全線開通を迎えるからだ（図9―3）。

たとえば圏央道では、2016年度中に茨城県の未開通区間（境古河・つくば間）が開通する予定だ。これが開通すると、6つの都市間高速道路（東名高速・中央道・関越道・東

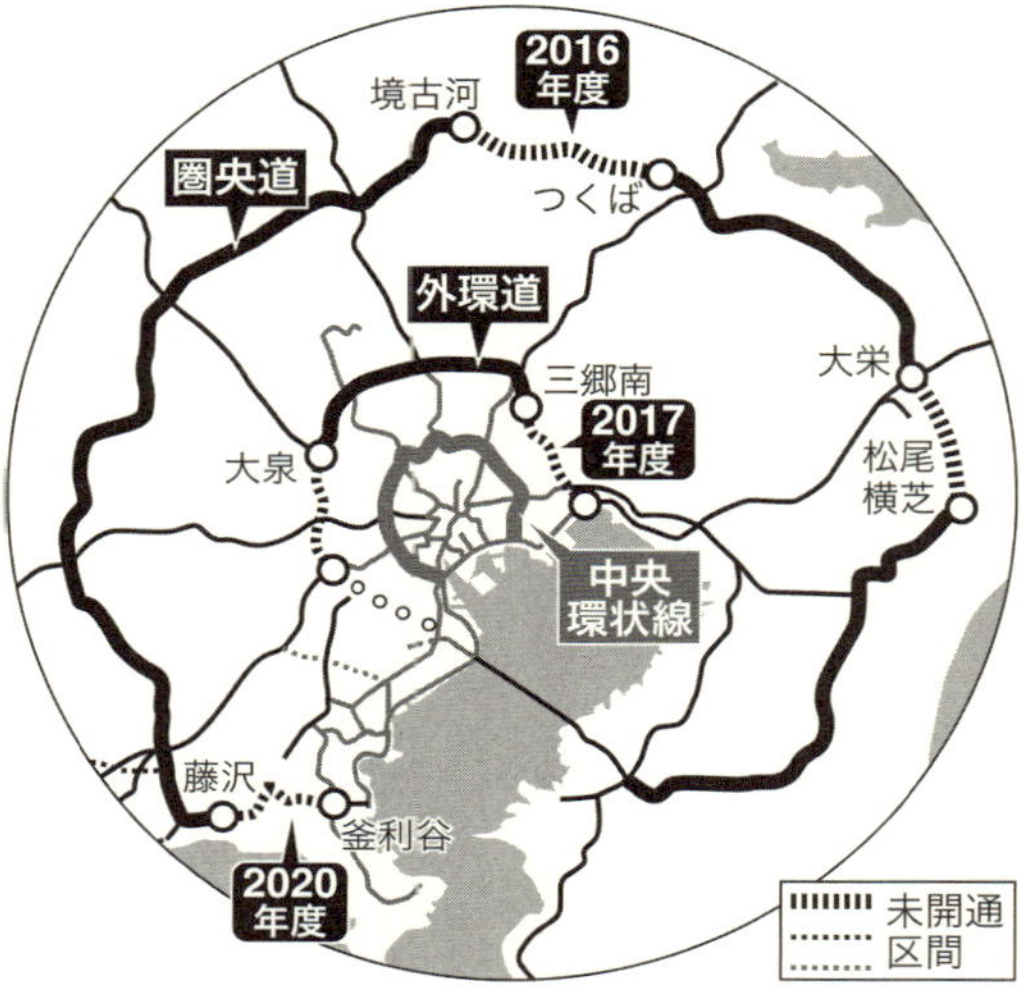

図9-3　3環状の開通予定（2015年12月時点）

北道・常磐道・東関東道）がすべて圏央道でつながり、それぞれを、首都高を一度も通らずに行き来できるようになる。

今後「3環状」が完成すれば、半世紀以上前に計画された首都圏の自動車専用道路ネットワークの大部分ができあがり、今よりもスムーズな移動が実現するだろう。首都高では、都市間高速道路から流入する車両が減り、当初の目的だった都市内交通の処理が今よりもしやすくなるだろう。

そう考えると、外環道や圏央道に残されたピースが埋まっていくのが、楽しく思えるのではないだろうか。

ＥＴＣと連動した料金制度の導入

東京では、以上紹介したネットワークの充実以外でも、さまざまな渋滞対策が行われている。その中でも近年目立っているのが、ＥＴＣと、それと連動した料金制度の導入だ。ＥＴＣの導入による効果は、今となってはわかりにくいかもしれない。ＥＴＣそのものがすっかり高速道路の料金収受システムとして定着しており、当たり前の存在になったからだ。現在首都圏では、高速道路を利用する車両の９割以上がＥＴＣを利用している。

ただ、ＥＴＣがなかった時代を比較すると、その導入が料金所付近の渋滞緩和に大きな効果をもたらしたことがわかる。ＥＴＣが導入される前は、すべての車両が料金所で停車しなければならず、料金所そのものが速度を低下させるボトルネックとなり、渋滞の原因にもなっていたからだ。

ＥＴＣによって、新しい割引サービスの導入も可能になった。高速道路における車両の通行ルートや、出入りした時刻が特定できるようになったことで、通行ルートや時刻に応じたきめこまかい割引制度が導入できた。

こうした割引サービスには、渋滞緩和の目的もあった。交通量が少ない大まわりの通行ルートや、深夜早朝を割安にして、それぞれを通行する車両が増えれば、交通量を分散させることができるからだ。

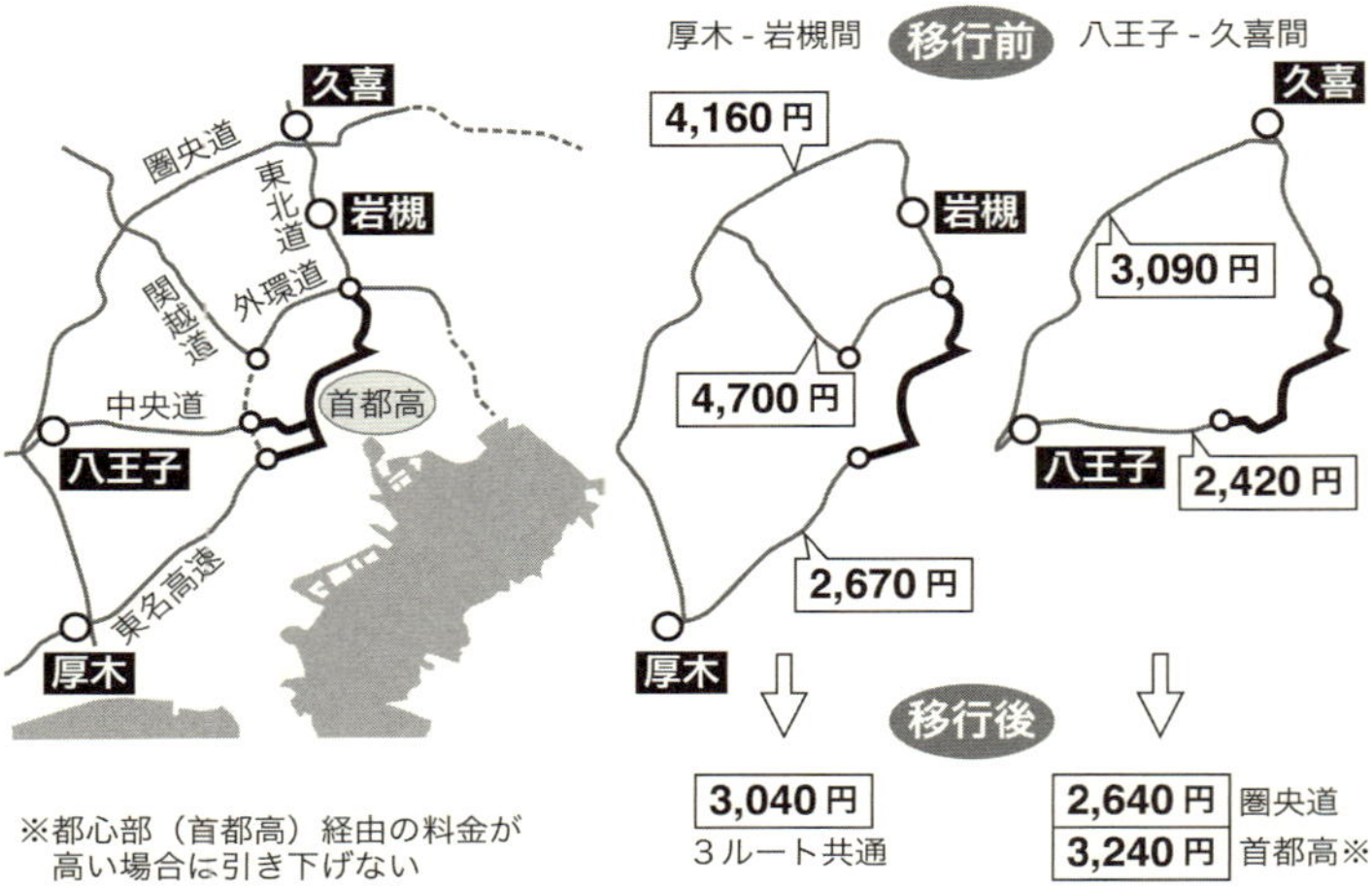

※都心部（首都高）経由の料金が
高い場合に引き下げない

図9-4　新料金体系（距離制）移行前と移行後

ところが首都圏では、大まわりしても割引にならないケースがあった。都心を通るよりも割高になり、損をすることがあったのだ。たとえば厚木・岩槻間や八王子・久喜間では、首都高経由よりも圏央道経由のほうが割高だった（図９―４）。

この原因は、料金体系にあった。首都高とＮＥＸＣＯの料金体系がそれぞれ独立して存在したため、発着点が同じでも、通行ルートによって料金が異なることがあった。

そこで首都圏の高速道路では、２０１６年４月１日にＥＴＣ車限定で新しい料金制度が導入された。これによって首都高とＮＥＸＣＯの料金体系は統合され、車種別に5段階（従来は2段階）の料金が定められた。ＥＴＣ車限定になったのは、ＥＴＣの機能を生かした料金制度だからだ。

この料金制度は距離制で、利用する高速道路会社に関係なく、発着点の最短距離で料金を算出するものだ。圏央道や外環道を経由するほうが割高になる場合は、首都高経由と同一料金にする措置もとられた。

この導入によって、先ほどの不公平な状況はなくなった。発着点が同じであれば通行ルートに関係なく料金が同じになったからだ。

また、圏央道の一部区間では、ＥＴＣ２・０の利用者限定の割引制度も導入された。ＥＴＣ２・０は、従来のＥＴＣに渋滞回避などの支援機能を付加したシステムだ。

こうした新しい料金制度は、都心部の交通量を減らす目的もあり、その効果は導入直後に見られた。国土交通省が導入１ヶ月後（２０１６年５月）に発表した資料によれば、東名高速や東北道など周辺の高速道路を首都高経由で行き来する車両は前年比で約１割減った。また、首都高経由で東名高速と東北道を行き来する１日の平均台数が半減したいっぽう、圏央道では２区間で交通量が約３割増加したことも確認された。このことから、これまで首都高経由だった車両が圏央道経由に移行し、交通量が分散したと考えられる。

部分的な渋滞対策も功を奏す

以上紹介したのは、高速道路全体の渋滞対策だ。

写真9-2　首都高のエスコートライト（中央環状線・千住大橋付近）

東京では、これ以外にも部分的な渋滞対策も行われている。その1つ1つの効果は目立ちにくいが、その積み重ねが少しずつ効果を出している。

ここでは、部分的な渋滞対策のうち、おもなものとして、車両の流れを誘導するLEDライトの導入や、路上駐車などを取り締まるプロジェクトを紹介しよう。

車両の流れを誘導するLEDライトは、高速道路ですでに導入されており、渋滞緩和に効果が確認されている（写真9—2）。このLEDライトは、高速道路会社ごとに呼び方が異なり、首都高では「エスコートライト」、NEXCO東日本では「ペースメーカーライト」、NEXCO中日本では「速度感覚コントロールシステム」と呼ばれている。

これは、速度回復を促すもので、とくに

速度が低下しやすい上り坂や、サグ（下り坂から上り坂になる凹部）に設置されている。進行方向と同方向に流れる光の点を見ると、それを無意識に追いかけたくなるドライバーの心理を利用したものと言えるだろう。

いっぽう路上駐車などを取り締まるプロジェクトは、東京都が警視庁などと連携して進めてきたもので、交通量の多い街路で効果が確認されている。2001年からの「スムーズ東京21」、2003年からの「スムーズ東京21―拡大作戦―」、2008年からの「ハイパースムーズ作戦」などがこれに相当する。これらは期間を区切って実施され、規模を徐々に拡大しながら、渋滞を緩和させてきた。

このプロジェクトに盛り込まれた対策は多数あり、見た目にわかりやすいものには、交通量が多い交差点でよく見かける赤い舗装がある。これは、路面を赤くして路上駐車禁止区域をわかりやすく示し、ドライバーに注意を促すもので、路上駐車する車両が減る効果が見られ、交差点付近の混雑や渋滞の緩和に一役買っている。

9・3　これからの東京の道路

自動車交通を変える動き

東京の自動車交通は、これからも変化するだろう。これまでは、さまざまな渋滞対策によってスムーズな輸送が徐々に実現してきたが、これからは新しい自動車技術の導入によっても、大きく変わる可能性がある。

近年は、次の2つの自動車技術が目覚ましい発達を遂げている。

① 電気自動車と燃料電池自動車

② 自動運転車

①は、走行中に排気ガスを出さず、静かに走る自動車として注目されている。どちらもすでに実用レベルに達しており、乗用車は一般販売されて、バスとしても使われ始めている。

①が今後普及することは、自動車交通にとっても大きな出来事だ。従来の自動車が出す排気ガスや音は、それぞれ大気汚染や騒音の原因となり、道路整備が反対される要因にもなってきたからだ。

②は、運転操作を自動化した自動車だ。本格的な実用化はまだこれからだが、将来的にはドライバーがいない無人運転の実現につながり、自動車交通を大きく変える技術として注目されている。

政府は、2020年の東京五輪パラリンピックの会期中に、これらの技術を部分的に実用化する方針を示している。自動車産業は、日本の基幹産業であり、貿易黒字の半分を占める稼ぎ頭なので、国際的なイベントを機に、その技術を海外にもアピールしたい考えだ。第5章で紹介した環状2号を通るBRTには、燃料電池自動車や自動運転の技術が導入される予定だ。政府が開発を推進する「次世代都市交通システム」は、自動運転や信号制御などの技術をとり入れたもので、このBRTに最初に導入されることが決まっている。

こうした取り組みの状況は、刻々と変化しており、目が離せない。東京の交通全体に与える影響も気になるところだ。

宇宙から見た夜の東京

さあ最後に、東京の街を見下ろしてみよう。

写真9-3　宇宙飛行士・若田光一氏がツイッターで投稿した写真（2013年11月18日）。光の筋が道路のルートと重なる（写真提供：JAXA/NASA）

写真9-4　同じく若田光一氏がツイッターで投稿した写真（2014年1月29日）。皇居の周囲に広がる街路が光って見える（写真提供：JAXA/NASA）

今度は展望台からではない。宇宙からだ。

宇宙飛行士の若田光一氏は、宇宙から見た夜の東京の写真を、過去に2回ツイッターに投稿している。それは、地球の周囲を飛行する国際宇宙ステーション（ISS）から撮影したものだった。

1回目の写真には、夜の首都圏全体が写っていた（写真9—3）。陸地は、暗い東京湾とくらべると明るい。

よく見ると、陸地に極端に明るい点があり、光の筋でつながっているのがわかる。極端に明るい点は銀座や新宿などの街の位置、光の筋はおもな幹線道路のルートと重なる。本書で紹介した街も、すべてこの光の中にある。

2回目の写真には、東京都心が写っていた（写真9—4）。1枚目よりも暗い分だけ、光の筋がくっきり見える。中央の黒い点（皇居）の周囲で同心円状に広がる環状線や、都心から郊外に向けて放射状に広がる放射線もよく見える。

2枚の写真で光の筋として見える道路は、まだ完成していない。ただし、これから徐々に完成の域に近づき、街を変えていく。

では、今から10年、20年経ったとき、東京の街は宇宙からどう見えるだろうか。そう考えると、時が経つのは案外楽しいかもしれない。

あとがきにかえて

東京は、不思議な都市だ。陸上交通が交通渋滞や満員電車などの問題を抱えているのに、世界最大級の都市として機能している。陸上交通は、都市で人や物が移動する輸送路であり、人体で酸素や栄養分などを輸送する血管のような役目をしている。つまり東京は、血管が十分に発達していないまま成長し、肥大化しながらも、きちんと歩いている巨人のような都市なのだ。

なぜそのような都市ができあがったのか。筆者はその謎に迫るため、東京の陸上交通の現場や、それを支える当事者の取材を重ね、書籍を記してきた。東京の陸上交通は、大きく分けて4種類の交通路（地下鉄／地上の鉄道／首都高／街路）で構成されているので、地下鉄については『図解・地下鉄の科学』（講談社ブルーバックス）、地上の鉄道については JR東日本を取材した『東京総合指令室』（交通新聞社）、首都高に関しては『図解・首都高速の科学』（講談社ブルーバックス）というように、各交通路に分けてフォーカスを当ててきた。

本書は、最後に残った街路にフォーカスを当てるだけでなく、東京や、その交通の全体像にも迫った。街路は、鉄道や首都高のように単独で語れないからだ。これまでふれたように、街路は都市にとって「もっとも基本的な社会基盤」なので、交通路としての機能だけでは語れないし、都市計画や、交通インフラである首都高や鉄道と切り離して語ることもできない。それゆえ街路は、都市の一部としてとらえる必要があった。

まとめる上では、「東京道路奇景」と「伸びしろ」をキーワードにした。都内各地でドライブ調査を繰り返すうちに、東京という都市の特殊性がこの2つに集約されていると思ったからだ。

東京には「東京道路奇景」が無数に存在する。本書で紹介したのは、そのほんの一部だ。もし本書を読んで興味を持ったら、ぜひ他の「東京道路奇景」を探してみてほしい。それをきっかけにして、東京という特殊な都市の不思議さや面白さを感じていただけたら幸いである。

街路を入口にして東京の全体像に迫ることは、道路整備や都市計画の当事者ではない筆者にとっては無謀な試みだったが、さまざまな方々のお力添えによって実現した。道路や鉄道の関係者には、取材やディスカッションに快く応じていただいた。公益財団法人・東京都都市づくり公社のまちづくり資料室や、国立国会図書館、東京都立中央図書館には、道路整備や都市計画の資料調査でご協力いただいた。首都高速道路株式会社や東日本高速道路株式会社（ＮＥＸＣＯ東日本）、川澄・小林研二写真事務所、丹下都市建築設計、電力中央研究所、宇宙航空研究開発機構（ＪＡＸＡ）には、写真をご提供いただいた。そして草思社の久保田創さんには、構想から完成まで2年以上にわたり、この難解なテーマをまとめる作業をサポートしていただいた。この場をお借りして厚く御礼申し上げます。

2016年9月　川辺謙一

おもな参考文献と図版出典

【全章共通】

［0-1］東京都建設局ウェブサイト　http://www.kensetsu.metro.tokyo.jp

［0-2］国土交通省関東地方整備局ウェブサイト　http://www.ktr.mlit.go.jp

［0-3］首都高速道路株式会社ウェブサイト　http://www.shutoko.co.jp

［0-4］首都高ドライバーズサイト　http://www.shutoko.jp

［0-5］首都高速道路公団『首都高速道路公団二十年史』1979

［0-6］首都高速道路公団『首都高速道路公団三十年史』1989

［0-7］首都高速道路公団『首都高速道路公団この10年史～創立40周年を記念して』1999

［0-8］首都高速道路公団『首都高速道路公団史』2005

【第1章】

［1-1］首都高ドライバーズサイト「中央環状線山手トンネル・開通効果」
http://www.shutoko.jp/ss/tokyo-smooth/shinagawa/effect/

［1-2］東京都交通局建設工務部管理課編『大江戸線放射部建設史』2003

［1-3］遠藤蔵人・水越英世・諫山吾郎「アンダーピニングを伴うトンネル施工」土木学会第59回年次学術講演会（平成16年9月）
http://library.jsce.or.jp/jsce/open/00035/2004/59-6/59-6-0237.pdf

［1-4］首都高速道路株式会社『首都高速中央環状線大橋ジャンクション』2010・3

［1-5］志治謙一・澤部美樹男・山内桂良：中央環状線「西新宿ジャンクション」立体交差部の設計・施工、IHI技報、2008・3

［1-6］国土交通省関東地方整備局東京国道事務所「新宿南口交通ターミナルネーミング募集！」2015年10月28日付記者発表資料

図1-2：［1-1］を参考に作図、図1-5：［1-2］［1-3］を参考に作図、図1-6：［1-4］を参考に作図、図1-7と

図1-8：[1-5]を参考に作図、図1-9：[1-6]を参考に作図

【第2章】

[2-1] 東京都建設局「日本橋、宝町、新京橋、東銀座駐車場概要図」
http://www.kensetsu.metro.tokyo.jp/content/000006120.pdf

[2-2] 豊島区「豊島区都市計画図（都市計画施設等）」2015・4
https://www.city.toshima.lg.jp/295/machizukuri/toshikekaku/toshikekaku/

図2-3：[2-1]を参考に作図、図2-7：[0-5]図2-2-11を参考に作図、図2-8：[2-2]を参考に作図

【第3章】

[3-1] 鈴木信太郎著『都市計画の潮流』山海堂、1993

[3-2] 河村茂著『日本の首都　江戸・東京　都市づくり物語』都政新報社、2001

[3-3] 中村英夫・家田仁編著、東京大学社会基盤学教室著『東京のインフラストラクチャー〈第2版〉』技報堂出版、2004

[3-4] 矢島隆・家田仁編著『鉄道が創り上げた世界都市・東京』一般財団法人計量計画研究所、2014

[3-5] 越澤明著『東京都市計画物語』筑摩書房、2001

[3-6] 越沢明著『東京の都市計画』岩波書店、1991

[3-7] 武部建一著『道路の日本史』中央公論新社、2015

[3-8] ワトキンス調査団著、建設省道路局訳『名古屋・神戸高速道路調査報告書』1956

[3-9] ワトキンスレポート45周年記念委員会編『ワトキンス調査団　名古屋・神戸高速道路調査報告書』勁草書房、2001

[3-10]『東京の都市高速道路について』東京都PRパンフレット、1959

[3-11] Jordan Bell, David Tomlinson : Hudson River Park https://courses.washington.edu/gehlstud/gehl-studio/wp-content/themes/gehl-studio/downloads/Autumn2010/Hudson.pdf

[3-12] https://commons.wikimedia.org/wiki/File:West_Side_Highway.png

[3-13] http://www.wikiwand.com/en/Central_Artery

[3-14] 国土交通省関東地方整備局「首都圏における交通ネットワーク整備の変遷」

http://www.ktr.mlit.go.jp/honkyoku/road/3kanjo/history/
〔3-15〕東京高速道路株式会社編『東京高速道路三十年のあゆみ』1981
〔3-16〕山田正男述『東京の都市計画に携わって：元東京都首都整備局長・山田正男氏に聞く』東京都新都市建設公社まちづくり支援センター、2001
〔3-17〕山田正男著『時の流れ・都市の流れ』都市研究所、1973
図3-8：〔3-2〕一部改変、図3-10：〔3-6〕図2-3一部改変、写真3-17：〔3-8〕、図3-12：〔0-5〕表1-1-1のデータで作図、図3-13：〔0-5〕を参考に作図、写真3-18：〔3-10〕、写真3-19：〔3-11〕、図3-14：〔3-12〕を参考に作図、図3-15：〔3-13〕、図3-16：〔3-14〕一部改変

【第4章】
〔4-1〕「東京湾アクアラインの概要」千葉県ウェブサイト、2014年4月1日更新
https://www.pref.chiba.lg.jp/doukei/aqualine/aqualinegaiyou/
〔4-2〕浅井新一郎「東京湾横断道路計画の概要」道路、1973・10
〔4-3〕第7次勧告「東京湾2億坪の埋め立てについての勧告」産業計画会議、1959・7・29
〔4-4〕第12次勧告「東京湾に横断堤を~高潮と交通の解決策として~」産業計画会議、1961・7・20
〔4-5〕「メタボリズムの未来都市展」森美術館ウェイブサイト（2011年開催）
http://www.mori.art.museum/html/contents/metabolism/
〔4-6〕池田道政「東京湾岸道路計画」コンクリート工学、1987・1
図4-1：〔4-2〕図4を参考に作図、図4-3：〔4-3〕を参考に作図、図4-4：〔4-6〕を参考に作図

【第5章】
〔5-1〕東京空港交通株式会社編『空港アクセス35年』1990
〔5-2〕東京空港交通株式会社創立50周年記念行事推進委員会編『空港アクセス50年』東京空港交通株式会社 2005
〔5-3〕佐治大「箱崎シティエアターミナル」高速道路と自動車、1972・6

［5−4］中島幸彦「シティ・エアターミナルの概要」新都市、1969・10
［5−5］石神義久「シティ・エアターミナルの発足」高速道路と自動車、1969・2
［5−6］今村國三「東京シティ・エアターミナルの工事概要」建設の機械化、1972・4
図5−1：［0−5］図3−2−7を参考に作図、図5−4：［5−6］図7を参考に作図

【第6章】
［6−1］東京都第一建設事務所「東京都市計画道路環状2号線事業概要」2015・3
［6−2］東京都都市整備局・京成バス株式会社「都心と臨海副都心とを結ぶBRTに関する事業計画」2016・4
図6−1：［6−1］一部改変、図6−2：［6−1］一部改変、図6−3：［6−2］P11を参考に作図

【第7章】
［7−1］アンドレイ・タルコフスキー監督『惑星ソラリス（映画）』1972
［7−2］帝都高速度交通営団編『東京地下鉄道有楽町線建設歴史』1996・7
［7−3］帝都高速度交通営団編『東京地下鉄道半蔵門線（渋谷〜水天宮前）』1999・3
［7−4］帝都高速度交通営団編『東京地下鉄道南北線建設史』2002・3
図7−1：［0−5］［7−1］［7−2］［7−3］を参考に作図、図7−3：図7−1と同じ、図7−4：［0−5］を参考に作図

【第8章】
［8−1］宅急便・ヤマトグループをご存知でない方へ、ヤマト運輸ウェブサイト（http://www.kuronekoyamato.co.jp/strategy/page00_02.html）
［8−2］国土交通省道路局国道・防災課：圏央道寒川北IC〜海老名JCT間が3月8日に開通します〜つながる。まわる。圏央道〜国際競争力と成長を支える道路，平成27年2月6日
［8−3］Clifton Hood:The Impact of the IRT on New York City (Hood),Historic American Engineering Record • Survey Number HAER NY-122, pp. 145-206.

［8-4］http://www.nycsubway.org/wiki/The_Impact_of_the_IRT_on_New_York_City_(Hood)
Transport for London: TfL 90993 - Impact of the Night Tube on London's Night-Time Economy,2014.9 http://content.tfl.gov.uk/night-time-economy.pdf
図8-2：［8-2］一部改変

【第9章】
［9-1］「仏の駅再開発、「シンジュク」が手本　パリ主要駅で計画」朝日新聞オンライン、2016年5月2日
［9-2］首都高速道路株式会社：首都高渋滞対策アクションプログラム～三年後の渋滞半減、10年後の渋滞解消を目指して～、2006・7
［9-3］スイスイ首都圏へ3環状、国土交通省関東地方整備局ウェブサイト
http://www.ktr.mlit.go.jp/honkyoku/road/3kanjo/
［9-4］「首都圏の新たな高速道路料金」首都高ドライバーズサイト
(http://www.shutoko.jp/fee/fee-info/capitalarea-new/)
図9-2：［9-2］、図9-3：［9-3］、図9-4：［9-4］一部改変

写真1-10：©ELEMeNt/amanaimages、写真3-3：©Rainbow/a.collectionRF/amanaimages、写真3-8：©TAKASHI NISHIKAWA/a.collectionRF/amanaimages、写真3-7、写真3-13、写真3-16：フォトライブラリー、写真3-9：アドビストック
特記以外の写真・図：筆者撮影・作図
図で使用したピクトグラム：JISZ 8210

著者略歴――――
川辺謙一 かわべ・けんいち
交通技術ライター。1970年三重県生まれ。東北大学工学部卒、同大学大学院工学研究科修了。メーカー勤務を経て独立し、雑誌・書籍に数多く寄稿。高度化した技術を一般向けに翻訳・紹介。著書は『図解・燃料電池自動車のメカニズム』『図解・首都高速の科学』『図解・地下鉄の科学』(講談社)、『東京総合指令室』(交通新聞社)など多数。本書では図版も担当。

東京道路奇景
2016©Kenichi Kawabe
2016年11月2日 第1刷発行

著 者 川辺謙一
装幀者 Malpu Design(清水良洋)
本文デザイン Malpu Design(佐野佳子)
発行者 藤田博
発行所 株式会社 草思社
〒160-0022 東京都新宿区新宿5-3-15
電話 営業 03-4580-7676 編集 03-4580-7680

本文組版 株式会社キャップス
本文印刷 株式会社三陽社
印刷所 中央精版印刷株式会社
製本所 大口製本印刷株式会社

ISBN978-4-7942-2234-3 Printed in Japan 検印省略

造本には十分注意しておりますが、万一、乱丁、落丁、印刷不良などがございましたら、ご面倒ですが、小社営業部宛にお送りください。送料小社負担にてお取り替えさせていただきます。

草思社刊

年度版
間違いだらけのクルマ選び

島下泰久 著

76年からの歴史を誇るクルマ・バイヤーズガイドの決定版。毎回新型車を含め100車種あまりを徹底分析。2016年版から島下氏単独著書に。毎年12月発行。

本体 1,400円

徳大寺有恒のクルマ運転術
アップデート版

徳大寺有恒 著

車庫入れや車線変更、右左折など、一冊であらゆる場面の極意を伝授！　読むだけで運転がうまく、安全になる本。読み継がれる定番の運転バイブルに最新事情を反映。

本体 1,400円

【文庫】
後藤新平 日本の羅針盤となった男

山岡淳一郎 著

台湾民政長官、満鉄総裁、東京市長を歴任し、震災後の壮大な帝都復興計画を立案した不世出の政治家。近代国家としての日本の礎を築いた傑人の生涯を追う本格評伝。

本体 1,200円

新装版
江戸の町　上・下

内藤昌 著
穂積和夫 絵

ロンドンやパリを抜いて世界最大の都市だった江戸の町。自然の地形をたくみに活かした都市づくりから、独自の文化が花開いた豊かな生活まで豊富なイラストで図説。

本体各 1,600円

＊定価は本体価格に消費税を加えた金額です。

草思社刊

【文庫】ぼくの日本自動車史

徳大寺有恒 著

55年初代クラウンが出た年、ぼくは運転免許をとった。戦後の国産車のすべてを乗りまくった著者の自伝的クルマ体験記。名車続々登場の無類に面白いクルマ狂の青春。

本体 900円

【文庫】去りゆく星空の夜行列車

小牟田哲彦 著

「トワイライトエクスプレス」も「北斗星」も姿を消す。長く愛されてきた憧れの夜行列車の失われた旅情を求めて、著者が体験した19の夜行列車の旅を綴る。

本体 850円

最新 東京圏通勤電車事情大研究

川島令三 著

相互直通運転が増えてどこまで便利になったか？混雑はどこまで解消されたか？…東京圏58路線の混雑率、1日の定期客の流れ、ダイヤ事情、将来性などを徹底分析！

本体 1,700円

全国鉄道事情大研究 青函篇

川島令三 著

北海道新幹線（東京―新函館北斗間）は3時間30分台を目指せ。JR五能線は行楽期には快速リゾートしらかみを増発せよ。など青函エリア計15路線を徹底研究！

本体 1,700円

＊定価は本体価格に消費税を加えた金額です。

草思社刊

【文庫】
宇宙を織りなすもの　上・下

グリーン　著
青木薫　訳

空間とは、時間とは何か？　この謎の歴史と現在を、圧倒的表現力で描く。ニュートン以来の探究が到達した高みから、世界の《真の姿》を一望させる最高の案内書。

本体各　1,200円

外来種は本当に悪者か？
新しい野生 THE NEW WILD

ピアス　著
藤井留美　訳

外来種のイメージを根底から覆す知的興奮にみちたノンフィクション。著名科学ジャーナリストが調査報道を駆使し、悪者扱いの生物の知られざる役割に光をあてる。

本体　1,800円

若い読者のための第三のチンパンジー
人間という動物の進化と未来

ダイアモンド　著
ステフォフ　編
秋山勝　訳

たった1.6％のDNAの違いが人間と他の生き物のとてつもない違いを産み出した？　「人間とは何か」を問い続けるダイアモンド博士の問題意識が一冊に凝縮！

本体　1,800円

コネクトーム
脳の配線はどのように「わたし」をつくり出すのか

スン　著
青木薫　訳

脳の全神経細胞配線地図＝コネクトーム。心が他人と違う理由、記憶のありか、心の病の原因などを探るべく始まろうとしている、この解読計画の意義と方法を語る。

本体　2,400円

＊定価は本体価格に消費税を加えた金額です。